KB211227

사랑의 열쇠

사랑의 열쇠

40년 후에도 빛날 결혼을 위하여 지금 알아야 할 것들

노먼 라이트 지음

오정현 · 윤난영 옮김

✦ 사랑플러스

《사랑의 열쇠》는 성경에 기초를 두고 결혼의 깊은 원리를 아주 쉽고도 실제적으로 다룬 최고의 명저입니다. 또한 나눔과 적용을 쉽게 할 수 있도록 편집과 요점 정리가 잘되어 있어 부부간의 나눔이나 소그룹 모임에서도 효과적으로 사용할 수 있습니다. 이 책을 읽으며 가슴이 뛰었고, 우리 부부의 삶과 사역이 한 단계 업그레이드되는 듯했습니다. 결혼을 앞두고 있는 분들, 결혼생활을 하시는 모든 분들에게 꼭 권하고 싶은 책입니다.

김성묵 두란노 아버지학교 상임이사

천국에서 예수님을 만난다면 "예수님, 왜요?"라고 여쭙고 싶었는데, 이제는 바뀌었다.

"예수님, 감사합니다."

40여 년의 결혼생활을 통하여 한 남자의 아내가 되고, 엄마가 되면서 하나님과의 교제가 깊어지고 넓어졌다. 치열하게 살아온 내 인생의 시행착오와 좌절 그리고 성공의 노하우가 이 책 한 권에 다 실려 있다. 건강한 결혼을 원하는 분들에게 적극 추천한다.

한은경 두란노 어머니학교 본부장

노먼 라이트는 이 책 《사랑의 열쇠》에서 결혼생활 중에 일어나는 갈등과 서로 다름으로 인해 겪는 어려움을 어떻게 해결해야 하는지를 구체적인 부분까지 상세히 다루고 있다. 가령 분노 조절법, 경청 대화법, 성향이 다른 사람들 간의 적응법, 서로 다름을 축복으로 만드는 방법 등을 실제적이고 체계적으로 다루고 있어 '결혼생활의 교과서'로 사용해도 될 정도로 값진 내용이어서 깊은 감동을 받았다.

이런 책은 한 번 읽고 책꽂이에 두어서는 안 된다. 식사를 준비할 때 요리책을 참고하면서 점차 실력이 늘듯이, 가까이 두고 읽으면 결혼생활을 위한 지혜도 자라갈 것이기 때문이다. 더 나은 결혼생활을 위해서라면 신혼부부뿐 아니라 모든 연령대의 부부가 필독서로 읽고 공부해야 한다는 생각이다. 하나님께서 짝지어주신 두 사람이 아름다운 가정을 이루어나가며, 자녀들에게도 '롤 모델'이 되어 축복의 통로로 살아가기를 바란다.

박수웅 〈크리스천 데이트〉 상임이사, 《우리… 사랑할까요?》, 《우리 결혼했어요!》 저자

행복은 배우자를 비롯한 가장 가까운 사람과 사이좋게 지내는 데서 온다. 부부 관계의 질을 좌우하는 것은 의사소통 기술과 갈등 해소 기술이다. 결혼 전문가들은 "부부 생활의 행복은 '누구와 결혼하느냐?'와는 거의 관계가 없으며 전적으로 부부 갈등을 어떻게 해결하느냐에 달려 있다"라는 데 동의한다. 특히 중요한 것은 대화 기술이다. 이 책은 70여 권의 책을 저술하여 인간관계 분야에 큰 공헌을 해온 미국의 대표적인 상담학자이며 가정 사역자인 노먼 라이트 교수의 역작이다. 《사랑의 열쇠》는 행복한 결혼생활에 필요한 핵심적인 지식과 기술을 알기 쉽게 설명하고 있다. 불행한 결혼과 이혼을 예방할 수 있는 최고의 지침서로 결혼을 앞두고 있는 예비부부는 물론, 결혼한 부부들 그리고 가정 사역자들에게 이 책을 적극 추천한다.

정동섭 가족관계연구소장, 전(前) 침례신학대 상담심리학 교수, Ph.D.

결혼은 창조주 하나님이 제정하신 신성한 제도입니다. 결혼과 가정은 거룩하게 지켜나가야 합니다. 사탄은 하나님을 대적하기 위해 결혼과 가정, 부부의 성, 부부간의 친밀감을 더럽히고 왜곡시키고 무너뜨리고 있습니다. 이럴 때일수록 교회는 성도들에게 결혼을 지킬 수 있도록 성경적 노하우를 가르쳐야 합니다. 부부의 하나 됨, 의사소통, 갈등 해소 방법 그리고 서로 사랑하고 용서하는 법을 알려줘야 합니다. 가정 문제로 고통받는 세상 사람들에게도 구원의 손길을 내밀어야 할 것입니다.

노먼 라이트 박사는 이미 40여 년 전에 미국에서 가정 사역을 시작하여 전 세계에 확산시킨 개척자이며 산증인입니다. 수만 명의 커플들을 상담하며 생생한 사례를 통해 검증되었기에 그의 지혜와 조언은 매우 유익합니다. 저자는 행복한 커플들은 갈등이 없는 관계가 아니라 '의사소통으로 극복하는' 관계라고 말합니다. 부부간의 모든 문제는 대화를 통해 풀어가야 한다는 것입니다. 이 책에서 저자는 사랑의 대화를 위한 이론적 배경과 성경적인 근거를 제시하며, 실천 가능한 혜안을 제시하고 있습니다. 기대하는 마음으로 이 책을 추천합니다.

이기복 햇불트리니티 신학대학원대학교 기독교상담학과 교수 역임, 《결혼코칭》 저자

한 사람을 진정 사랑하고 평생토록 즐거워하는 법을 배울 수 있기에 결혼은 축복 중의 축복이다. 행복한 결혼, 서로 사랑하고 존경하는 결혼 관계를 꿈꾼다면 이 책을 꼭 읽어보라. 서로가 다름을 인정하고 존중하면서 마음과 생각을 나눌 때에 지혜와 지식이 충만한 관계로 성장해가게 될 것이다.

누구나 사랑은 할 수 있지만 상대편에서 사랑하는 법을 몰라 서로에게 상처를 주기 쉽다. 서로를 사랑하면서도 상처를 주고받는 부부가 아니라, 서로의 상처를 치료해주고 위로할 줄 아는 부부, 소망으로 미래를

열어가길 바라는 이 땅의 모든 부부들에게 적극 추천한다.

이의수 목사, 사랑의교회 사랑패밀리센터, 남성사역연구소

이 책은 지겹지 않게 단숨에 읽을 수 있는 책이다. 저자가 겪은 삶의 이야기가 담겨 있고, 상담과 목회 현장에서 경험한 소재가 풍부할 뿐만 아니라, 신학자의 통찰로 결혼생활을 진중하게 살피고 있기 때문이다. 결혼에 대한 '하나님의 관점'을 살펴보는 것으로 시작해서 현대의 뇌 의학과 SNS가 결혼생활에 미치는 영향까지 두루 섭렵하면서 행복한 결혼생활의 열쇠를 찾아 나서고 있다.

저명한 상담심리학자가 40여 년간 다양한 현장 경험을 통해 제시하는, 결혼생활의 가장 확실하고 안전한 열쇠가 무엇인지 알고 싶다면 이 책을 읽어보라. 부부의 삶에서 복잡하게 얽혀 있는 여러 문제를 해결할 수 있는 은총의 기회가 되리라 확신한다.

김병태 성천교회 담임목사

노먼 라이트 박사의 《사랑의 열쇠》는 결혼은 완성품이 아닌, '생활품'임을 인식시켜주는 정말 중요한 결혼 매뉴얼이다. 결혼은 생활을 통해 완성되어간다. 그리고 그 완성은 필히 건강한 대화를 통해서만 이루어진다. 대화야말로 부부의 차이점과 공통점을 풀어가는 열쇠다. 그래서 생활이 곧 결혼이라고 말하는 것이다.

결혼은 하나님이 만드신 것이기에, 이 땅의 언어만으로는 풀리지 않는 신비가 있다. 그래서 하늘로부터 오는 지혜와 명철을 요한다. 혼란하고 공허한 세상의 법을 거스르고, 거룩한 하나님의 생명의 성령의 법을 생활 속에서 풀어내는 지혜서, 《사랑의 열쇠》를 강추한다.

도은미 가정 사역자, 《대화학교》 저자, 전(前) 두란노 어린이 연구원 실장

차례

제3부. 서로 다름이라는 축복

양면 다 승리하는 유일한 길

1982년에 《사랑의 열쇠》(*Communication: Key to Your Marriage*) 초판이 국내에 소개된 후 34년이 지난 시점에서 개정판이 나오게 된 것을 참으로 기쁘고 감사하게 생각합니다. 결혼 초년생의 관점과 수십년 동안 결혼생활의 수많은 난관을 직접 겪어내며 쌓인 내공으로 풀어낸 관점은 그 차원이 다를 것이기 때문입니다. 인생의 황혼기에 들어선 저자가 사람에 대한 이해도가 더욱 깊고 넓어지는 과정에서 정리한 이 책의 개정판을 번역하면서 사람들과의 관계 형성에 유익한 여러 가지 통찰을 새롭게 배우며 공감하는 시간이 되었습니다.

수많은 사람들을 만나고 인생의 굴곡을 겪으면서 우리는 사람이 달라도 너무 다르다는 사실을 새삼 실감합니다. 결혼의 경우가 특히 그렇습니다. 꼭 필요한 예비지식도 없이 그저 사랑에 이끌린 두 남녀가 만나서 행복한 가정을 꾸밀 환상을 꿈꾸며 결혼을 하지만 현실은 참 냉정하기만 합니다. 사랑의 힘으로 서로를 끌리게 한 '다름'이 결국에는 '다툼'의 원인이 되어 서로에게 고통과 상처를 주는 것을 많이 봅니다. 자라온 가정의 배경, 문화, 성격, 기질, 교육, 가치관, 성(性)이 다른 두 사람이 사랑과 행복을 기대하며 결혼하지만 서로의 다름에서 오는 갈등에 대해서는 거의 무방비 상태입니다. 그렇다고 깨어진 꿈과 상한 마음을 보듬어줄 만큼 성숙한 사람도 드물고, 살다 보면 해결책이 보이지 않는 현실 앞에 서야 합니다. 결국에는 "무거운 짐을 나 홀로 지고 견디다 못해 쓰러질 때"도 있습니다.

하나님께서 태초에 천지만물과 사람을 지으시고 "지으신 그 모든 것을 보시니 보시기에 심히 좋았더라"(창 1:31)라고 기뻐하신 것도 사실이지만 "사람이 혼자 사는 것이 좋지 아니하니"(창 2:18)라고 하시며 남자 혼자로는 완전치 않음도 보여주셨습니다. 그리하여 아담에게는 돕는 배필로 여자를 지으시고 남자가 아내와 합하여 하나가 되게 하심으로 창조를 완성하셨습니다. 그러므로 남자는 여자와 연합해야 온전한 사람으로 완성되는 존재임을 알 수 있습니다. 남자와 여자의 차이는 서로 다투기 위한 것이 아니라 서로의 부족한 부분을 보완하기 위한 것입니다.

인류의 역사는 아담과 하와의 가정으로 시작되었고 오늘날도 가정을 통해 세대는 이어져가고 있습니다. 하지만 이 세상의 모든 가정은 나름대로 수많은 문제와 아픔을 안고 살아갑니다. 세상에서 가장 안전하고 평안해야 하는 피난처는 자주 싸움터가 됩니다.

개인 경주는 승리자가 한 명뿐이지만 결혼만큼은 부부가 같이 승리하거나 둘 다 지는 '팀 경기'입니다. 양편 다 승리해야, 비로소 승리했다고 말할 수 있는 유일한 경기가 결혼입니다.

서로 사랑함을 확인하고 화목한 가정을 꿈꾸며 시작한 결혼이 왜 처음부터 삐걱거리고 휘청거릴까요? 이는 자신들의 결혼이 완전할 수 있다는 전제에서 출발하기 때문입니다. 하지만 인류의 첫 가정인 아담과 하와의 가정만 보더라도 완전하지 못했습니다. 하나님께서 태초에 만드신 관계는 완전하였지만 사람의 불순종으로 인하여 죄가 들어옴으로 말미암아 그 가정에 금이 가고 부패하기 시작했습니다. 아내를 "내 뼈 중의 뼈요 살 중의 살이라"고 고백했던 남편이 아내를 비난하고 책임을 전가하는 '남의 편'으로 전락하였습니다. 부부 관계의 깨어짐은 형제끼리 죽이는 사건으로 악화되었습니다. 그러나 아무리 문제가 많고 불완전한 가정이라도 예수 그리스도의 구원 사역을 통하여 가정이 새롭게 회복되고 성화되어 온전하고 아름다운 가정으로 세워질 수 있는 길이 열렸습니다.

결혼은 불완전한 한 남자와 한 여자가 부부가 되어 온전한 사람으로 완성되어가도록 계획하신 하나님의 뜻일 뿐만 아니라 사회를 이루며 세대(世代)를 계속 이어가게 하는 근간이기도 합니다. 그러므로 가정은 한 사람에게 있어서 하나님과의 관계 다음으로 소중하고 가까운 관계입니다. 가정이 건강해야 사회가 건강하고 더불어 살아갈 수 있는 사회가 됩니다.

결혼을 시작하고 지탱하는 힘은 사랑입니다. "사랑은 죽음보다 강하다"라는 말이 있듯이 사랑에는 모든 허물을 덮을 수 있는 강한 힘이 있습니다. 그리고 이러한 사랑을 여는 열쇠는 바로 대화(communication)입니다. 여기서 대화란 내 편견을 가진 채 상대방을 판단하고 자신의 의사를 관철시키려는 수단이 아니라 상대방의 입장에서 들어주고 마음을 받아주는 '소통'을 의미합니다. 우리는 자주 자신의 시각에서 다른 사람을 봄으로써 상대방의 의도를 오해합니다. 상대방을 알아야만 올바르게 이해할 수 있습니다. 그러므로 대화는 서로를 인격적으로 알아가기 위해 반드시 필요하고 효과적이기도 한 방법입니다.

오늘날 부부들에게 가장 심각한 문제는 돈, 자녀, 성의 문제보다도 남편과 아내 사이의 대화 부족에 있습니다. 대화의 단절에 대한 책임을 묻기 전에 부부는 서로 마음을 열고 대화의 참된 기술을 터득해야 합니다. 마음을 움직이는 대화 없이는 서로의 이해와 문제의 해결은 불가능합니다. 희로애락을 표현하지 않는 것을 미덕으로 삼는 유교적 전통에 익숙한 우리나라 부부들은 솔직하고 열린 대화의 기술이 부족합니다. 나의 전 인격의 문을 열고 주님을 영접해야 하듯이 열린 대화를 통해서만 참된 인격 대 인격의 만남이 가능합니다. 이런 의미에서 이 책은 단순히 읽는 책이 아니라 함께 배우고 실천할 수 있는 책입니다.

우리의 가정과 사회에서 수많은 말들이 오고 가지만 실상은 대화가 아닌 일방통행식의 소음인 경우가 많습니다. 그러다 보니 주위에 사람들은 많은데도 외로움은 더욱 커집니다. 이런 외로운 인생길에서 부부와 가족이 진정한 대화를 시작할 수만 있다면 가정은 피난처요 작은 천국이 될 수 있습니다. 상대방의 말에 귀를 기울이며 내 진실한 마음을 전하는 대화는 굳게 닫혀 있던 빗장을 열어주는 사랑의 열쇠입니다. 이 책을 읽고 참된 대화의 비밀과 기술을 깨달아 천국의 기쁨을 체험하고 축복의 통로가 되어 복음의 기쁜 소식을 주위에 나누어주는 가정이 되기를 바랍니다.

역자 오정현 · 윤난영 부부

40년 후에도 행복하려면
결혼을 공부하라

이 책은 대부분의 다른 책들과는 탄생 배경이 다르다. 1972년, 당시 나는 몇 년 동안 교회의 결혼 교실에서 강의를 하고 있었는데, 많은 교회에서 온 목회자와 주일학교 교사 들을 격려하여, 섬기는 교회에서 외부 강사를 초청하지 않고도 그들이 직접 가르칠 수 있도록 하겠다는 하나님이 주신 꿈이 마음에 있었다. 나는 강의 내용을 잘 정리하여 '그리스도인의 결혼과 가족관계'라는 제목으로 교재를 만들었다. 아내가 우리 집 부엌에서 타이핑하여 만든, 단순하면서도 기본에 충실한 자료였다. 교재는 인기가 있었고, 나는 여러 출판사에 자료를 보냈다. 그들은 관심을 보였지만 이것을 어떻게 다시 구성해야 할지 막막해했고, 그래서 자료는 몇 달 동안 방치되었다.

어느 날 나는 사비를 들여서라도 이 프로젝트를 진행해야겠다고 마음을 먹었다. 그래서 은행에 가서 당시로서는 상당히 큰 금

액인 2천 달러를 융자 받았다(당시 나의 한 해 수입과 맞먹었다). 우리 는 2천 부를 찍어 팔기 시작했다. 이렇게 팔린 책의 수익은 지금도 활발히 운영 중인 '크리스천 결혼 학교'(Christian Marriage Enrichment) 사역을 위한 종잣돈이 되었다.

이후 출판사 세 곳에서 관심을 보였고, 그들은 판매용으로 내 용을 재구성해줄 수 있는지 물었다. 나는 출간 조건으로 모든 교 회에서 부부를 대상으로 가르칠 수 있도록 단행본의 내용을 교재 로 만들어줄 수 있는 출판사를 원했다. 가스펠라이트 출판사가 나 의 비전에 뜻을 같이했다. 그렇게 해서 1974년에 《사랑의 열쇠》 (*Communication: Key to Your Marriage*) 초판이 출간되었다. 이후 많은 부 부가 책을 읽고, 목회자나 강사 들을 통해 가르침을 받았다. 《배우 자에게 어떻게 말할까》(*How to Speak Your Spouse's Language*)를 함께 교재 로 사용하기도 했다.

이 책에 담긴 성경적 진리는 변함이 없지만, 문화와 기술이 변 해가는 추이를 반영해 여러 번 개정판이 나왔다. 이번 개정판에서 는 소셜 미디어가 결혼에 어떤 영향을 주는지에 대한 최신 정보를 추가했다.

이처럼 한 권의 책이 거의 40년 가까이 유용하게 쓰임받고 있다 는 사실은 보통 일이 아니다. 이 책은 모든 연령대의 부부들이 실 천할 수 있는 여러 적용점을 제시하고 있다. 또한 부부가 대화를 통해 서로의 차이와 독특함을 이해하고, 그 차이를 즐길 수 있게 끔 돕고 있다. 특히 '상대방의 언어로 말하기'와 같은 부분에서는 다른 책에서는 보기 힘든 신선한 관점을 느낄 수 있을 것이다. 부부 사이뿐 아니라, 가족 및 직장 등 모든 관계에서 이것을 유용하게 적용할 수 있다. 절망적인 관계를 충실한 관계로 회복시켜주는 원리이기도 하다.

내가 믿기로는, 결혼생활을 이제 막 시작한 사람이나 결혼의 후반전을 맞이한 사람 모두 이 책에서 성경적 원리와 실제적인 적용 사례를 발견하게 될 것이다.

제1부

결혼, 가장 깊은 약속

제 1 장

결혼, 하나님의 관점으로 보다

그리스도인의 결혼생활은 두 사람이 조화롭게 살아가는 삶, 그 이상이다.
그들의 결혼에 의미를 부여하시고 올바른 방향으로 인도하시는
예수 그리스도를 그 중심에 모시고 있다는 점이 가장 큰 차이다.
예수 그리스도께서 그 관계에 머물러 계실 때만이 그리스도인의 결혼이라 할 수 있다.

당신은 왜 결혼했는가? 꿈과 기대, 미래에 대한 희망으로 가득했던 그 시절을 떠올려보라. 결혼은 실제로 그러한 꿈과 기대를 얼마나 채워주었는가? 결혼을 준비하는 동안 어떤 기대감으로 설레었는가? 아마도 다음과 같은 생각으로 행복했으리라.

- 누군가와 내 인생 경험을 나누고 싶었어요.
- 나를 행복하게 해줄 사람을 기다렸죠.
- 내가 사랑하고, 또 나를 사랑해주는 사람과 함께 평생을 보내고 싶었어요.
- 내게 부족한 것을 채워줄 누군가를 찾아 헤맸죠.
- 나이 들어서도 혼자 사는 건 생각만 해도 끔찍해요. 결혼은 나에게 안전망과 같아요.
- 하나님께서 저에게 사랑하라고 하시는 사람을 사랑하는, 그런 신실한 그리스도인이 되고 싶었어요.

물론 결혼하면 이런 유익을 얻기도 하지만, 결혼의 기초로 삼기에는 뭔가 부족함이 있어 보인다. 대부분의 사람들은 자신이 어디에 헌신해야 하는지 분명히 파악하지 못한 상황에서 급하게 결혼을 추진한다. 그래서 결혼한 후에 그렇게 낙심하는 것이다.

그리스도인의 결혼에 대한 몇 가지 정의를 살펴보자. 웨인 오츠 (Wayne Oates)는 "결혼은 투철한 책임감과 사랑으로 맺은 언약이요, 회개와 용서를 통한 연합이다"라고 했다. 데이비드 옥스버거는 "결혼은 사랑하는 두 사람 사이의 사적인 행동인가, 아니면 두 사람이 계약을 통해 공적인 행동을 하는 것인가?"라고 먼저 운을 뗀 뒤, "둘 다 아니다. 이런 것들로는 설명하기 힘든, 차원이 다른 문제"라고 주장했다.

> 결혼을 단지 법적이고 사회적인 계약이라는 측면으로만 볼 수는 없다. 이는 기독교의 시각이 아니다. 그리스도인은 결혼이 하나님께서 맺어주신 언약이며, 영적 가족을 증인으로 하여 맺은 언약임을 믿는다. 어떤 처벌에 대한 두려움이나 법 때문이 아니라 그 자체가 조건 없는 언약이기 때문에 약속은 지속된다. 이는 어떠한 계약보다도 엄숙하고 견고하며 영속하는 언약인 것이다.[1]

어떤 심리학자, 결혼 상담가, 사역자 들은 크게 보면 결혼도 계약의 한 종류에 해당된다고 말하는데, 심지어 그리스도인 중에서도 이 말에 동의하는 사람이 많다. 하지만 그것이 정말 사실일까?

모든 계약에는 조건 조항들이 있다. 두 관계가 맺은 계약은, 그것이 개인이든 사업체든 간에, 쌍방의 책임을 필요로 한다. 이것은 '만일 조항'(if clauses)으로도 불린다. '만일' 당신이 이렇게 하면

결혼 관계에는 계약 관계에서 찾아볼 수 있는 조건 조항이 없다.
결혼은 한 남자와 한 여자가 인생을 걸고 함께 참여하는
조건 없는 헌신이기 때문이다.

상대방은 이렇게 해야 한다는 뜻이다. 하지만 결혼 관계에는 이런 조건 조항이 없다. "(만일) 신랑이 아내를 사랑한다면 그 아내는 계약을 지속합니다"라든가 "(만일) 아내가 남편에게 복종하면 남편은 계약을 계속 이행합니다"라고 하지 않는다. 결혼은 두 사람이 함께 무조건적인 헌신의 영역으로 들어가는 것이다.

대부분의 계약에는 도피 조항이 있다. 한쪽이 책임을 이행하지 않으면 다른 쪽의 책임도 사라진다는 의미다. 한쪽이 계약에 명시된 대로 하지 않으면 상대방은 그 계약에서 벗어날 수 있다. 하지만 결혼에는 이러한 도피 조항이 없다.

결혼은 한 남자와 한 여자가 인생을 걸고 조건 없이 함께 헌신하기로 약속한 관계이기 때문이다.

나를 완전히 주겠다는 약속

물론 사람에 따라 '헌신'이 주는 의미는 다르다. 감정이나 몸이 느끼는 정도에 따라 강도가 달라지기도 한다. 하지만 우선적으로 헌신은 감정에 근거하지 않는다. 오히려 헌신은 구속력 있는 서약이나 약속을 뜻한다. 어떤 장애물이 오더라도 완성을 향해 나아가겠다는 약속이며, 또한 상대에게 나를 완전히 주겠다는 약속이다. 헌신은 한편으로는 모험이지만, 또한 우리 인생을 완성시키는 기회가 되기도 한다.

함께 헌신하려면, 배우자가 나를 무조건 받아주고 모든 필요를 만족시켜주며 어린 시절의 결핍 경험들을 다 채워주어야 한다는 낭만적인 환상을 버려야 한다. 때때로 배우자에게 실망할 것도 각오해야 하고, 그런 이유로 관계를 단절하는 일이 생기지 않도록 주의를 기울여야 한다.[2]

번지점프를 떠올려보라. 발판에서 뛰어내린 후에는 밧줄에 자신을 완전히 맡겨야 하듯이 결혼도 그렇다. 일단 뛰어내린 다음에는 판단을 재고하거나 생각을 바꾸지 못한다. 돌이킬 수 없다는 말이다.

한 친구는 자신의 결혼생활을 지속시킨 것은 결혼 서약이었다고 말했다. "노먼. 우리는 서로에게, 그리고 결혼이라는 관계에 헌신하기로 했네. 서로에 대한 헌신이 약해질 때에는 이 서약이 우리를 묶어주었지."

죽을 때까지 누군가에게 헌신한다는 것이 어떤 사람들에게는 이상주의처럼 보인다. 서로 잘 맞고 불편하지 않으면 괜찮지만, 문제가 생기면 헌신은 힘겨워진다. 그러므로 헌신은 단순히 관계를 지속하는 것 이상을 의미한다. 배우자의 잘못된 선택으로 인한 고통을 견디며 참아주는 차원도 뛰어넘는다. 헌신은 관계가 성장하도록 함께 노력하며 서로를 내어주는 삶이다. 단지 배우자의 부정적이고 파괴적인 성향을 받아주고 참아내는 것 정도가 아니다. '헌신'에는 변화를 향해 함께 노력한다는 의미가 들어 있다. 환경과 상관없이 배우자에게 붙어 있겠다는 뜻이다.

어떤 부인은 언약에 충실한 남편을 향한 고마움을 이렇게 표현했다.

1988년에 나는 엡스타인-바 바이러스(만성피로 증후군)에 걸렸다는 진단을 받았다. 흥분과 열정으로 가득했던 내 삶은 송두리째 달라졌다. 남편 켈리는 내가 치료받는 몇 년 동안 곁에서 나를 지켜주었다. 내 기력이 쇠했을 때 가족을 보살폈다. 병원에 있던 열흘을 포함하여 오랜 기간 내 손을 붙잡아주며 우울증을 잘 헤쳐나갈 수 있도록 격려했다. 남편은 내가 더 쉴 수 있도록 더 많은 짐을 짊어졌고, 할 수 있는 치료는 모두 다 해보자며 비용은 생각하지 말라고 했다.

그는 나에게 남편 이상의 사람이다. 누구보다 가까운 최고의 친구다. 남편을 처음 만났을 때에도 빛나는 투구를 쓴 백기사였는데, 15년에 가까운 결혼생활을 거치며 그것을 더 확실히 증명해주었다. 남편이 없었더라면 그 험난한 세월을 견디지 못했을 것이기에 당신은 나에게 구원과도 같은 사람이라며 때때로 고마움을 표시한다. 그를 통한 위로가 아니었더라면 내가 지금도 주님과 동행하고 있을지도 확신할 수 없다. 남편은 내 인생의 가장 값진 선물이다.

헌신은 단순히 관계를 지속하는 것 이상을 의미한다.
배우자의 잘못된 선택으로 인한 고통을 견디며 참아주는 차원도 뛰어넘는다.
헌신은 관계가 성장하도록 함께 노력하며 서로를 내어주는 삶이다.

우리는 충분히 사랑했을까?

결혼생활에도 오르막과 내리막이 있다. 예측 가능한 때도 있지만, 예상치 못하게 불쑥 끼어드는 변화도 많다. 그런 변화 안에는 우리의 성장을 위해 꼭 필요한 것들이 있게 마련이다. 여기에 소개하는 한 여인의 이야기를 들어보면서 우리가 결혼생활에서 변화를 맞이했을 때, 그 안에 담긴 위험과 성장 기회를 어떻게 다루면 좋을지를 함께 생각해보자.

결혼 후 50년 동안 우리는 세 번의 전쟁과 열한 명의 대통령, 다섯 번의 불황을 함께 겪었고, 작은 변화들도 무수히 경험했다. 모델-A(자동차)에서 인간의 달 착륙까지, 한적한 시골길에서 전 세계 초고속 정보 고속도로의 확산까지… 그런 엄청난 변화들은 일상이 되었다. 우리가 얼마나 엄청난 변화의 소용돌이 한가운데를 지나쳐왔는지 어느 정도 상상이 갈 것이다.

주위 환경도 크게 달라졌지만, 하나님께서 우리 두 사람을 통하여, 우리 안에서 일으키신 갖가지 사건들은 더 위대했다. 당시에는 하나님의 일하심을 뚜렷하게 보는 것이 힘들었지만, 지금 돌아보면 우리의 결혼생활은 성품 개발의 훈련소였음을 깨닫는다. 하나님은 나를 위해서는 남편을, 남편을 위해서는 나를 사용하셔서 우리가 그리스도를 더 닮아가도록 하셨다. 하나님은 우리를 변화시키려고 결혼 관계를 사용하신 경우가 많았다. 우리는 그런 하나님의 일하심에 대해 많은 것들을 배웠다. 50년의 결혼생활에서 맞닥뜨린 서로의 차이점이 우리를 키웠고, 위기로 인해 우리는 성장했으며, 함께 사역을 하면서 우리는 연합을 누렸다.

하나님은 우리의 차이점을 사용하여 자라게 하셨다. 또한 수많은 위기가 우리에게 찾아왔는데, 하나님은 이것들을 통해 우리를 성장시키셨다. 심지어 우리는 결혼하자마자 서로 떨어져 있어야 했다(이것이 가장 큰 위기였다). 우리는 교회에서 만나 두 달간 연애를 했고 약혼한 지 3주 만에 결혼했다. 당시는 2차 세계대전 시절이었다. 결혼한 지 두 달이 지나자 남편 지미는 남태평양으로 파병되었고 우리는 2년간 서로를 볼 수 없었다. 우리는 전쟁 시절에 이따금 나누는 로맨스로 만족해야 했다. 그가 돌아왔을 때 우리는 정말 낯설었지만 그래도 우리는 부부였다.

당신이라면 이런 상황에서 어떻게 했을까? 일생에 걸친 사랑과 헌신의 관계가 잘 표현되어 있다고 생각하여 여기에 그 부부의 이야기를 더 소개한다.

진정한 삶과 죽음의 장면은 영화에서처럼 쉽게 흘러가지는 않는다. 남편은 침대 길이보다 더 키가 커서 침대 덮개로 발을 감싸야 했다. 마치 그 발이 남편의 생명을 지탱하기라도 하는 양 나는 그의 발을 붙잡고 서 있었다. 지금 이 자리에서 남편과 헤어지는 것을 막을 수는 없더라도 나는 그를 떠나지 않고 함께할 것이다. 남편이 중환자실에 있을 때 나는 마치 지옥에 있는 것 같았다. …

그때는 모든 세상이 춥고 어두운 밤으로 뒤덮인 것만 같았다. 돌파구가 없었다. 의사는 최대한 친절하려고 애썼지만 눈으로는 이미 "이제 우리 손을 떠났소. 우리가 할 수 있는 것이 아무것도 없어요"라고 말하고 있었다.

부드러운 자메이카 억양으로 말하던 간호사는 내 어깨에 분홍색 담요를 덮어주었다. "시간문제일 뿐이야"라고 속삭이는 소리도 어디선가 들렸다.

이제는 서로에게 할 말을 해야 할 시간이었다. 짧은 시간이지만 우리가 함께한 날들을 돌아보아야 할 시간이었다. 우리는 충분히 사랑했을까?[3]

결혼을 향한 하나님의 계획

성경은 결혼에 대하여 어떻게 말씀하는가? 창세기 2장 18-25절을 보면 결혼은 하나님의 계획이며, 몇 가지 신성한 목적을 갖고 결혼을 만드신 것을 알 수 있다.

여호와 하나님이 이르시되 사람이 혼자 사는 것이 좋지 아니하니 내가 그를 위하여 돕는 배필을 지으리라 하시니라. 여호와 하나님이 흙으로 각종 들짐승과 공중의 각종 새를 지으시고 아담이 무엇이라고 부르나 보시려고 그것들을 그에게로 이끌어가시니 아담이 각 생물을 부르는 것이 곧 그 이름이 되었더라. 아담이 모든 가축과 공중의 새와 들의 모든 짐승에게 이름을 주니라. 아담이 돕는 배필이 없으므로 여호와 하나님이 아담을 깊이 잠들게 하시니 잠들매 그가 그 갈빗대 하나를 취하고 살로 대신 채우시고 여호와 하나님이 아담에게서 취하신 그 갈빗대로 여자를 만드시고 그를 아담에게로 이끌어 오시니 아담이 이르되 이는 내 뼈 중의 뼈요 살 중의 살이라. 이것을 남자에게서 취하였은즉 여자라 부르리라 하니라. 이러므로 남자가 부모를 떠나 그의 아내와 합하여 둘이 한 몸을 이룰지로다. 아담과 그의 아내 두 사람이 벌거벗었으나 부끄러워하지 아니하니라.

깊은 사귐을 위해

하나님은 두 사람이 친밀한 사귐을 누리게 하시려고 결혼을 만드셨다. 존 밀턴이 말했듯이 "고독은 하나님이 보시기에 좋지 않다고 하셨던 첫 번째 것"이었다. 고독과 고립은 하나님의 창조 목적과 모순된다. 하나님은 사람이 다른 사람과 함께 살아가도록 창조하셨는데 여자가 그 첫 번째 대상이었다.

사람이 혼자 사는 것이 좋지 않다고 말씀하셨을 때 그것은 모든 면에서 그렇다는 의미였다.

배우자가 없으면 신체적으로 좋지 않다.

나눌 사람이 없으면 정서적으로 좋지 않다.

영적으로도 좋지 않다.

대화는 결혼의 심장이다.
그러나 처음부터 능숙하게 대화할 수 있는 부부는 없다.
대화의 기술을 다 준비한 다음에 결혼하는 것이 아니라,
함께 살아가면서 인격적인 대화가 더욱 깊어지는 것이다.

완전함에 이르기 위해

하나님은 또한 완전함을 위하여 결혼을 만드셨다. 여자는 "그를 위하여 돕는 배필"이 되도록 지음받았다. 이 말씀은, 여자는 남자의 삶을(그렇게 하여 자신의 삶도) 완전하게 하도록 도와주며 빈자리를 채우는 역할을 담당한다는 의미이다.

여자는 남자와 함께 삶을 나누면서, 남자가 자신을 벗어나 좀 더 넓은 영역으로 들어갈 수 있게 해준다. 그녀는 신뢰할 수 있는 동반자가 된다. 결혼 관계에서 배우자는 인생을 향한 하나님의 목적인 완전함과 온전함을 함께 이루어가는 존재이다.

이러한 사귐과 완전함은 두 사람이 날마다 나누는 대화를 통해 자라간다. 드와이트 스몰이 말했듯이 "대화는 결혼의 심장이다. 그러나 처음부터 능숙하게 대화할 수 있는 부부는 없다. 대화의 기술을 다 준비한 다음에 결혼하는 것이 아니라, 함께 살아가면서 인격적인 대화가 더욱 깊어지는 것이다."[4] 남편과 아내가 마음을 열고 서로를 이해하면서 소통할 때 사귐은 더욱 만족스럽고 점차 완전해진다. 안드레 오로이스는 행복한 결혼생활에서는 긴 대화가 무척 짧게 느껴진다고 했다.

우리는 결혼 서약을 하면서 '떠나'(leave)와 '합하여'(cleave)라는 단어가 얼마나 중요한지를 체감한다. 떠난다는 것은 새로운 관계를 맺기 전에 하나의 관계를 단절한다는 의미다. 그렇다고 부모에게 소홀히 하라는 뜻은 아니다. 이것은 당신이 부모에게 의존하던 것을 끊고 배우자에 대한 책임을 받아들인다는 말이다.

'합하여'는 용접한 것처럼 결합했다, 꼭 붙었다는 뜻이다. 한 남자가 그의 아내와 연합할 때 한 몸이 된다. '한 몸'은 하나님께서 결혼 관계에서 작정하신 하나 됨과 완전함 그리고 영원함을 압축적으로 표현한 아름다운 묘사다. 또한 '한 몸'은 성적인 연합을 상징하며, 전 생애를 통해 친밀함과 그 독특한 하나 됨에 전적으로 헌신하는 것을 가리킨다.

몇 년 전에 이 단어의 뜻을 이렇게 묘사하는 것을 들었다. 한 손에는 진녹색 점토를, 다른 손에는 연녹색 점토를 각각 한 덩이씩

들고 있다면 두 색의 차이를 분명히 구별할 수 있을 것이다. 하지만 그 둘을 섞으면 어떻게 될까? 얼핏 보면 커다란 녹색 점토 한 덩어리만 보일 것이다. 물론 자세히 보면 진녹색과 연녹색을 구분하는 선을 볼 수 있다.

이 비유는 우리의 결혼 관계를 잘 표현해준다. 부부는 마치 하나처럼 보일 만큼 잘 조화되어 있지만 각자의 개성과 정체성은 사라지지 않았다. 그럼에도 불구하고 두 사람 안에는 하나의 인격이 연합되어 있다.

당신은 결혼 이후 어떻게 부모를 떠날 수 있었는가? 또한 배우자와 한 몸이 되고 연합하였으면서도 각자의 개성을 유지하는 길은 어디에서 찾을 수 있었는가?

그리스도인의 결혼생활은 두 사람이 조화롭게 살아가는 삶, 그 이상이다. 그들의 결혼에 의미를 부여하시고 올바른 방향으로 인도하시는 예수 그리스도를 그 중심에 모시고 있다는 점이 가장 큰 차이다. 예수 그리스도께서 그 관계에 머물러 계실 때만이 그리스도인의 결혼이라 할 수 있다.

결혼하기 전에 다음에 대해 어떻게 생각했는지(혹은 생각하고 있는지) 나누어보자.

1. "나는 결혼하면 _____로(으로) 인해 내 인생이 달라지리라 기대했다."
   당신이 생각하는 결혼이란 무엇이었는가? 기대하던 대로 되었는가?

2. 당신과 배우자는 결혼에 대해 어떠한 기대를 갖고 있었는가?

3. 두 사람 사이에 어떤 차이를 발견했는가? 이 부분에 대해 허심탄회하게 나눠본
   적이 있는가?

   • "나의 배우자는 내가 _____가(이) 되기를 기대했다."

   • "나는 배우자가 더 _____ 하기를(되기를) 기대했다."

제 2 장

내가 받은 가장 큰 선물은… 바로 당신!

특별히 당신에게 기쁨을 주었던 선물을 떠올려보라.
그 선물을 받았을 때 어떤 느낌이었는가?
그렇다. 배우자는 당신에게 그런 특별한 선물이다. 당신 역시 배우자에게 그렇다.
상대방이 그처럼 특별한 선물을 받았다고 느끼게 하려면 어떻게 해야 할까?
영혼과 삶의 시야를 맑게 해주는 인생의 선물로 인정받으며 살아가려면 어떻게 해야 할까?

만일 누군가가 "그러니까, 한마디로 결혼이 뭔가요?"라고 묻는다면 어떻게 말하겠는가? 사람들이 말한 것들을 정리해보면 이러하다.

- 결혼은 선물이다.
- 결혼은 사랑하는 법을 배울 수 있는 기회의 장(場)이다.
- 결혼은 사람들이 여러 가지 선택을 하고 그에 대한 책임을 지는 여행과 같다.
- 결혼은 헌신적인 대화의 토대 위에 세워진다. 우리는 상대방의 입장에서 말하는 법을 배워야 한다.
- 결혼은 아직 해결되지 않은 과거의 여러 문제들로부터 종종 영향을 받는다. 우리가 생각하는 것보다 더 많이.
- 결혼은 섬김을 향한 부르심이다.
- 결혼은 우정을 향한 부르심이다.
- 결혼은 고통을 향한 부르심이다.
- 결혼은 불순물을 없애는 과정이다. 결혼은 하나님이 원하시는 사람으로 우리를 빚는 기회다.
- 결혼은 하나의 '사건'이 아니라 꾸준히 걸어가야 할 '여정'이다.
- 친밀함은 결혼생활의 모든 영역에서 필요하다. 영적, 지적, 사

회적, 정서적 그리고 신체적인 데까지 그 영향력이 구석구석에 미쳐야 한다.

당신이 결혼에 대하여 믿고 기대하는 바는 배우자와의 대화에도 직접적인 영향을 미친다. 이번 장에서는 이러한 결혼의 요소들 중에서 선물, 섬김을 향한 부르심, 친밀한 관계 그리고 불순물을 없애는 과정 등 4가지를 집중적으로 살펴보겠다. 자신의 결혼 관계를 떠올려보면 이해가 쉬울 것이다.

결혼은 선물이다

"내가 받은 가장 큰 선물은 바로 당신이에요!" 배우자에게 이런 진심 어린 말을 듣는다면 우리는 어떻게 달라질까?

선물을 주려면 평소에도 관심과 배려심이 있어야 한다. 사람들에게 기쁨을 주고 사랑받고 있음을 느끼게 하려고 우리는 선물을 준다. 주는 사람의 깊은 감정을 표현하는 수단이기도 하다. 당신이 선물을 고를 때 들이는 수고를 생각해보라.

당신은 이곳저곳을 샅샅이 뒤지기 시작한다. 적당한 물건이 눈에 들어와 그것을 선택할 때까지 들었다 놓기를 수없이 반복한다. 선물을 포장하는 시간도 만만치 않다. 줄 때는 또 어떤가? 선물을 받는 사람이 얼마나 즐거워하고 행복해할지를 떠올리면 설레지 않는가? 어떻게 하면 받는 사람이 가장 기뻐할지를 고심하면서 선물을 건네줄 때도 최선을 다한다. 선물은 사랑의 표현이며, 은혜가 무엇인지를 드러낸다. 받는 사람이 자격이 있는지 없는지에 달린 것이 아니다.

특별한 선물을 고르고 전할 때에는 떨림과 설렘이 있다. 물건 때문만은 아니다. 준비하는 데 귀한 시간과 에너지가 들어갔기 때문이다. 받는 사람이 가장 고마워하는 선물을 보면 대부분 그리 값비싸지 않다. 상대의 바람과 소망을 살피기 위해 많은 애를 쓴 흔적이 느껴지는 선물을 받았을 때 그들은 감동한다.

내가 받은 가장 큰 선물을 바로 당신이에요!
배우자에게 이런 진심 어린 말을 듣는다면
우리는 어떻게 달라질까?

특별히 당신에게 기쁨을 주었던 선물을 떠올려보라. 왜 그랬는가? 어렸을 때를 생각해보라. 가장 짜릿하고 특별했던 선물은 무엇이었는가? 그 선물을 받았을 때 어떤 느낌이었는가? 그것을 어떻게 다루었는가? 어쩌면 특별한 곳에 숨겨두고 애지중지했을지도 모르겠다.

그렇다. 배우자는 당신에게 그런 특별한 선물이다. 당신 역시 배우자에게 그렇다. 상대방이 그처럼 특별한 선물을 받았다고 느끼게 하려면 어떻게 해야 할까? 당신은 그 선물을 어떻게 대하겠는가? 어떻게 하면 영혼과 삶의 시야를 맑게 하는 선물 같은 존재로 살아갈 수 있을까?

> **질문으로 마음을 잇다**
>
> 1. 당신이 배우자에게 가장 주고 싶은 선물은 무엇인가?
> 2. 배우자가 준 선물 중에서 가장 좋았던 것은 무엇인가?
> 3. 당신의 배우자는 선물을 받았을 때 무엇을 고마워하는가?

결혼은 섬김이다

결혼은 섬김을 향한 부르심이다. 이것은 대부분의 부부들에게 별로 인기도 없고, 우선순위에서도 맨 밑으로 밀리는 개념이다. 우리는 섬기는 것보다 섬김 받기를 더 좋아한다. 성경은 그리스도인의 결혼에 대해 어떻게 가르치는지 살펴보자.

> 그러므로 여러분이 그리스도를 따름으로 무엇을 얻었거나, 그분의 사랑으로 여러분의 삶에 얼마간의 변화가 일어났거나, 성령의 공동체 안에 있는 것이 여러분에게 어떤 의미가 있거나, 여러분에게 따뜻한 마음이나 배려하는 마음이 있거든, 내 부탁을 들어주시기 바랍니다. 서로 뜻을 같이하고, 서로 사랑하고, 서로 속 깊은 벗이

되십시오. 자신의 방식을 앞세우지 말고, 그럴듯한 말로 자신의 방식을 내세우지 마십시오. 자기를 제쳐두고 다른 사람이 잘되도록 도우십시오. 자기 이익을 꾀하는 일에 사로잡히지 마십시오. 자신을 잊을 정도로 도움의 손길을 내미십시오.

그리스도 예수께서 자기 자신을 생각하셨던 방식으로 여러분도 자기 자신을 생각하십시오. 그분은 하나님과 동등한 지위셨으나 스스로를 높이지 않으셨고, 그 지위의 이익을 고집하지도 않으셨습니다. 조금도 고집하지 않으셨습니다! 때가 되자, 그분은 하나님과 동등한 특권을 버리고 종의 지위를 취하셔서, 사람이 되셨습니다! 그분은 사람이 되셔서, 사람으로 사셨습니다. 그것은 믿을 수 없을 만큼 자신을 낮추는 과정이었습니다. 그분은 특권을 주장하지 않으셨습니다. 오히려 사심 없이 순종하며 사셨고, 사심 없이 순종하며 죽으셨습니다. 그것도 가장 참혹하게 십자가에서 죽으셨습니다(빌 2:1-8, 메시지).

예수님은 자발적으로 종이 되셨다. 그분은 자신보다 우리의 유익을 구하셨다. 사도 바울도 우리에게 "그리스도를 경외함으로 피차 복종하라"고 권면한다(빌 5:21).

핵심에 주목하자. 배우자에게 종이 되라고 강요하거나 왜 말씀대로 살지 않느냐고 따지라는 의미가 아니다. 만일 우리가 그렇게 요구하거나 에둘러서라도 그런 생각을 표현했다면 자신의 필요를 채우는 데 더 관심이 있다는 뜻이다. 가령 남편이 아내에게 자기를 가정의 머리로서 대우해달라고 요구한다면 그는 이미 머리 됨을 잃어버린 것이다. 에베소서 5장 22-25절을 보라. 남편이 아내의 머리가 되기 위해서는 그리스도께서 교회를 사랑하시고 교회를 위하여 자신을 주신 것처럼 자기 아내를 먼저 그렇게 사랑해야 한다고 말씀하셨다. 희생적인 사랑, 즉 섬김이 먼저다.

서로에게, 함께 복종하라

에베소서 5장 21절에 나오는 "복종하라"는 헬라어로 '후포타소' (*hupotasso*)이다. 그 말은 또한 신약에서 '순종하라'는 말로 여러 번 번역된다. 이 동사의 능동형은 또한 군대 용어로도 쓰인다. 사병이나 하사관이 지휘관에게 복종하듯이, 사람의 위치나 계급에 따라 강제로 부과된 복종을 의미한다. 피조물이 그리스도께 굴복하는 것을 언급한 로마서 8장 20절에서와 같이 예수 그리스도의 다스림을 강조하는 뜻으로도 쓰인다. 고린도전서 15장 27절에서는 만물을 그리스도의 발아래에 복종하게 두셨다고 말하면서 이 단어를 세 번이나 능동태로 사용한다.

하지만 이 단어가 수동태 혹은 중간태이면 의미가 달라진다. 이때의 복종은 당신이 자발적으로 행하는 것이다. 에베소서 5장, 골로새서 3장, 디도서 2장 그리고 베드로전서 3장에서 결혼에 대해 말씀하면서 사용한 '후포타소'가 바로 중간태 혹은 수동태이다. 결혼 관계에서 복종하라고 하시는 말씀은 외적으로 부과된 의무가 아니라 당신 안에서부터 나오는, 자발적이고 확고한 행동을 뜻한다. 이것은 부부 두 사람에게 함께 부여된 상호 복종이다.

성경이 묘사하는 남편과 아내 사이의 관계에 대해 많은 사람들이 여러 이야기를 쏟아내고 있다. 여성이 남자와 동등한 대우를 받아야 한다고 주장하는 페미니스트들 때문에 성경학자들은 에베소서 5장과 같은 본문을 해석하는 데 특히 애를 먹고 있다. 앞서 언급했듯이 '복종'이라는 단어가 원래는 군대 용어라고 밝히면서 남편의 머리 됨을 한 가지 의미로만 해석하기도 한다. 반면 남편과 아내의 위치는 근본적으로 동일하며, 성경적으로 볼 때 결혼은 동등한 협력 관계와 같다고 주장하는 사람도 있다. 이런 일은 빈번하다. 성경 안에 있는 여러 난제들로 인해 우리는 어려움을 겪는다.

드와이트 스몰은 《결혼, 동등한 협력》(*Marriage as Equal Partnership*)이라는 그의 책에서 남편과 아내의 역할을 성경적으로 잘 설명하고 있다.

최근 들어 남편과 아내의 동등함에 대한 관심이 현저히 증가한 것은 좋은 현상이다. 어떤 이들은 이참에 평등의식을 삶의 모든 영역으로 확장해 적용시키려고 한다. 하지만 우리가 기억해야 할 것이 있다. 이 동등함은 성경이 말하는 여러 가지 원칙들 중에 하나일 뿐이지, 하나님의 유일한 말씀인 것처럼 생각해서는 곤란하다는 점이다. 동등함은 하나님의 방정식을 이루는 일부분일 뿐이다. 인간적으로는 모순처럼 보이는 것이 하나님의 역설적 진리일 수도 있다. 에베소서 5장 21-33절은 권위와 책임을 제외하고는 남편과 아내가 모든 면에서 동등하다고 분명하게 말씀한다.

남편이 이렇게 부여받은 권위와 책임을 주님 앞에서 받은 특별한 부담으로 여길 때 불평등의 문제는 완화된다. 권위와 책임은 부러워할 특권이 아니라 기도로 도와야 하는 부담인 것이다. 이 역설적인 관계의 중심에는 상호 간의 사랑과 그리스도를 닮는 섬김으로의 부르심이 있다는 사실을 기억한다면 아내 편에서 갖고 있는 막연한 두려움도 줄어든다. 결혼생활에서 각자의 역할에 충실할 때 그 안에서 아름다움과 조화가 생기고 우리는 평등을 누리게 된다.

머리 됨이란 남편이 어떤 지배적이고 위압적인 힘을 지닌 주인이나 상관, 독재자 혹은 권위자의 위치에 선다는 의미가 아니다. 남편은 자기주장을 하고 아내는 고분고분해야 한다는, 통제나 제한의 의미를 담고 있지 않다. 더군다나 권위를 부여받은 남편에게 덕성과 지성, 능력이 갑자기 주어지는 것도 아니다. 남편은 적극적이고 아내는 소극적이어서, 남편은 목소리를 내야 하고 아내는 침묵해야 한다는 뜻도 아니다. 또한 남편은 가족의 우두머리요, 관리자 혹은 특권층이라는 의미도 아니다. 남편이 결정권자이거나 문제 해결자요, 목표 설정자 혹은 가족 구성원의 인도자라는 것도 아니다. 남편은 유일한 머리이신 주님 아래에서 동등한 협력 관계를 만들어내면서 자유와 사귐을 향하여 함께 자라갈 책임을 맡은 사람일 뿐이다.

진정으로 아내를 사랑하는 남편은 그들의 삶에 관련된 모든 것에서 아내를 완전히 동등한 협력자로서 인정한다. 머리 됨이란 이 동등한 협력 관계를 잘 유지하도록 돕는 위치를 가리킨다. 아내는 의사 결정, 갈등 해결, 가족 발전 계획이나 일상적인 가족 관리 등 모든 부분에서 동등하게 기여하는 존재다. 그것이 재정이든지 자녀 양육이든지 혹은 사회생활이든지, 무엇이라 할지라도 아내는 동등한 협력자이다. 머리 된 위치에 있는 남편은 아내를 지지하고, 양보하고, 좋은 것을 나누며, 격려하고 북돋운다. 머리 된 자들은 강요하지 않고 기쁨으로 위임한다. 이처럼 남편은 모든 일을 공평무사하게 처리하지만, 또한 결혼생활을 건강하게 유지하기 위해 하나님 앞에서 자기에게 맡겨진 책임을 지고 간다.[1]

간단하게 말하면, 종은 다른 사람의 필요를 채우는 사람이다. 남편과 아내의 관계에서 종이 된다는 것은 사랑으로 행하며 상대방에게 선물이 되는 삶을 산다는 뜻이다. 그것은 강요해서 되는 것이 아니다. 연약해서 상대의 종이 되는 것도 아니다. 오히려 강한 자만이 그렇게 자발적으로 종이 된다. 서로에게 사랑을 보여주기 위해 선택한 적극적인 행동이기도 하다. 그러므로 사도 바울은 "피차 복종하라"(엡 5:21)고 말했으며 종의 역할을 아내로 제한하지 않았다.

남편과 아내의 관계에서 종이 된다는 것은
사랑으로 행하려 상대방에게 선물이 되는 삶을 산다는 뜻이다.
그것을 강요해서 되는 것이 아니다.
연약해서 상대의 종이 되는 것도 아니다.
오히려 강한 자만이 그렇게 자발적으로 종이 된다.

종은 '조력자'(enabler)로 불리기도 한다. 여기서 '조력자'는 역기능적인 의미가 아닌 긍정적인 의미로 사용되었다(enabler가 역기능 상황에서 쓰이면 헌신적으로 봉사하기만 하는 사람을 의미한다—편집자). '가능하게 하다'라는 말은 무엇을 더 좋게 만든다는 의미다. 우리는 상대방을 코너에 밀어붙이거나 이것저것 강요하는 사람이 아니라 배우자를 위해 더 나은 길을 열어가는 존재다. '조력자'라고 해서 배우자를 위해 모든 것을 다 해주는 사람이 되어서는 안 되고, 상대방이 자기 본연의 삶을 살아가려고 할 때 그러한 노력을 방해해서도 안 된다.

또한 종은 상대방을 세워주고 유익하게 하는 사람을 말한다. 본문에서 '세운다'(edify)는 단어는 '화덕'이나 '벽난로'라는 뜻의 라틴어 '아이데스'(aedes)에서 왔다. 화덕은 고대에서 활동의 중심이 되는 곳이었다. 집에 들어오면 화덕을 중심으로 불빛과 열이 있었고, 온 가족이 먹을 양식도 여기에서 준비되었다.

'유익하게 한다'(edifying)는 개념은 신약에서 다른 사람을 세워준다는 의미로 종종 사용된다. 아래 구절들에서 우리는 세 가지 정도의 용례를 찾아볼 수 있다. 즉, (1) 인격적인 격려, (2) 내면을 강건하게 함, (3) 사람들 사이에서 화평과 화목의 관계를 세우는 일 등이다.

> 그러므로 우리는, 서로 사이좋게 지내는 일에 힘을 다하고 뜻을 모아야 합니다. 격려의 말로 서로 도와주십시오. 흠을 잡아 풀이 죽게 만들지 마십시오(롬 14:19, 메시지).

> 우리 각 사람이 이웃을 기쁘게 하되 선을 이루고 덕을 세우도록 할지니라(롬 15:2).

> 그러므로 피차 권면하고 서로 덕을 세우기를 너희가 하는 것같이 하라(살전 5:11).

> 사랑은 덕을 세우나니(고전 8:1).

이처럼 유익하게 하는 것은 삶에서 다른 사람을 응원한다는 뜻이다. 당신은 배우자를 지탱하는 뿌리와 같은 사람이다. 당신의 격려가 배우자의 자존감을 지켜주고, 사랑을 주고받는 용량을 키워주기도 한다.

1. 당신은 배우자를 어떻게 세워주는가? 두 가지 정도만 예를 들어보라.
2. 배우자는 당신을 어떤 식으로 세워주는가?
3. 배우자는 어떤 식으로 격려받기를 원하는가? 잘 모르겠거든 한번 물어
   보라.

결혼은 친밀한 관계다

결혼은 인생 그 자체요, 인생의 축제이기도 하다. 결혼식은 금방 끝나지만 결혼은 어느 한 사람이 죽을 때까지 지속된다. 결혼식이 끝나면 그때부터 친밀함이 요구되는 진정한 결혼 관계가 시작된다. 그런 친밀함은 정체성을 공유한 '우리'라는 관계에서 나온다. 친밀함을 공유한다는 의미는 자신의 약점과 부족함을 솔직하게 나눌 수 있을 만큼 가까운 관계로 살아간다는 말이다. 친밀함은 마치 여러 줄로 만들어진 악기와 같다. 예를 들어 비올라가 연주하는 음악은 줄 하나에서 나오는 것이 아니라 여러 줄과 손가락의 위치를 창조적으로 조합하는 데에서 나온다.

오늘날 우리는 육체적인 친밀함만을 이야기하는 시대에 살고 있다. 그것도 실상은 감정적 친밀함에서 비롯된다. 육체적 친밀함에는 몸뿐만 아니라 감정적인 연결도 포함되어 있기 때문이다.

감정은 삶에 생기를 더한다. 서로가 장애물과 벽을 낮추어 친밀

함을 더하려는 의식적인 노력을 하지 않기 때문에 많은 부부가 감정적으로 친밀함을 경험하지 못하고 있다. 저드슨 스위하트는 감정적인 친밀함이 부족한 결혼의 비극에 대해 이렇게 썼다.

> 어떤 사람들은 중세 시대의 성채와 같다. 그들은 상처받지 않도록 자기를 보호하기 위해 주위에 높은 벽을 쌓는다. 다른 사람들과 감정을 나누지 않음으로써 자신을 감정적으로 지켜내려고 한다. 아무도 그 안으로 들여보내지 않는다. 그렇게 하면 공격으로부터 안전하다고 믿는다. 하지만 그들은 성안에서 홀로 지내면서 외로움을 경험한다. 스스로를 감옥에 가둔 셈이다. 그들도 누군가로부터 사랑을 받고 싶지만 쳐놓은 벽이 하도 높아서 그 곁에 접근하기가 무척 힘들다.[2]

장벽을 쌓지 않았더라도 남녀의 감정은 그 수준과 강도에서 차이가 난다. 여자에게 우선적으로 중요한 것은 감정적인 친밀함이지만, 남자에게는 육체적인 친밀함이 먼저다. 부부가 감정을 나누는 법을 배우고 상대방의 감정을 이해하고 경험할 때에 진정한 친밀함을 얻게 된다.

'친밀함'(intimacy)은 라틴어 '인티무스'(*intimus*)에서 나왔는데 '심층부'라는 뜻을 갖고 있다. 친밀함은 "애정 있는 유대감이며, 돌봄과 책임, 신뢰로 잘 짜인 줄이다. 감정과 감각을 열어둔 대화이면서 또한 감정적으로 중요한 사건에 대한 정보를 방어 자세 없이 주고받는 것"³이라고 정의할 수 있다. 친밀함이란 누군가에게 가까이 갔을 때 벌어질 위험을 감수하는 것이고, 그가 당신의 개인 영역 안으로 들어오도록 허용한다는 의미이기도 하다. 한마디로 친밀한 관계란 서로에게 감정적인 가까움을 느끼는 인격적인 관계를 가리킨다.

≈≈≈

부부가 감정을 나누는 법을 배우고
상대방의 감정을 이해하고 경험할 때에
진정한 친밀함을 얻게 된다.

친밀함의 관계에서는 자신을 드러내기도 해야 하지만 동시에 어느 정도 안전망도 있어야 한다. 사실 서로의 약함을 용납하는 과정에서 우리는 놀라운 안정감을 얻는다. 친밀한 부부들은 자신을 다 드러내 보이면서도 충분히 용납받는다는 안정감을 느끼는 것이다.

결혼한 부부라고 해서 모두 이러한 친밀감을 쉽게 경험하는 것은 아니다. 나는 부부가 서로 '이방인'처럼 지내는 경우도 많이 봐왔다. 결혼생활을 오랫동안 했으면서도 서로 외떨어진 느낌으로 지내는 부부를 많이 만난다. '결혼한 독신'이라고 불러도 될 정도로 각방을 쓰면서 외롭게 살아가는 이들이었다. "우리는 같은 집에 살고, 같은 식탁에서 식사를 하고 같은 침대를 쓰지만 이방인이나 다름없어요." "23년간 함께 살았지만 처음 결혼했을 때나 지금이나 아내를 잘 모르겠어요." "정말 힘든 것은 함께 주말을 보냈는데도 전 여전히 외롭다는 거죠. 혼자 있는 게 더 편한 사람과 결혼한 것처럼 느껴져요."

친밀함은 저절로 생기지 않는다. 대화는 이 친밀함을 만들고 유지하는 도구이며, 우리는 대화를 통해 상대를 알아간다.

친밀함은 대화의 수준으로 나타난다

당신의 결혼 관계에서 친밀함의 수준이 어느 정도인지를 평가하는 시간을 갖자. 부부가 따로 체크한 뒤에 서로 답을 맞춰보라.

1. 대화에서 경험하는 친밀함을 볼 때 내가 보는 우리의 관계는 이러하다.

   1) 우리는 많은 대화를 하지만 자신을 솔직히 드러내지 않는다.

   2) 우리는 자신을 솔직히 드러내지만 별로 대화를 하지 않는다.

   3) 우리는 많은 대화를 하고 자신을 솔직히 드러낸다.

   4) 우리는 대화도 별로 없고 자신을 솔직히 드러내지도 않는다.

2. 나 자신의 생각과 느낌, 바람이나 진심을 배우자와 나눈다고 했을 때 나는 대체로 이렇게 행동한다.

1) 진짜 자신의 모습은 잘 감추는 편이다.

2) 안전하다고 생각하는 만큼만 이야기한다.

3) 모든 것을 다 털어놓는다.

3. 배우자가 자신의 생각과 느낌, 바람이나 진심을 이야기할 때에 나에게는 이렇게 보인다.

1) 자기 속마음을 감추고 있으며 잘 드러내지 않는 것 같다.

2) 자신이 안전하다고 생각하는 만큼만 이야기하는 것 같다.

3) 모든 것을 다 털어놓는 것 같다.

4. 불편함을 느낄 정도로 가까워지는 것 같다는 생각이 들면, 나는 이런 식으로 친밀함을 피한다.

1) 웃거나 농담을 던진다.

2) 어깨를 으쓱하고 상관없는 것처럼 무시한다.

3) 배우자가 내 속마음을 깊이 볼 수 없도록 화난 것처럼 행동한다.

4) 상처받을 것 같으면 강하게 나간다.

5) 지나치게 말을 많이 한다.

6) 이성적으로 분석하기 시작한다.

7) 그 문제를 대면하지 않도록 화젯거리를 돌린다.

5. 내가 보기에, 배우자는 이러한 방식으로 친밀함을 피하는 것 같다(4번의 문항 중에서 선택).

6. 내가 친밀한 관계를 부담스러워하거나 피하는 이유는?

7. 그 결과 결혼생활은 어떻게 됐는가?

8. 친밀함을 형성하기 위해 나는 앞으로 무엇을 실천할 생각인
   가?[4]

결혼 관계에서 친밀함의 정도를 구분하는 다섯 단계가 있다. 각
단계를 읽으면서 자신의 결혼생활과 관련해서 각각의 질문(두 개)
에 답해보라.

첫째 단계

대화의 첫 번째 단계는 사실이나 정보나 가벼운 이야기를 나누면서
시작된다. 이런 대화는 신문 기사에 나온 가벼운 정보를 서로 주고
받는 수준이다. 재미있을 수도 있지만 상대방을 정말로 아는 데는
별 도움이 되지 않는다. 친밀함은 매우 피상적인 수준에 머무른다.

1. 이런 식의 대화는 언제 많이 진행되는가?
2. 누가 이런 방식으로 대화하기를 좋아하는가?

둘째 단계

두 번째 단계에서는 다른 사람의 생각과 견해를 주로 이야기하는

수준으로 진행된다.

첫째 단계보다는 흥미롭지만 자신에 대해서는 여전히 별로 드러내지 않는다. 대화의 주제와 내용이 여기에 한정되어 있다면 실제적인 친밀함은 여전히 형성되지 않는다.

1. 이런 식의 대화는 언제 많이 진행되는가?
2. 누가 이런 방식으로 대화하기를 좋아하는가?

셋째 단계

세 번째 단계에서 사람들은 드디어 자신의 생각과 견해를 나눈다. 당신은 어느 정도 상처받을 각오를 하면서 자기 생각의 일부를 이야기하지만 여전히 '진짜 모습'을 드러내지는 않는다. 평범한 수준의 친밀함을 경험한다.

1. 이런 식의 대화는 언제 많이 진행되는가?
2. 누가 이런 방식으로 대화하기를 좋아하는가?

넷째 단계

이제 당신은 개인적인 선호도, 믿음, 관심 또는 사적인 경험 등을 나누기 시작한다. 내 딸이 어렸을 때 나에게 자주 한 질문은 바로 이 수준의 것이었다. "아빠는 어렸을 때 어땠어요?" 나는 딸의 질문에 대답하면서 과거를 자주 회상하고 자신을 돌아볼 수 있었다.

1. 이런 식의 대화는 언제 많이 진행되는가?
2. 누가 이런 방식으로 대화하기를 좋아하는가?

다섯째 단계

다섯 번째 단계에서 당신은 내면적 감정과 선호, 좋아하는 것과 싫어하는 것을 공유한다. 내면에서 일어나는 일들을 이야기하고 마음 문을 완전히 연다. 어떤 사건이나 상황에 대한 믿음 혹은 생각, 견해를 넘어, 그러한 사건이나 사람이 당신의 감정과 내면에 어떠한 영향을 주었는지를 솔직히 털어놓는다.

1. 이런 식의 대화는 언제 많이 진행되는가?
2. 누가 이런 방식으로 대화하기를 좋아하는가?

결혼은 정제 과정이다

우리가 원하든 원치 않든 어려움은 늘 우리 삶을 찾아온다. "하나님, 제가 원한 건 이런 삶이 아니었어요"라고 따지고픈 생각도 든다. 이런 때 중요한 것은, 인생의 위기를 만났을 때 거기에 어떻게 반응하느냐이다.

고난이 닥쳐왔을 때 우리 부부의 결혼생활을 견고히 해준 성경 구절이 있다. "내 형제들아 너희가 여러 가지 시험을 당하거든 온전히 기쁘게 여기라. 이는 너희 믿음의 시련이 인내를 만들어내는 줄 너희가 앎이라"(약 1:2-3).

이것은 어떤 시련이나 상황이 우리에게 좋거나 나쁜 영향을 끼치는 것을 허용하는(혹은 뿌리치는) 내면적 태도를 가지라는 말이다. 그러므로 야고보서 1장 2절을 이렇게도 해석할 수 있다. "역경을 당할 때 그것을 환영하고 기뻐할 수 있도록 결심하라."

이런 말씀을 읽을 때 "맞아, 그렇지만 실제로 사는 것은 다른 문제야"라고 말하기 쉽다. 하지만 이 말씀에 실제로 순종해본다면 어떤 일이 벌어질까?

꿃ꙮꙮꙮꙮ

하나님은 인생에서 일어나는 뜻밖의 사건들에 대해
어떻게 반응해야 할지를 결정할 수 있는 자유와 능력을 허락하셨다.

우리에게는 어려운 상황을 만나더라도 자신의 태도를 결정할 수 있는 힘이 있다. 어쩌면 우리는 어려운 상황을 만났을 때 "끔찍하군. 낙심천만이야. 내 인생에서 최악의 일이 일어났어. 왜 지금이지? 왜 하필 나냐고!"라고 쏟아낼 수도 있을 것이다.

하지만 같은 상황에서 다르게 반응할 수도 있다. "내가 원하거나 기대했던 것과는 다르지만 이미 일어난 일이야. 어떻게 하면 이 어려운 시기를 최선의 결과로 이어지게 할 수 있을까? 하나님의 영광을 위해 그것을 어떻게 사용할 수 있을까?"

'여긴다'는 단어가 동사형으로 쓰이면 확고한 행위를 나타낸다. "포기해야 할까 봐! 문제에서 헤어나지 못하겠어. 인생이 다 그런 거지, 뭐." 이런 식의 체념의 태도가 아니다. 사실상 여기서 사용된 '여긴다'는 동사는 시련을 부정적인 것으로 보려는 인간의 본성적인 성향을 거스르는 노력을 내포하고 있다. 그래서 이렇게 말할 수 있다. "시련을 통해 더 좋은 길이 있을 거예요. 주님, 제가 시련을 다른 시각으로 볼 수 있도록 도와주세요." 물론 이렇게 반응하기 위해서는 많은 수고가 필요하겠지만 이로써 더 건설적인 반응을 할 수 있게 된다.

하나님은 인생에서 일어나는 뜻밖의 사건들에 대해 어떻게 반응해야 할지를 결정할 수 있는 자유와 능력을 우리에게 허락하셨다. 어떤 사건은 일어나지 않았다면 좋았겠지만, 이미 일어난 일을 두고 어떻게 할 수는 없다.

첫 번째 아내 조이스와 나는 비극처럼 보이는 시련 중에 있을 때 하나님을 바라보는 법을 배워야 했다. 우리에게는 딸 쉐릴과 아들 매튜가 있었다. 아들은 인지 능력이 두 살을 넘어서지 못했다. 아이에게는 중증 장애가 있었는데, 하나님은 스물두 살의 나이로 아들을 데려가셨다.

우리는 대학을 졸업한 후 결혼하고, 다시 신학교에 가서 공부를 마치고 지역교회 사역을 시작했다. 그리고 7년 후에 매튜가 태어났다. 우리가 정신지체 장애를 가진 아이의 부모로 살아가리라고는 꿈에도 생각지 못했다.

삶을 돌아봤을 때 나는 참을성이 없었고 여러 면에서 이기적이었다. 하지만 매튜 덕분에 인내를 연습할 기회를 얻었다. 아이가 손을 내밀어 물건을 잡을 때까지 오랜 시간을 기다리면서, 또 걷는 법을 배우는 과정에서 3, 4년을 기다리면서 우리는 인내를 배웠다. 그리고 자신의 필요와 아픔과 원하는 것을 말로 하지 못하는 사람에게 민감하게 반응하는 법을 배웠다. 우리는 매튜가 말하고 싶어 하는 것을 '판독'해야 했고, 무언의 행동을 '해석'하기 위해 애써야 했다.

조이스와 나는 이런 과정을 통하여 성장하고 변화되었다. 아픔과 좌절과 슬픔의 시간이었다. 반면 많은 사람들이 당연시하는 아주 작은 발전을 보면서도 우리는 기뻐했고, 하나님께 감사하는 법을 배웠다. '매튜'란 이름의 뜻은 "하나님의 선물" 혹은 "하나님에게서 온 선물"인데, 아들은 우리에게 실제로 그런 존재가 되었다.

우리는 아들 때문에 원망하고 비통해하면서 쉽게 허송세월할 수 있었다. 우리의 결혼생활이 서먹해지고 영적 성장을 방해할 정도가 되도록 방치해둘 수도 있었다. 하지만 하나님은 우리가 이 현실을 받아들일 수 있도록 도와주셨다. 우리는 함께 자라고 성숙했다. 갑자기 자란 것이 아니라 수년간의 지난한 과정을 통과하며 조금씩 자라갔다. 극복해야 할 가파른 길도 있었지만 또한 밝고 즐겁고 값진 순간도 많았다. 매튜는 하나님께서 우리를 다듬고 변화시키기 위해 사용하신 사랑스러운 도구가 되었다.

하나님은 우리가 이 현실을 받아들일 수 있도록 도와주셨다.
우리는 함께 자라고 성숙했다.
갑자기 자란 것이 아니라 수년간의 지난한 과정을 통과하며 자라갔다.

하나님이 우리 삶에서 일하시는 과정에서 조이스와 나는 많은 것을 배웠다. 매튜가 태어나기 오래전부터 우리를 준비시켜오셨음을 깨달았다. 당시에는 잘 몰랐지만 말이다.

신학교에서 논문을 써야 할 시기가 되었다. 딱히 떠오르는 주제가 없어서 담당 교수에게 합당한 주제를 알려주십사 부탁했다. 교수님은 나에게 '정신지체아를 위한 기독교 교육'이라는 주제를 권했다. 그 주제에 대해 아는 바가 전혀 없어서 서둘러 공부했다. 책을 읽고, 수업을 듣고, 병원과 집에서 하는 훈련 과정을 관찰한 후에 논문을 썼다. 나는 그 논문을 세 번이나 다시 썼고, 조이스도 논문이 통과될 때까지 세 번이나 타자를 쳐야 했다.

그 후에 심리학 석사 과정 중에는 학교에서 수백 시간을 인턴으로 일해야 했다. 나는 정신지체 아이들을 테스트하고 그들을 적합한 반에 배정하는 일을 맡았다. 6년간 교회에서 교육 사역을 맡았을 때는 지체아들을 위한 주일학교 과정을 개발하라는 당회의 요청을 받기도 했다. 그 사역과 커리큘럼을 개발하고 교사들을 훈련하는 것이 나의 일이었다.

매튜가 태어나기 2년 전이던 어느 날 저녁에 조이스와 나는 이런 이야기를 나누었다. "우리가 지체아에 대해 이 정도로 알게 된 것이 흥미롭지 않소? 참 많이 배웠구려. 어쩌면 하나님께서 미래에 일어날 뭔가를 위해 우리를 준비시키신 것이 아닐까?" 그때 내가 그렇게 말했던 것만 생각나고 아내가 뭐라고 했는지는 기억나지 않는다. 그리고 매튜가 태어났다. 8개월 후에 아이의 발작이 시작되었다. 아이의 발달 과정에서 느꼈던 불확실성 때문에 우리의 근심은 더욱 깊어졌다. 우리가 전체 그림을 알게 되었을 때 비로소 주님께서 그전부터 우리를 준비시켜오셨음을 보게 되었다.

여러분도 마찬가지다. 어려운 시절을 지나는 우리를 위해 주님은 이미 적합한 준비를 시키셨거나 그때에 꼭 필요한 자원을 제공하신다. 성경은 그렇게 약속한다. 당신을 위해 그렇게 하신다.

결혼생활에서 겪는 크고 작은 위기는 부부 둘 다에게 상처를 입힌다. 그 상처를 함께 나누면 줄어들지만 혼자 지고 가면 더욱 커진다. 루이스 스미디즈(Lewis B. Smedes)는 결혼의 고통에 대해 이렇게 설명했다.

어떤 결혼생활이든지 고통은 있는 법이다. 낭만적 쾌락주의자들은 결혼이란 신나게 쾌락을 즐기도록 허용된 관계라고 할지도 모른다. 하지만 그것은 거짓이다. 우리의 결혼 서약은 고통을 나누자는 약속이기 때문이다. 그렇다. '고통의 약속'인 것이다. 나는 이 말을 취소하지 않을 것이다. 당신은 배우자와 고통을 함께하겠다고 약속했다. 당신과 결혼한 그 사람은 살아가면서 언젠가는 크고 작은 상처를 받을 것이다. 그리고 당신은 그 고통을 배우자와 함께 지기로 약속했다. 결혼은 고통을 나누는 삶이다.[5]

그리스도의 몸 된 지체인 우리는 다른 지체가 고통을 당할 때 동일한 고통을 겪는다. 로마서 8장 16-17절은 이렇게 응원한다. "성령이 친히 우리의 영과 더불어 우리가 하나님의 자녀인 것을 증언하시나니 자녀이면 또한 상속자 곧 하나님의 상속자요 그리스도와 함께 영광을 받기 위하여 고난도 함께 받아야 할 것이니라."

고통을 나누는 것은 특권이다. 그것은 결혼을 통해 받는 선물이며 서로를 위한 사역이기도 하다. 당신은 결혼의 이러한 측면에 대해 어떻게 생각하는가?

배우자와 함께 이 책을 공부하고 있다면 다음 페이지에 나오는 질문에 답을 한 다음에 서로의 생각을 나누어보라. 부부간의 이해와 대화의 수준은 새로운 차원으로 올라가게 될 것이다.

우리는 인생에서 예기치 못한 수많은 일들을 만난다. 결혼 서약에서는 "아플 때나 건강할 때나, 죽음이 우리를 갈라놓을 때까지" 사랑해야 한다는 말을 듣지만, 이런 일이 실제로 조만간 자기들에게 일어나리라고 예상하는 사람은 찾기 힘들다. 하지만 이런 일은 언젠가는 일어난다.

조이스와 나는 48년간 부부로 살았다. 그리고 마지막 4년 동안 아내는 뇌종양으로 투병하다가 먼저 주님 곁으로 갔다. 나는 이 슬픔의 여정에서 《슬픈 배우자의 회상》(*Reflections of a Grieving Spouse*)[6]

이라는 책을 썼다. 그때는 참 힘든 시기였고, 그것은 내가 결코 생각하지도, 원하지도 않은 경험이었다. 하지만 하나님은 나에게 새로운 시작과 새로운 삶을 주셨다. 테스는 내 삶의 새로운 기쁨이며, 나는 다시 한 번 결혼과 대화에 관해 배우고 있다. 20대가 아니라, 지금 70대에 말이다! 나는 또다시 특별한 사람을 선물로 받았다.

1. 당신의 결혼생활을 한마디로 표현해보라. 어떤 단어를 사용하겠는가?

2. 배우자는 어떤 단어를 사용할까?

3. 결혼하지 않았더라면 경험하지 못했을 축복이나 혜택은 어떤 것인가? 구체적으로 말해보라.

4. 배우자에게는 어떤 강점이 있는가? 그런 부분을 잘 알고, 감사하고 있다고 자주 말하는 편인가?

5. 배우자에게 사랑과 고마움을 표현하기 위해 당신은 어떤 일을 하는가?

6. 당신의 결혼생활에는 어떤 강점이 있는가? 이렇게 되는 데 누가 더 많이 기여했는가?

7. 결혼생활에서 가장 약하다고 생각되는 부분은 무엇인가? 여기에 대해 당신은 어떤 책임을 느끼는가?

8. 행복한 결혼생활을 보내기 위해 당신이 가장 우선순위로 삼는 일은 무엇인가?

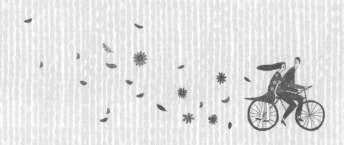

제 3 장

건강한 결혼생활, 이것이 다르다

35년간의 결혼생활이 결혼 36주년을 보장하지 않는다는 사실을 기억하라.
배우자가 말하는 방식으로 이야기하고 거기에 맞추는 법을 배웠다면
부부는 가장 좋은 대화법을 알게 된 셈이다.
지난 40년간 부부 상담과 결혼 교실을 운영하면서
나는 이것이 성공적인 대화와 관계의 핵심임을 더욱 확신할 수 있었다.

내가 TV 뉴스 시간에 날씨 예보를 알리는 아나운서로 화면에 나왔다고 가정해보자. 내가 갑자기 나온 것을 보고 놀라겠지만 말하는 내용을 듣는다면 더욱 놀라게 될 것이다.

오늘 밤에는 통상적인 날씨 및 기상 예보 대신에 결혼 기상도를 예보하고 싶습니다. 여러분 중에 어떤 사람은 지금 잔뜩 구름이 끼어 있는데, 천둥과 번개가 토네이도와 허리케인으로 발전할 가능성이 90%가 넘습니다. 언제 끝날지는 아무도 장담할 수 없습니다. 실제로 시야가 불투명하겠습니다.

어떤 분은 결혼이 정상적인 적응기에 들어서서 남들도 흔히 겪는 단계를 지나고 있습니다만 기상은 밝고 맑습니다. 폭풍이 지평선에 나타나더라도 오래 지속되지는 않을 것이므로 이에 잘 대비한다면 어려움을 잘 뚫고 나갈 것입니다.

어떤 사람의 결혼생활이 토네이도가 될지, 좋은 날씨가 될지는 어느 정도 예상 가능합니다. 오늘은 여기까지 하고 내일 더 자세한 소식을 전해드리겠습니다.

만일 내가 이런 식으로 방송을 마치면 방송국은 난리가 나고 하루

종일 항의 전화에 시달릴 것이다. 나는 어쩌면 북극에 가서 날씨 예보를 해야 할 수도 있다. 이번 장에서는 어떤 사람을 만나야, 혹은 어떤 준비가 되어 있어야 결혼생활의 날씨가 좋을지를 말해주고 싶다.

건강한 결혼의 자화상

그저 함께 살아가는 것만으로는 결혼의 의미를 충분히 드러내지 못한다. 현재 수많은 부부의 결혼생활은 빈껍데기와 다름없는 상황이다. 두 사람이 오랜 시간 흡족하게 지내려면 어떤 준비가 필요한지 이야기하고 싶다. 실패하지 않으리라는 보장은 못하지만 다음과 같은 몇 가지를 유념한다면 그 가능성을 확실히 높일 수 있다.

변화에 적응하는 능력

건강한 결혼생활을 하는 부부에게는 유연성이 있다. 갑자기 많은 것들이 바뀌면 혼란이 가중되고 더 이상 삶을 통제하기 어렵다는 두려움이 찾아온다. 그래서 염려가 생긴다. 하지만 유능한 선장은 갑작스럽게 밀려오는 파도 앞에서도 나침반을 예의 주시하면서 폭풍우를 돌파할 방법을 찾는다.

견고한 결혼 관계에서는 그처럼 변화에 적응하고 경로를 수정해가는 능력이 빛을 발한다. 결혼의 유익을 위해서는 개인적으로 이러한 유연성이 꼭 필요하다. 당신은 얼마나 유연한가? 배우자는 어떠한가? 성공적으로 적응했던 사례를 하나 들어보라면 어떤 에피소드를 이야기하겠는가?

뾰족한 답이 없는 문제 앞에서 인내하며 살아가는 능력

건강한 부부는 인생에서 어떤 문제가 좀체 해결될 기미가 보이지 않더라도 인내해야 한다는 사실을 안다. 특히 남자들은 인생을 자기 식대로 좌지우지하려는 의지가 강하기 때문에 이런 상황에 적응하기 쉽지 않을 것이다.

또한 개인의 성격 특성이나 습관 중에는 결코 변하지 않는 부분도 있다. 가령 한 해가 지나도록 자동차 청소를 한 번도 하지 않거나 화장실 변기 뚜껑을 덮는 문제에 대해 아무리 잔소리를 하더라도 바뀌는 게 없을 수 있다. 전날 밤에 꺼내놓은 옷들로 방을 난장판으로 만드는 버릇도 여전할 것이다. 입을 헹구다가 세면기 주위에 온통 물을 튀기는 일도 고쳐지지 않을 것이다. 이런 것들로 여전히 골머리를 앓고 있는가? 우리가 그것을 골칫거리라고 여길 때에만 문제가 된다. 우리는 그러한 불완전함과 함께 살아가는 법을 익혀야 한다. 하나님은 우리의 불완전함에도 불구하고 우리를 사랑하신다. 하나님이 우리의 롤 모델이지 않은가?

결혼이 계속되리라는 믿음

나는 커플들이 혼인 전에 상담을 받으러 올 때마다 그들의 결혼이 이혼으로 끝나지 않을 것을 믿어야 한다고 강조한다. 그것은 단지 선택의 문제가 아니다. "죽음이 우리를 갈라놓을 때까지"는 우리를 무겁게 얽어매는 사슬이 아니라 즐거운 헌신이다. 갈등이나 서먹함이 두 사람 사이를 파고들고 화가 머리끝까지 치밀어 오르더라도 이혼을 고려 대상에 올려놓아서는 안 된다.

불완전한 배우자나 서로의 차이로 인한 갈등, 혹은 미래의 불확실한 상황을 직면하는 과정에서도 결혼이 끝까지 지속될 것이라는 믿음이 있으면 마음에는 완충지대가 생긴다. 사람마다 헌신의 수준은 다를 수 있고, 시간에 따라서도 우리의 상황이나 마음은 밀물과 썰물처럼 때때로 변할 수 있지만 이러한 믿음이 있으면 언제나 거기 그 자리에서 헌신할 수 있다.

ﾟ◦ﾟ◦ﾟ◦ﾟ

불완전한 배우자나 서로의 차이로 인한 갈등,
혹은 미래의 불확실한 상황을 직면하는 과정에서도
결혼이 끝까지 지속될 것이라는 믿음이 있으면 마음에는 완충지대가 생긴다.

서로에 대한 신뢰

부부가 서로를 의지하고 신뢰하고 있다면 그들은 오늘날 온 세상이 간절히 갈망하는 보물을 소유하고 있는 셈이다. 어떤 아내는 이렇게 말했다. "나는 남편이 약속을 지킬 것을 믿어요. 그는 나를 속이거나 약을 올리는 일이 없어요. 언제 집에 온다고 했으면 그 시간에 오거나, 힘들면 전화를 해줘요. 그래서 좋아요. 그것이 나에게 안정감을 주고 남편과 함께 있으면 편안해요. 우리가 서로를 신뢰하기 때문에 우리의 친밀감은 견고하죠."

힘의 균형

우리는 상대의 능력과 은사를 인정하고 재능을 자유롭게 표현할 수 있도록 해주어야 한다. 부부 사이에 힘의 균형이 있어야 이런 일이 가능하다. 역할에 따라 의존과 우위(여기에서는 둘 다 긍정적인 의미로 쓰인다)가 왔다 갔다 하며 균형을 유지해야 하기 때문이다.

상호 간의 즐거움

두 사람이 서로를 즐거워하면 관계는 건강해진다. 대화와 침묵, 가치의 공유와 믿음을 통해 남편과 아내가 서로를 가장 좋은 친구로 바라볼 때 결혼은 가장 만족스럽게 유지된다. 부부가 우정을 발전시키려면 다른 우정의 관계를 맺는 것과 마찬가지로 시간이 필요하고 충절이 요구된다.

인격적 성장에 대한 기대

어떤 남편은 이렇게 말했다. "결혼하니 생각했던 것보다 훨씬 더 많은 수고가 필요하더군요. 나는 평화로운 결혼생활을 원했죠. 화목했냐고요? 우리가 기울인 수고와 노력에 비해 평화로웠던 시간은 너무 짧았던 것 같아요."

결혼생활에서 일어나는 여러 갈등에 대해 당신은 어떻게 묘사하겠는가? 그런 경험을 잘 표현하는 어휘가 있는가? '갈등'의 동의어를 살펴보자. 동사로는 충돌하다, 불일치하다, 부조화하다, 불화하다, 치고 덤비다, 반대하다, 경쟁하다, 뿔나다, 티격태격하다, 반목하다, 언쟁하다, 부당한 취급을 받다, 분쟁하다, 다투다 등이 있다. 명사로는 싸움, 투쟁, 대립, 아마겟돈, 결투, 논쟁, 소동, 말다툼 그리고 불화가 있다.

치아를 뽑을 때 마취제의 도움을 받으면 큰 고통을 느끼지 못하는 것처럼, 우리는 고통 없이 성장하길 원한다. 그러나 결혼생활에 효과가 있는 마취제를 개발했다는 소식은 아직 듣지 못했다. 그런 건 없다. 변화나 성장을 원한다면 어느 정도의 고통을 각오해야 한다. 당신은 결혼생활을 통해 전에는 도무지 생각지도 못했던 방식으로 성장할 수 있다. 건강한 결혼 관계에서는 갈등을 겪으면서도 이러한 기대감이 있다.

결혼의 현실을 직시하라

대부분의 사람들이 거의 준비되지 않은 상태에서 결혼관계로 들어오기 때문에 많이들 놀란다. 환상이나 기대가 그들의 현실감각을 왜곡시켰기 때문이다. 어떤 사람들은 배우자에게 구원자 역할을 기대하면서 해결되지 않은 과거의 문제를 끌어안고 결혼하는 바람에 얼마 못 가 당황스러워한다. 정말 자신이 생각했던 그 사람과 결혼한 것이 맞는지 혼란스러울 뿐이다.

어떤 남편이 아내에게 실망하고 심하게 다툰 후에 화가 나서 이런 말을 했다. "재니스, 당신은 내가 결혼했던 그 여자가 아니오!" 아내는 남편을 바라보면서 이렇게 말했다. "나는 당신이 상상한 그런 여자였던 적이 한 번도 없었어요."

연약한 한 명의 인간에게 어떤 환상이나 이상을 투사하고는, 그렇게 투사된 사람과 결혼하는 경우도 있다. 그 환영을 만지려고 손을 내밀어보지만 실체를 찾을 수는 없다. 배우자가 당신이 생각했던 사람이 맞느냐보다는 당신이 그런 사람이 되는 것이 더 중요하다. 지그 지글러가 이런 식으로 잘 설명해주었다.

> 당신의 배우자가 함께 살기에는 부적합한 사람일지라도 그를 적합한 사람처럼 대하면 결국에는 좋은 결말을 맺는다. 반대로 적합한 사람과 결혼했으면서도 부적합한 사람처럼 대한다면 당신의 결혼 생활도 그렇게 끝날 것이다. 적합한 사람과 결혼하는 것보다 나 자신이 그런 사람이 되는 것이 훨씬 더 중요하다. 말하자면, 당신이 결혼한 사람이 적합한 사람인지 혹은 그렇지 않은 사람인지는 근본적으로 당신에게 달려 있다.[1]

결혼 초기에는 각자의 현실감각을 조율하는 일이 필요하다. 이 일을 제대로만 해낸다면 웬만한 갈등은 진정된다. 현실을 직시하는 일은 힘겨운 것만은 아니다.

'현실'이 곧 '문제'를 의미하는 것은 아님을 알기만 한다면 사람들은 환상을 버릴 수 있다. 내가 말하는 '현실'이란 당신이 존중하고 사랑하는 사람과 함께 미래를 계획한다는 의미이다. 그것은 가장 좋은 친구와 함께 살아가는 즐거움과 같고, 감기가 심하게 걸렸을 때 애틋한 마음으로 스프를 만들어주는 배우자를 보며 누리는 안정감이기도 하다. 그런 배우자와도 어떠한 불일치가 있을 수 있고, 어떤 쟁점에 대해서는 항상 평행선을 달릴 수 있음을 이해하는 것이 바로 '현실'이다.[2]

이러한 삶의 현실을 직시하기 위해 하나님의 은혜가 필요한 현장이 곧 결혼생활이다. 자기 노력만으로 결혼생활을 유지할 수 있는 부부는 없다. 결혼이 유지되는 것은 당신과 배우자가 잘했기 때문이 아니라 하나님의 은혜 덕분이다. 상대방을 사랑해서 결혼했더라도 우리는 그 사랑의 의미를 다 깨닫지 못한다.

우리는 결혼생활 내내 연애 시절의 감정이 지속되기를 바란다. 편안하게 그런 사랑을 즐기고 싶어 한다. 하지만 마이크 메이슨은 《결혼의 신비》(두란노, 2013)라는 흥미로운 책에서 이렇게 썼다.

결혼은 사랑의 최전선에서 물러나는 것이 아니라 오히려 그 중심부로 뛰어드는 것이다. 정신을 못 차릴 정도의 깊은 사랑 안에서,

신뢰와 믿음이 있을 때만 할 수 있는 중대하고 쉽지 않은 결단을 몇 번이고 반복해야 하는 현실에 밤낮으로 직면한다는 뜻이기도 하다. 그저 운명에 맡기지 않고 그 선물과 도전과 소명을 자유롭고 자발적으로 끌어안는다는 의미이다.

사람들이 그런 부담을 어떻게 견디는지 궁금한가? 오직 사랑으로만 견딜 수 있다. 그것도 점차 사랑의 용량이 확장되어야만 가능한 일이다. 사람으로서는 불가능하고 하나님의 은혜를 덧입어야만 가능한 그런 결단을 매일 새롭게 내리는 일도 결혼에 포함된다.[3]

❦

결혼이 유지되는 것은 당신과 배우자가 잘했기 때문이 아니라
하나님의 은혜 덕분이다.
부부가 통제할 수 없을 때까지 문제를 감추는 것보다는
차라리 다툼이 일어나 일찍부터 해결책을 찾는 편이 더 낫다.

결혼생활에서 폭풍이 인다는 것은 사실 여러 가지가 시작된다는 의미이기도 하다. 어릴 적 경험 때문이거나, 결혼에 대한 많은 신화에 사로잡힌 상태에서 만났기 때문일 수도 있다. 또는 현재 상태에서 어떻게 대응하고 성숙의 길로 나아갈지 몰라서일 수도 있다. 이유가 무엇이든지 간에 당신은 장애를 극복할 수 있다.

당신이 믿고 있는 결혼에 대한 신화는 무엇인가? 가장 흔한 예를 들어보자.

배우자가 내 감정과 육체적인 필요를 채워줄 것이라고 생각했어요. 내가 원하는 대로 그런 필요가 채워지지 않으면 속았다는 느낌이 들어 화가 났고요. 그 사람이 나한테 어떻게 이럴 수 있는지 하고 말이에요!

내 결혼은 순탄할 거라고 기대했어요. 모름지기 그리스도인의 결혼인데 문제나 갈등이 있으면 곤란하다고 믿었지요. 좋은 결혼은 건설적인 갈등을 겪는 과정에서 빚어진다는 사실을 아무도 말해주지 않았어요.

남편은 당연히 내가 뭘 원하고 어떤 것을 필요로 하는지 안다고 생각했어요. 일단 결혼했다면 그런 것쯤은 바로바로 알아야 하지 않나요? 그리고 자기가 뭘 원하는지를 말하는 데 왜 그렇게 많은 시간이 필요한 거죠?

> **질문으로 마음을 잇다**
>
> 1. 당신이 결혼할 때부터 가지고 있었던 신화나 믿음이 있다면 어떤 것인가?
> 2. 그 신화는 지금 어떻게 되었는가? 이제는 현실감각이 생겼는가? 정기적으로 살아나지 않도록 확실한 매듭을 지었는가?

처음에 부부는 배우자도 자기와 똑같이 행동하고 생각할 것이라고 믿는다. 하지만 현실은 그렇지 않음을 알면서 하늘이 무너지는 느낌을 받는다. 우리는 그럴 필요가 없다. 이러한 상실감을 슬 퍼하면서도 다른 한편으로는 서로의 성격, 인격, 대화 스타일, 가 치 그리고 성적 욕구가 다르다는 사실을 겸허히 받아들이면 된다. 용납과 적응 과정에서 갈등은 완화된다. 부부가 통제할 수 없을 때까지 문제를 감추는 것보다는 차라리 다툼이 일어나 일찍부터 해결책을 찾는 편이 더 낫다.

어떻게 긍정적으로 대화할 것인가?

안정된 모습으로 살아가는 부부를 보면 다양한 방법으로 긍정적 인 대화를 나누는 것을 볼 수 있다. 성경은 곳곳에서 우리에게 긍 정적인 태도로 서로를 격려하라고 권면한다.

> 서로 친절하게 하며 불쌍히 여기며 서로 용서하기를 하나님이 그 리스도 안에서 너희를 용서하심과 같이 하라(엡 4:32).

> 그러므로 너희는 하나님이 택하사 거룩하고 사랑받는 자처럼 긍휼 과 자비와 겸손과 온유와 오래 참음을 옷 입고 누가 누구에게 불만 이 있거든 서로 용납하여 피차 용서하되 주께서 너희를 용서하신 것같이 너희도 그리하고(골 3:12-13).

듣는 태도가 중요하다

당신의 배우자를 온전히 한 인격으로 대하고 관심을 갖는 것이 중요하다. 남편이나 아내가 그날 어떤 일을 겪었으며, 상한 감정은 없는지를 잘 살펴야 한다. 그러기 위해서는 TV나 신문을 보면서 건성건성 대답하지 말고 서로를 바라보며 주의 깊게 들어야 한다. 상대가 문제를 해결해달라고 요청하지 않는 한, 해결책을 생각하느라 분주한 마음으로 듣지 말고 그저 잠자코 배우자의 말을 경청해야 한다. 아내는 남편이 자기 말을 제대로 듣고 있는지 궁금해하기 때문에 간단한 추임새를 넣어 반응하고 피드백을 해주면 좋다.

여러 방법으로 자주 사랑을 표현하라

성적(性的)으로 끌릴 때뿐만 아니라 평소에도 지속적으로 사랑을 표현하는 일이 중요하다. 가끔은 말이 필요 없을 때도 있다. 그저 옆에 앉아서 가볍게 토닥거리거나 혹은 해가 산을 넘어가면서 석양이 구름을 붉게 물들일 무렵에는 곁에 가까이 있어 주는 것만으로 충분할 것이다. 사려 깊게, 둘만이 아는 방식으로 어떤 리추얼(ritual)을 가질 수도 있다.

배우자가 힘든 하루를 보냈을 때, 그날 일을 꼬치꼬치 물어보는 대신 머리를 쓰다듬거나 어깨를 토닥여도 된다. 이런 부분까지 배우자가 나를 이해하고 공감해주고 있다는 사실을 느끼면, 나는 참 행복한 사람이라는 생각에 마음은 기쁨으로 충만해진다.

사랑은 여러 가지 방식으로 표현된다. 몇 년 전에 들었던 한 부부의 이야기이다. 여러 가정이 각자 음식을 가져와서 함께 저녁을 먹기로 했다. 아내는 자신의 요리 실력에 자신이 없었지만 디저트로 커스터드 파이를 만들어가기로 했다. 운전해서 식사 장소로 가는데 파이의 상태가 좋지 않았다. 탄 냄새였다. 엎친 데 덮친 격으로 차가 모퉁이를 돌 때 파이가 한쪽으로 쏠려 모양도 망가졌다. 남편은 아내의 얼굴이 근심으로 가득한 것을 보았다.

그들은 도착해서 후식 테이블에 파이를 올려놓았다. 사람들이 디저트를 먹으러 오기 전에 남편은 얼추 식사를 끝내고 테이블로 직행하여 아내가 만든 파이를 골랐다. "아내가 오랜만에 내가 좋아하는 파이를 만들었어요. 제가 이걸 먹을게요. 다른 건 가볍게 맛을 봤으니 이제는 마음껏 먹을 수 있겠네요."

나중에 아내가 이렇게 실토했다. "남편은 문 옆에 앉아서 파이를 작게 잘라 먹다가 아무도 보지 않을 때 주인집 개에게 큰 덩어리를 던져주었어요. 내가 보고 있는 것을 알고는 윙크를 했답니다. 그날 저녁에는 남편이 나를 구해주었어요. 평소에는 별로 말이 없는 사람이지만, 그때는 어떤 말보다도 더 크게 사랑을 표현해주었지요."

~≈≈≈≈≈≈~

이런 부분까지 배우자가
나를 이해하고 공감해주고 있다는 사실을 느끼면,
나는 참 행복한 사람이라는 생각에 마음은 기쁨으로 충만해진다.

작지만 친절한 행동을 계속하라

당신이 상대를 아끼고 있음을 여러 가지로 표현할 수도 있다. 아내는 집 안에서 꽃을 가꾸는 것을 좋아하기 때문에 나는 일 년 내내 꽃을 키운다. 종종 커피를 내린 다음에 장미 한 송이를 꺾어서 아내에게 준다. 이제는 거의 습관이 되었지만 그 동기는 항상 같다.

가령, 가게에 들러 배우자가 좋아하는 음식을 봤을 때, 당신은 비록 끌리지 않지만 그것을 맛보고 좋아할 모습을 떠올리며 포장을 부탁한다. "서로 친절하게 하며 불쌍히 여기며"라는 에베소서 4장 32절 말씀을 따르는 삶이다.

또는 둘만의 특별한 날과 기념일을 기억하고 기념할 수도 있다. 많은 아내들이 기념일이나 심지어는 생일조차 기억하지 못하는 남편에게 깊은 상처를 입는다.

남편들의 변명은 너무나 어설프다. "단지 잊어버렸을 뿐이오." "잊지 않게 알려줬어야죠." 혹은 "어렸을 때 그런 걸 해본 적이 없어서…." 일하러 가는 것이나 취미생활도 그렇게 잊어버리는지, 그들에게 물어보고 싶다. 변화가 절실히 필요할 때를 만나면 사람들은 변명하지 않는다.

늘 고마움을 표현하라

또 다른 긍정적인 방식은 배우자가 한 일들에 대해 진심으로 감사를 표현하는 것이다. 여기에는 상대방의 견해에 동의하고 인정해

주는 것이 포함된다. 그렇게 한 사람의 가치를 인정해주는 것은
쉽지 않지만 참 고마운 일이다.

문제를 해결하지는 못할지라도 도우려는 마음을 나누는 것만으
로도 충분하다. 배우자가 어떤 어려움을 이야기할 때 다른 문제와
연관시키거나, 어쩌다 그런 문제에 걸려들었는지를 따지고 들면
안 된다.

공감하는 마음을 드러내면서 상대방과 함께하겠다는 의지를 표
현하라. 그 상황에서 당신은 공감의 사람이 될 수도 있고, 동정의
사람 혹은 무관심의 사람이 될 수도 있다. 당신의 선택에 달려 있
다. 무관심은 관심을 보이지 않는 것이고, 동정(sympathy)이란 배우
자의 감정에 지나치게 개입하는 것을 말한다. 하지만 공감하게 되
면 대부분의 상황에서 배우자가 어떤 느낌일지를 알 수 있을 정도로
친밀해진다.

자유롭게 해주라

배우자를 받아들인다는 말은 비록 상대의 말에 동의하지 않더라
도 기꺼이 듣는다는 뜻이다. 우리가 원하는 모습으로 배우자를 빚
어가려는 욕심에서 자유로워지는 것이다. "당신과 나는 여러 면에
서 다릅니다. 당신은 당신답고 나는 나다운 것이 정상이지요. 우
리가 서로 돕는 법을 익힌다면, 외따로 있는 것보다 더 강해질 겁
니다." 이것이 주는 메시지는 분명하다.

함께 즐거워할 일을 만들라

유머감각은 결혼생활의 진지함에 균형을 잡아준다. 부부가 함께 즐거워할 일이 있으면 부부에게 큰 힘이 된다. 당시에는 배우자가 재미있다는 생각을 못했지만 지나고 나니 웃음을 주었던 사건도 있다. 때로는 이런 것들이 큰 추억으로 남는다.

재혼한 지 얼마 되지 않았기에 테스와 나는 함께 즐거움을 누리고, 다른 사람들과도 공유할 수 있는 재미있는 경험들을 쌓아가고 있다. 구혼하면서 내 미숙한 요리 실력으로 그녀를 감동시키려 했을 때도 그랬다. 테스가 바닷가재를 먹어본 적이 별로 없어서 나는 샐러드와 아스파라거스 그리고 바닷가재를 직접 요리해 대접하기 위해 그녀를 초대했다. 테이블보 위에는 멋진 그릇을 준비하고, 잔에는 마르티넬리 사이다를 채워놓고 상을 차렸다. 바닷가재를 하나씩 접시 위에 올려놓은 후 가재의 딱딱한 집게발은 어떻게 깨는지 멋지게 보여주고 싶었다.

제법 힘을 주었지만 집게발은 그대로였다. 나는 더 힘차게 눌렀고 드디어 집게발을 깨뜨리는 데 성공했다. 아니, 실제로는 가재 살이 말 그대로 튀어나와 테스 쪽으로 날아가 그녀를 강타했다. 기름지고 통통한 살 조각이 테스의 음료수 잔과 턱 주변에 붙어 있었다(이 글을 쓰면서도 그때가 생각나서 또 웃음이 나온다!). "어! 이러면 안 되는데!" 터져 나오는 웃음을 참느라 애쓰면서 맥없이 말했다. 우리는 눈앞에서 벌어진 일을 보며 같이 웃었다. 하지만 그날 이후로 가재를 먹을 때는 아내가 껍질을 깬다.

기쁨을 함께 나누는 일에 결혼생활의 즐거움이 있다.[4] 당신이 먼저 배우자의 환희와 즐거움에 박수를 쳐주고, 당신의 기쁨도 상대에게 나누어주라. 이것은 성경의 명령이기도 하다. 우리는 "즐거워하는 자들과 함께 즐거워"해야 한다(롬 12:15).

～～～

사랑받고 또한 존중받는 마음이 날마다 우리에게 살아갈 이유를 준다.
오랜 기간 그 선물을 빼앗기면 우리 영혼은 시들어 시름시름 앓다가 죽는다.
어느 한쪽을 당연하다고 생각하며 살아가는 분위기에서는
남편과 아내 사이에 무관심의 벽이 높아진다.

관계를 선물이자 축복으로 여기라

결혼에 있어서 중요한 것은 자기만족에 빠지거나 서로에 대해 당연하게 여기지 않는 것이다. 결혼한 지 오래된 부부는 서로를 당연하게 여기기 쉽다. 부부가 가장 흔하게 당연시하는 것들은 다음과 같다.

- 항상 나를 사랑할 거야.
- 항상 나를 도와줄 거야.
- 당신은 언제나 변함없을 거야.
- 우리는 항상 함께 있을 거야.
- 내게 필요한 것은 뭐든지 다 줄 거야.

이러한 것들을 당연하게 생각하며 살아가는 사람들은 삶에 매일 주어지는 축복을 보면서도 별로 감사하지 않는다. 그런 선물들은 인생에서 당연히 누리는 것이라는 생각에서다. 그래서 별로 고마워하는 마음이 없다. 누군가를 당연시한다면, 당신은 그를 하찮게 여기는 셈이다. 그렇게 해서 '너는 나한테 별 가치가 없어'라는 무언의 메시지를 보내게 된다. 한 인간에게서 인간 됨의 진정한 선물을 빼앗는 것이다.

사랑받고 존중받는 마음이 날마다 우리에게 살아갈 이유를 준다. 오랜 기간 그 선물을 빼앗기면 우리 영혼은 시들어 시름시름 앓다가 죽는다. 어느 한쪽을 당연하게 생각하며 살아가는 분위기에서는 남편과 아내 사이에 무관심의 벽이 높아질 뿐이다. 사람들은 이러한 고통을 견디며 결혼생활을 지탱하지만 그들은 마치 형을 선고받은 죄수와 같은 심정으로 살아간다. 결혼 기간이 더 길어질수록 벽은 더욱 높아지고 인간의 고독은 더욱 커진다. 이 높은 벽에서 벗어나려면 간단하지만 중요한 조치를 취해야 한다.

- 어떤 것이든지 고마움을 표현하고 감사하다는 말을 하라.
- 줄 만한 것이 없는지 더 찾아보고, 긍정적인 사람이 되라.
- 작은 일이지만 큰 의미가 있는 일을 많이 시도해보라. 예를 들어 서로 손잡고 산책하기, 간단한 아침 준비하기, 빗속을 함께 걷기, 재미있는 카드 메일 보내기, 깜짝 선물 사주기 등등이 있다.

35년간의 결혼생활이 결혼 36주년을 보장하지 않는다는 사실을 기억하라. 당신은 현재 갖고 있는 것을 당연하게 생각해서는 안 된다.[5]

건강한 결혼생활을 유지하려면 이것을 기억해야 한다.

- 자신을 최고가 아니라 두 번째로 여기라.
- 남편이나 아내로부터 에너지를 빼앗지 말고 오히려 힘을 공급해주라.
- 상대에게서 기꺼이 배우라.
- 불화가 있다면 해결하려는 마음으로 적극 다가서라.
- 논쟁한 후에는 더 좋은 감정으로 다가가려고 하라.[6]

상대의 방식으로 말하라

배우자가 말하는 방식으로 이야기하고 거기에 맞추는 법을 배웠다면 부부는 가장 좋은 대화법을 터득한 것이다. 서로의 차이를 인정하고, 배우자가 사용하는 용어나 유형 및 스타일을 배워 실제 대화에서 활용하는 것, 이는 결혼뿐만 아니라 비즈니스에서도 통하는 중요한 원칙이다. 지난 40년간 부부 상담과 결혼 교실을 운영하면서 나는 이것이 성공적인 대화와 관계의 핵심임을 더욱 확신하게 되었다.

그렇다고 당신의 소통 방식을 아예 포기하라는 말은 아니다. 대화의 폭을 넓혀서 당신의 그릇을 더욱 키워보라는 의미다. 나 역시 그렇게 했다. 그것이 얼마나 큰 차이를 가져왔던지! 당신도 그렇게 할 수 있다.

　대부분의 사람들은 자기와 같은 방식으로 소통하는 사람과 대화하고 싶어 한다. 우리는 자신이 배우자의 필요를 채워주고, 또한 그를 사랑하고 있다고 생각할지 모르지만 게리 채프먼의 말마따나 상대방이 사용하는 '사랑의 언어'를 쓰지 않는다면 우리는 뭔가 중요한 것을 놓치고 있는 셈이다(그의 책《다섯 가지 사랑의 언어》(생명의말씀사. 2010)를 꼭 읽어보라). "나는 배우자를 진심으로 사랑하고 최선을 다해 그것을 보여주려고 했습니다. 그런데 아내는 사랑받고 있다는 느낌이 들지 않는다고 계속해서 내게 말합니다. 뭐가 잘못된 것인가요?" 아내가 사랑받고 있다는 느낌이 들도록 남편이 사랑을 보여주지 못하는 데에 문제가 있다. 그러므로 우리는 자신이 좋아하는 언어가 아니라 배우자가 좋아하는 사랑의 언어를 배워야 한다. 채프먼은 5가지 사랑의 언어를 이렇게 정의한다.

1. **인정하는 말**. 격려하고 세워주는 말을 매일 들어야 하는 사람들이 많다.
2. **함께하는 시간**. 방해받지 않고 서로에게 집중할 수 있는 둘만의 시간이 필요하다(내 아내 테스에게는 이것이 매우 중요하다).
3. **선물**. 어떤 사람에게는 이것이 사랑의 언어다. 자신을 주는 것뿐만 아니라 실제적인 선물도 여기에 포함된다.
4. **봉사**. (요청을 받지 않더라도) 배우자가 원하는 것을 하기로 선택한다.

5. **육체적인 접촉.** 이것이 없다면 사랑받지 못하고 안전하지 않다
고 느끼는 사람이 많다.[7]

당신과 배우자의 사랑의 언어는 각각 어떻게 다른가? 그것을
발견하고 제대로 반응한다면 결혼생활은 확실히 달라진다.

이번 장에서는 결혼생활을 활력 있게 유지시켜주는 긍정적인 것들에는 무엇이 있는지 살펴보았다. 당신은 어떠한가? 당신의 삶에는 이러한 요소들이 얼마나 있는가? 각각에 대해 0부터 10까지 등급을 매긴다면 어느 정도인가(0은 전혀 없는 상태이고 10은 충분한 상태)? 당신의 배우자는 어느 정도의 등급을 매길 것으로 예상하는가? (부록에는 당신의 결혼생활을 평가할 수 있는 만족도 조사 항목이 있다.)

제2부

행복한 부부는
이렇게 대화한다

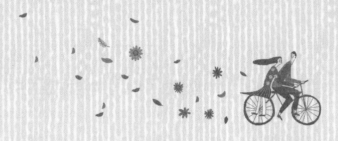

제4장

서로를 세워주는 커플 대화법

두 사람은 책임지고 자기 혀를 훈련해야 한다.
부부가 말하는 모든 것이 도움이 될 수도 있고 해가 될 수도 있고,
치유할 수도 있고 상처를 줄 수도 있고,
세워줄 수도 있고 무너뜨릴 수도 있기 때문에
혀를 길들이는 것은 남편과 아내의 지속적인 목표가 되어야 한다.

대화는 사람들 사이에서 관계를 만들어주는 연결고리와 같다. 대화는 우리가 어떤 사람이며 무엇을 알고 있는지를 드러내준다. 대화가 진행되면서 의사소통이 명확해질 수도 있지만, 도리어 혼란만 가중될 수도 있다.

사람들은 결혼하기 전에 이미 자기만의 기준으로 재구성한 '용어 사전'을 갖고 있다. 그 사전에서 평소 사용하는 단어의 뜻이 서로 현저히 다르다면 틀림없이 이해가 엇갈리는 부분이 나온다. 부부가 서로의 말을 쉽게 오해하는 까닭은 그것을 말하는 방식(앞뒤를 생략하고 말하거나, 너무 많은 말을 하는 경우)이 다르거나 상대의 말을 잘못 받아들이기 때문이다. 글로 써서 하는 소통도 마찬가지다.

어떤 작은 동네의 월요일 자 신문에 이런 광고가 실렸다.

판매: 존스가 판매할 재봉틀이 하나 있음. 그와 값싸게 살고 있는 켈리 부인에게 저녁 7시 이후에 958로 전화해서 문의할 것.

화요일.
알림: 어제 존스의 광고에 오보가 있었음. 다음과 같이 정정함.
"판매할 재봉틀이 있음. 싼값. 958에 전화해서 저녁 7시 이후에 그

와 함께 살고 있는 켈리 부인에게 문의할 것."

수요일.
우리가 어제 낸 광고에 있는 실수 때문에 켈리 부인이 여러 차례 전화로 시달렸다고 함. 다음과 같이 정정함
"판매: 존스가 판매할 재봉틀이 하나 있음. 싼값. 저녁 7시 이후에 958로 전화해서 그와 함께 살고 있는 켈리 부인에게 문의할 것."

마지막으로 목요일.
"알림: 존스는 이제 판매할 재봉틀이 없음. 내가 박살냈음. 전화도 없앴으므로 958에 전화하지 말 것. 나는 켈리 부인과 바람피운 적이 없음. 그녀는 가정부였는데 어제 그만뒀음." [1]

두 사람 사이의 대화에서도 강조되는 포인트는 그때그때 다를 수 있다. 일반적인 대화에서는 실제로 여섯 가지의 메시지 전달 포인트가 있는데, 여기에 혼란이 생기면 문제가 일어난다.

❧

사람들은 결혼하기 전에
이미 자기만의 기준으로 재구성한 '용어 사전'을 갖고 있다.
그 사전에서 평소 사용하는 단어의 뜻이 서로 현저히 다르다면
결혼 후에도 틀림없이 이해가 엇갈리는 부분이 나온다.

첫째, 당신이 다른 사람에게 '전달하고 싶은 것'이 있다. 어쩌면 생각만 할 수도 있고, 아니면 입을 열어 말할 수도 있다. 그러나 당신이 의도한 대로는 온전히 전달되지 않을 것이다. 둘째, 당신이 '실제로 말한 것'이 있다. 셋째, 배우자가 실제로 들은 다음 '여과하고 처리한 부분'이 있다. 넷째, 배우자가 '들었다고 생각하는 것'이 있다. 이런 과정을 거치면서 오해의 가능성은 점점 커진다. 만일 대화가 여기서 멈추면 완성되지 않는다. 다섯째, 배우자가 '당신이 말한 것에 대해 하는 말'이다. 여섯째, '당신이 한 말에 대해 배우자가 언급했다고 당신이 생각하는 것'이다.

낙심되는가? 그럴 것이다. 대화가 왜 그렇게 힘든 일인지를 알 만하다. 우리는 다른 사람이 우리 말을 들어줄 뿐만 아니라 의도하는 바를 제대로 이해하기를 원한다. 부부가 각자 상대방의 의사소통 방식으로 말한다면 그 목표를 달성할 수 있다(이에 대해서는 나중에 다루겠다). 서로가 한 말을 이해하고 수용하면서 언어적 혹은 비언어적인 수단을 통해 자기 자신을 다른 사람과 나누는 과정이 바로 의사소통이기 때문이다.

이 과정에서 경청의 필요성이 강조된다. 수용한다는 것이 반드시 동의한다는 의미는 아니다. 하지만 상대방이 사물을 바라보는 방식, 즉 어떤 것에 대해 믿고 느끼고 있는지를 이해하고 받아들일 수는 있다. 그것이 경청이다(경청에 대해서는 7장에서 상세히 다룰 것이다).

당신이 대화하는 방식을 생각해볼 수 있도록 네 가지 질문을 하겠다.

1. 당신은 '대화'를 어떻게 정의하는가?
2. 당신은 배우자와 어느 정도로 즐겁게 대화하는가?
3. 배우자는 당신의 말뜻을 이해하는 데 어려움을 느끼지 않는가?
4. 배우자는 당신의 소통능력에 대하여 어떻게 말할까?

말의 힘을 보라

무엇을 말해야 하는지, 어떻게 말할 것인지, 말하지 말아야 할 것은 무엇인지, 말 잘하는 열일곱 가지 기술 등등 대화법에 관한 한 시중에는 수많은 책과 프로그램, 세미나와 단체가 있다. 원하는 주제가 무엇이든 간에 도움을 받을 수 있다. 하지만 만일 이런 도움을 하나도 받을 수 없는 처지라면 어떻게 할 것인가? 하나님의 말씀인 성경만으로도 충분하지 않겠는가? 성경은 대화에 대해 어떻게 가르치고 있는지 살펴보자.

우리가 다른 사람들에게 하는 말

성경은 우리가 하는 말에는 큰 힘이 있다는 사실을 분명히 한다. 우리의 말은 치유하고, 힘을 북돋워주고, 위로할 수도 있고, 혹은 상처를 남기기도 한다.

말의 입에 물린 재갈이 말의 온몸을 통제합니다. 큰 배라도 능숙한 선장의 손에 작은 키가 잡혀 있으면, 그 배는 아무리 거센 풍랑을 만나도 항로를 벗어나지 않습니다. 여러분의 입에서 나오는 말이 하찮아 보이지만, 그 말은 무슨 일이든 성취하거나 파괴할 수 있습니다!

잊지 마십시오. 아주 작은 불꽃이라도 큰 산불을 낼 수 있습니다. 여러분의 입에서 나오는 부주의한 말이나 부적절한 말이 그 같은 일을 합니다. 우리는 말로 세상을 파괴할 수도 있고, 조화를 무질서로 바꿀 수도 있고, 명성에 먹칠을 할 수도 있고, 지옥 구덩이에서 올라오는 연기처럼 온 세상을 허망하게 사라지게 할 수도 있습니다.

두려운 일이 아닐 수 없습니다. 여러분이 호랑이는 길들일 수 있지만, 혀는 길들일 수 없습니다. 이제껏 혀를 길들인 사람은 아무도 없었습니다. 혀는 사납게 날뛰는, 무자비한 살인자입니다. 우리는 혀로 하나님 우리 아버지를 찬양하기도 하고, 바로 그 혀로 하나님이 자기 형상대로 지으신 사람들을 저주하기도 합니다. 한 입에서 저주도 나오고 찬양도 나옵니다! 친구 여러분, 그런 일이 계속 일어나서는 안 됩니다(약 3:3-10, 메시지).

야고보는 혀가 지닌 권세를 말하면서 그것을 배의 키에 비교하고 있다. 키는 배에서 아주 작은 부분이지만 배의 방향을 조종하고 목적지로 향하게 한다. 남편과 아내가 서로에게 하는 말도 그런 역할을 한다. 그들의 결혼을 다른 방향으로 돌릴 수 있다(어떤 경우에는 악순환에 빠지게 하는 원인이 된다).

또한 야고보는 혀가 지닌 잠재력을 불에 비교한다. 큰 숲이라도 작은 불씨 하나로 인해 타서 없어질 수 있다. 결혼생활에서도 말 한마디로, 혹은 서로에게 지속적으로 툭툭 던지는 사소한 표현들이 더해져서 상처가 커지거나 큰 불로 이어진다.

말은 불과 같이 번진다. 소문을 멈추려고 애쓴 적이 있는가? 한 번 내뱉은 무심한 말들을 다시 주워 담으려고 해보았는가? 이미 귓가에 앉은 말을 없는 것으로 하거나 지워버릴 수 있겠는가?

야고보는 사람이 모든 생물은 길들일 수 있지만 자기 혀는 그렇게 할 수 없다고 말한다. 길들인다는 말은 그것을 통제하여 유익한 쪽으로 사용한다는 의미다. 사람이 혀를 통제할 수 있었던 적은 한 번도 없었다.

⁂

부부가 말하는 모든 것이 도움이 될 수도 있고 해가 될 수도 있고,
치유할 수도 있고 상처를 줄 수도 있고,
세워줄 수도 있고 무너뜨릴 수도 있기 때문에
혀를 길들이는 것은 남편과 아내의 지속적인 목표가 되어야 한다.

두 사람은 책임지고 자기 혀를 훈련해야 한다. 부부가 말하는 모든 것이 도움이 될 수도 있고 해가 될 수도 있고, 치유할 수도 있고 상처를 줄 수도 있고, 세워줄 수도 있고 무너뜨릴 수도 있기 때문에 혀를 길들이는 것은 남편과 아내의 지속적인 목표가 되어야 한다.

성경은 자신의 생각이나 느낌이 어떤 결과를 가져올지 고려하지 않고 불쑥불쑥 말하는 사람을 이렇게 묘사한다. "네가 말이 조급한 사람을 보느냐 그보다 미련한 자에게 오히려 희망이 있느니라"(잠 29:20).

이 말씀은 우리에게도 동일하게 경고한다. 말을 조심하라. 혀를 조심하라! 당신의 말은 마음에서 나온다. 베드로전서 3장 10절은 "생명을 사랑하고 좋은 날 보기를 원하는 자는 혀를 금하여 악한 말을 그치며 그 입술로 거짓을 말하지 말[라]"고 잘 요약하고 있다. 자신의 힘으로는 쉽지 않지만 성령님의 가르치심과 인도하심을 의지하면 도움을 입어 혀를 길들일 수 있다는 말씀이다.

배우자와 대화하면서 서로를 세워주는 기쁨을 알게 되어 얼마나 좋았는지를 경험한 적이 있는가? 잠언 25장 11절에서는 그런 기쁨을 "경우에 합당한 말은 아로새긴 은 쟁반에 금 사과니라"라고 아름답게 표현한다.

우리가 자신에게 하는 말

우리는 매일 자신과도 대화한다. 우리가 자신에 대해서, 배우자에 대해서, 경험에 대해서, 과거에 대해서, 미래에 대해서 그리고 하나님에 대해서 스스로에게 하는 말을 자신과의 대화(self-talk)라고 한다. 그렇게 반복적으로 자신과 대화하다 보면 우리의 태도나 가

치, 신념으로 굳어질 수 있다. 이것과 관련하여 생각해볼 부분은
다음과 같다.

- 분노, 낙심, 죄책감, 걱정과 같은 감정은 대부분 자기와의 대화
  로 인해 생기거나 커지는 것은 아닌가?
- 상대의 행동이나 생각 때문이 아니라 자기와의 대화로 인해 배
  우자를 대하는 방식이 달라지지는 않았는가?
- 당신이 평소 말하는 방식과 내용은 스스로에게 하는 말이 그대
  로 표현된 것은 아닌가?

우리는 다음에 무엇을 할 것인지를 잠자코 앉아서 생각하는 법
이 거의 없다. 대부분은 과거의 경험이나 태도, 평소 신념에 의해
자동적으로 따라오는 것들이다. 당신이 기억하고 경험한 것들은
저장고에 그대로 쌓여 사용될 때를 기다린다.

성경은 생각과 사유하는 삶에 대해 많은 부분을 할애하고 있다.
'생각'이나 '마음'이라는 단어가 나온 구절만 300군데 이상이다.
잠언 23장 7절은 "대저 그 마음의 생각이 어떠하면 그 위인도 그
러〔하다〕"라고 말씀한다. 그러한 생각의 근원이 바로 마음이라고
하신다.

의인의 마음은 대답할 말을 깊이 생각하여도 악인의 입은 악을 쏟
느니라(잠 15:28).

입에서 나오는 것들은 마음에서 나오나니 이것이야말로 사람을 더
럽게 하느니라. 마음에서 나오는 것은 악한 생각과 살인과 간음과
음란과 도둑질과 거짓 증언과 비방이니(마 15:18-19).

하나님은 우리가 어떤 생각을 하는지를 알고 계신다. "사람의
행위가 자기 보기에는 모두 깨끗하여도 여호와는 심령을 감찰하
시느니라"(잠 16:2). 그렇다면 생각은 어떠한가? 당신의 내면에서
일어나는 일과 당신이 하는 말 사이에 어떤 연결고리를 찾을 수 있
는가? 이는 관계의 건강 상태를 판단하는 시금석이 된다.

좋은 소식이 있다면, 우리의 생각을 성령님의 다스림 아래 둘
수 있다는 점이다. 베드로전서 1장 13절에서는 마음의 허리를 동
이라는 말씀이 있는데, 이는 결혼의 성숙을 방해하는 것으로부터
마음을 지키라는 의미다. 하나님은 우리가 무엇에 집중해야 할지
를 말씀하신다. "끝으로 형제들아 무엇에든지 참되며 무엇에든지
경건하며 무엇에든지 옳으며 무엇에든지 정결하며 무엇에든지 사
랑받을 만하며 무엇에든지 칭찬받을 만하며 무슨 덕이 있든지 무
슨 기림이 있든지 이것들을 생각하라"(빌 4:8).

질문으로 마음을 잇다

1. 최근에 배우자와 나누는 대화를 떠올려보면서 어떤 생각들이 대화에 영
   향을 미치고 있는지 적어보라.
2. 앞에서 언급한 성경 구절 중에서 당신의 대화 방식을 개선하는 데 도움
   이 될 만한 말씀은 무엇인가? 어떻게 적용할 수 있겠는가?

말하기 전에 깊이 생각하라

"아, 그때 그렇게 말하지 말았어야 했는데. 이제라도 되돌리고 싶다"라는 생각이 들 때가 종종 있다. 하지만 한번 입 밖에 나온 말은 이미 엎질러진 물과 같다. 지울 수도 없고 취소할 수도 없다. 배심원에게 최후 변론을 무시하라고 말하는 판사는 없다.

다음과 같은 성경 원칙이 꾸준히 적용된다면 결혼생활에는 어떤 일이 일어나겠는가?

칼로 찌름같이 함부로 말하는 자가 있거니와 지혜로운 자의 혀는 양약과 같으니라(잠 12:18).

노하기를 더디 하는 자는 크게 명철하여도 마음이 조급한 자는 어리석음을 나타내느니라(잠 14:29).

입과 혀를 지키는 자는 자기의 영혼을 환난에서 보전하느니라(잠 21:23).

네가 말이 조급한 사람을 보느냐 그보다 미련한 자에게 오히려 희망이 있느니라(잠 29:20).

말하기 전에 잠시라도 생각할 시간을 갖는다면, 당신의 말이 미칠 영향을 생각하고 평가하고 교정할 수 있다.

상대방이 참된 것을 받아들일 수 있도록
그 방법과 태도를 민감하게 선택해야 한다.
솔직하고 정직하게 말한다고 해서 상대방의 인격을 모독하고,
감정에 상처를 주고 무례하게 대해서는 안 된다.
상대방에 대한 사랑과 지혜와 깊은 배려가 진리와 함께 동반되어야 한다.

진실만을 말하라

우리는 거짓을 말해도 큰 문제가 없다고 믿는 문화에서 살고 있다. 어떤 사람과의 관계에서 불쾌감을 피할 수만 있다면 거짓을 말하더라도 괜찮지 않을까? 다른 사람에게 상처 주고 싶지 않아 진실을 말하지 않는 편이 낫다는 생각이 들 때가 있다. 하지만 정말 거짓말이 불쾌감을 덜어주는가? 결국에는 거짓이 드러나고, 불쾌감은 더욱 커진다. 더 나아가 우리는 정말 다른 사람에게 상처가 될 것을 염려하는가? 자기 자신이 불편한 상황에 처할까 봐 회피하는 것은 아닌가?

불쾌한 상황을 부드럽게 만들 수만 있다면 곧잘 거짓말을 하는 것이 우리들이다. 비난받지 않으려고 사실을 바꾸거나 합리화하고 싶어 한다. 그렇게 하고선 진리를 '수정했다'(modifying)고 말한다. 불편한 부분이 있어 바꾸었다는 뜻이다. 하지만 그렇게 바꾼 것은 더 이상 진실이 될 수 없다. 동기의 문제 앞에서 우리는 자신에게 정직해야 한다. 어린 시절부터 이런 문제에 직면한다. 잘못

된 행동을 하고 나서 "제가 그랬어요, 잘못했어요, 책임질게요"라고 말하는 아이들을 좀체 찾아보기 어렵다. 자신의 행동에 대한 책임을 받아들이고 진실을 말할 때 사람들의 반응을 주의해서 본 적이 있는가? 상대방은 놀라고 심지어는 충격을 받는다!

다른 사람이 진실을 받아들일 준비가 되어 있지 않기 때문에, 일부분을 감추고 말해도 괜찮지 않을까? 그럴 수도 있다. 하지만 그렇게 일부분을 감추다 보면 결국에는 상대방이 사실과는 반대로 생각하게 되지는 않을까? 그것도 염두에 두어야 한다.

아내가 들어와서 "새 옷이 어때요? 나한테 잘 어울려요?"라고 물었다. 옷이 별로 좋아 보이지 않고 아내에게 그다지 어울리지 않더라도 남편들은 대부분 그냥 "응, 괜찮아"라고 대답한다. 아내가 진심이 담긴 답을 원했다고 해보자(종종 질문하는 자신도 무엇을 원하는지 모를 때가 있다). 이런 질문에 답을 할 때는 재치가 필요하다. "허! 당신 몸매를 생각해야지!"라고 하기보다는 "다른 옷을 입어보는 것이 더 좋겠소"라고 말하는 것이 훨씬 더 낫다.

성경은 이처럼 진리를 바꾸는 일에 대해 어떤 교훈을 주는가? 잠언 6장 16-19절, 12장 17절, 28장 23절, 에베소서 4장 15, 25절과 골로새서 3장 9절을 읽고 논의해보라. 사랑 안에서 참된 것을 말하라고 권면한 에베소서 4장 15절을 보자. 여기에서 "사랑 안에서"라는 말이 우리에게 지혜를 준다! 당신이 진실을 말해야 할 때 어떻게 해야 할지를 생각해보라. 상대방이 참된 것을 받아들일 수 있도록 그 방법과 태도를 민감하게 선택해야 한다. 솔직하고 정직하게 말한다고 해서 상대방의 인격을 모독하고, 감정에 상처를 주고 무례하게 대해서는 안 된다. 상대방에 대한 사랑과 지혜와 깊은 배려가 진리와 함께 동반되어야 한다. 진실과 신뢰는 서로 긴밀한 연관성이 있다.

질문으로 마음을 잇다

1. 당신이 믿고 느끼는 바를 나누기 가장 힘든 때는 언제인가?
2. 배우자가 어떻게 도와주면 자신을 더 많이 열어 보일 수 있겠는가?

비판에는 살리는 힘이 없다

모든 부부는 때때로 불평의 목소리를 낸다. 그것은 정상이다. 하지만 배우자가 그 불평을 듣고 나서 방어적으로 되지 않도록 말해야 한다. 예를 들면, 상대방이 당신을 힘들게 하는 것에 초점을 맞추지 말고, 상대방을 얼마나 고마워하는지를 더 많이 표현하면 된다. 그러면 배우자는 당신의 말을 더욱 주의 깊게 들을 것이다.

비판을 받고 바뀌는 사람은 한 명도 없다

비판은 왜곡된 대화의 한 형태로서, 관계를 자르고 파괴하는 일을 한다. 그 목적이 갈등 해결이나 부부 화목에 있는 것이 아니라 자기를 정당화하고 우월함을 느끼게 하려는 것이다. 또한 분노를 푸는 방법이기도 하다. 비판할 때마다 잘못을 하나씩 찾아낼 수 있다. 누군가를 비판할 때 "당신은 이 부분이 부족해서 받아줄 수 없어"라고 말하는 셈이다. 그렇게 비판을 받은 사람들은 당신에게 등을 돌리거나 대적하거나 분개한다. 비판은 어리석고 효과도 없고 도움도 되지 않는다. 하나님의 말씀은 이것을 분명히 언급한다.

그런즉 우리가 다시는 서로 비판하지 말고 도리어 부딪칠 것이나 거칠 것을 형제 앞에 두지 아니하도록 주의하라(롬 14:13).

어찌하여 형제의 눈 속에 있는 티는 보고 네 눈 속에 있는 들보는 깨닫지 못하느냐 보라 네 눈 속에 들보가 있는데 어찌하여 형제에게 말하기를 나로 네 눈 속에 있는 티를 빼게 하라 하겠느냐(마 7:3-4).

긍정적인 방식으로 배우자를 대하면 비판할 때보다 더 큰 성취를 이룬다. 이것은 자녀들에게도 동일하게 적용된다. 칭찬의 힘은 결코 과소평가할 수 없다.

세필드라는 갈색 사냥개를 훈련할 때도 이 원리는 동일하게 적용되었다. 세필드는 4개월이 되었을 때 기초 훈련을 받았다. 어느 정도 시간이 흐르자 신문을 가져오거나, 나와 아내 사이에서 물건을 가져왔다 가져가는 일을 할 수 있게 되었고, 전화가 울리면 그것을 받아 내게 가져다주고 휴지를 쓰레기통에 버리기도 했다. 개가 잘해내지 못할 때에는 그냥 넘어가고, 성공했을 때는 안아주고 칭찬해주면서 이것이 가능해졌다. 만일 잘못했을 때 주로 야단을 쳤다면 훈련은 제대로 이루어지지 않았을 것이다.

꧁ꕥꕥ꧂

긍정적인 방식으로 배우자를 대하면 비판할 때보다 더 큰 성취를 이룬다.
칭찬의 힘은 결코 과소평가할 수 없다.
상대방의 지지와 격려는
말 그대로 우리의 삶을 변화시킨다.

우리도 이와 크게 다르지 않다. 상대방의 지지와 격려는 말 그대로 삶을 변화시킨다. 우리에게는 나를 믿어줄 누군가가 필요하기 때문이다.

남아프리카의 바벰바 부족에게서 긍정적인 예를 찾을 수 있다. 부족의 어떤 일원이 무책임한 행동을 할 때 사람들은 그를 마을의 중앙으로 데리고 온다. 마을 사람들은 하던 일을 멈추고 그 사람 주위를 큰 원 모양으로 둘러선다. 이때 각 사람은 나이에 상관없이 그의 좋은 점들을 돌아가면서 말한다. 그의 삶에서 보았던 좋은 태도, 능력, 친절함 등 긍정적인 것들을 정확하고 자세하게 회상한다. 문제 행동에 대해서는 한마디도 언급하지 않는다.

모인 사람 모두가 긍정적인 말을 끝낼 때까지 그 의식은 며칠간 지속되기도 한다. 그 원 안에 있던 사람은 그렇게 충분한 지지를 받고 환대 속에서 다시 부족에 합류한다. 그 사람이 자신에 대해 어떻게 바라보게 될지 상상이 가는가? 자신의 긍정적인 정체성을 계속 유지하고자 즐겁게 힘쓰지 않겠는가? 어쩌면 오늘날 가정과 결혼생활에서도 이와 비슷한 의식이 필요할지 모르겠다.

비판의 여러 유형

비판은 다른 파괴적인 반응을 촉발시키는 부정적인 반응이다. 비판은 사람의 개성과 인격을 비난하고 공격하기 때문에 일반적인 불평과는 다른 것이다. 비판은 대부분 어떤 대상이나 사건을 지나치게 일반화시키고("당신은 언제나 그런 식이야"), 개인적인 비난을 가한다("당신"과 "해야 해"라는 말을 많이 사용한다). 비판에는 여러 유형이 있다.

농담. 농담으로 위장한 비판이 있다. 본색이 드러나 상황이 어색해지면 "에이, 농담이에요" 하며 책임을 회피한다. 잠언에는 이런 말씀이 있다. "횃불을 던지며 화살을 쏘아서 사람을 죽이는 미친 사람이 있나니 자기의 이웃을 속이고 말하기를 내가 희롱하였노라 하는 자도 그러하니라"(잠 26:18-19).

흠잡기. 이것은 배우자가 완전주의적인 성격을 갖고 있을 때 흔히 나타나는 반응이다. 비판은 대부분 파괴적인데도, 사람들은 '건설

적인' 비판으로 상대를 더 나은 사람으로 만들 수 있다고 착각한
다. 그러나 대부분의 경우 비판은 사람을 세우지 못하고 무너뜨린
다. 비판은 관계를 살찌우지 못하고 독으로 작용한다. "칼로 찌름
같이 함부로 말하는 자가 있거니와"(잠 12:18). 그런 파괴적인 비판
을 받는 사람들은 깊은 죄책감을 느낀다.

말 펀치. 비판의 모양과 크기는 제각각이다. 유도 미사일을 맞은 것
처럼 치명적인 비판도 들어보았을 것이다. 말 펀치는 날카롭고 가
시 돋친 말로 당신의 가슴을 찌른다. 말 펀치 한 방은 스무 번의 친
절을 무위로 돌아가게 한다. 그렇다. 스무 번의 친절을 날려버린다!
　또한 말 펀치는 방사능 구름처럼 퍼져나간다. 방사능으로 땅이
오염되면 씨를 뿌려도 뿌리를 내리지 못한다. 그 결과 수십 년이 지
나야 겨우 오염이 해소된다. 그 뒤에 아무리 사랑의 말을 쏟아낸다
고 해도 이미 마음의 토양이 적대적으로 변해버렸기 때문에 그것을
긍정적으로 받아들이기까지는 오랜 시간이 걸린다.[2]

비하하는 말. 비하의 말은 결혼에 있어 우정뿐만 아니라 여러 유
익한 요소를 파괴시킨다. 때때로 부부가 서로를 존중하지 않더라
도 그럭저럭 관계를 유지할 수는 있지만, 비하가 지속되면 관계 자
체를 감당하기가 어려워진다. 한 마디의 비하의 말은 역시나 스무
번의 친절한 행위를 파괴시킨다.[3]
　치명적이고 서서히 죽이는 병이 그런 것처럼, 관계에 비하의 언

어가 한번 자리를 잡으면 점점 퍼져나가 긍정적인 감정을 파괴시킨다. 어떤 아내는 이렇게 말했다. "남편과는 친구처럼 지내다 결혼했는데 예상치 못한 말 한마디로 소원해졌어요. 내 자신이 형편없이 느껴지고 자존심은 무너져버렸죠. 그래서 부부 싸움이 더 심해졌던 것 같아요. 살아남으려면 싸워야 했으니까요."

일단 말다툼을 피하라

서로 다른 환경과 문화 속에서 오랫동안 살다가 만난 두 사람이 적응하는 과정에서 갈등과 충돌이 일어나는 것은 어찌 보면 당연하다. 개인적 취향과 선호도, 습관, 좋아하는 것과 싫어하는 것, 성격 차이, 가치관 그리고 기준이 서로 다르기 때문이다.

대화에서 갈등 자체가 해로운 것은 아니다. 갈등은 때에 따라서는 오히려 대화의 문을 열어주는 역할을 한다. 성경은 이러한 다툼이 일어날 때 어떻게 해야 하는지를 다음과 같이 말씀하고 있다.

지혜 없는 자는 그의 이웃을 멸시하나 명철한 자는 잠잠하느니라 (잠 11:12).

다투는 시작은 둑에서 물이 새는 것 같은즉 싸움이 일어나기 전에 시비를 그칠 것이니라(잠 17:14).

다툼을 멀리하는 것이 사람에게 영광이거늘 미련한 자마다 다툼을 일으키느니라(잠 20:3).

숯불 위에 숯을 더하는 것과 타는 불에 나무를 더하는 것같이 다툼을 좋아하는 자는 시비를 일으키느니라(잠 26:21).

할 수 있거든 너희로서는 모든 사람과 더불어 화목하라(롬 12:18).

너희는 모든 악독과 노함과 분냄과 떠드는 것과 비방하는 것을 모든 악의와 함께 버리고(엡 4:31).

모든 사람과 더불어 화평함과 거룩함을 따르라. 이것이 없이는 아무도 주를 보지 못하리라(히 12:14).

당신의 결혼생활과 사랑을 활력 있게 유지하려면 비판을 피해야 한다. 감정이 개입되고, 문제를 해결하는 일보다 상대방을 더 신경 쓰게 되면 갈등이 증폭되면서 다툼이 벌어진다. 그래서 싸움이 끝나면 부부 사이에 큰 거리감이 느껴지고 나쁜 감정이 남는다.

SNS가 결혼생활에 미치는 영향

페이스북은 오늘날 가장 대중적인 의사소통 수단이다. 페이스북

이용자의 온라인 친구는 평균 130명 정도이다. 2010년 1월, 사용자는 4억 명을 넘어섰고, 매일 50만 명가량이 꾸준히 증가하고 있다(전 세계 사용자 수는 2015년 2분기 기준으로 약 14억 9천만 명이다—편집자). 모든 일이 다 그렇지만, 여기에는 그림자가 함께 따라다닌다. 그 중 하나가 결혼생활과 관련된 것이다. 페이스북에 올리는 이야기에는 간음이나 이혼 그리고 깨어진 가정에 관한 것들이 많기 때문이다.

영국의 온라인 이혼 사이트의 관리자인 마크는 이렇게 밝혔다. "자기 배우자가 뭘 하는지를 페이스북을 통해 알게 되었다고 직원들이 말하는 것을 듣고 정말 그런지를 알아보았다. 결혼 소송의 20퍼센트가 페이스북에 올라온 내용 때문에 일어난다는 사실을 알고는 정말 놀랐다."[4] 이 비율이 믿어지지 않는 사람도 있겠지만, 많은 상담가들은 페이스북으로 인해 결혼생활이 위기에 처했다는 전화를 한 달에도 여러 통 받는다고 말한다. 《페이스북과 결혼》(*Facebook and Your Marriage*)의 저자인 제이슨 크래프스키와 켈리 크래프스키는 이렇게 서술한다.

당신은 지금 페이스북에서 무슨 일이 일어나고 있으며, 결혼을 보호하려면 어떻게 해야 하는지를 알아야 한다. 더 나은 결혼생활을 위해 페이스북에 쓰는 시간을 어떻게 줄일 건지, 혹은 페이스북으로 인해 점화된 '옛' 감정들과 같은 문제를 효과적으로 해결할 방법을 찾기 위해 도움을 받아야 한다.[5]

부부는 페이스북이나 다른 SNS를 사용하는 시간을 통제해야 한다. 과거에 알던 사람을 직접 찾기는 어려워도 낭만에 취해 온라인으로 다시 연결되어 불륜에 빠지기는 너무나 쉽기 때문이다.

꧁꧂

온라인 친구가 얼마나 많은지가 중요한 게 아니라
그들이 누구인가가 중요하다.
온라인상이라도 다른 사람과
감정적 교류를 하거나 선물을 주고받지 말라.
그런 소중한 감정은 오직 배우자를 위해서만 남겨두라.

소셜 네트워크 서비스 이용에 관한 몇 가지 원칙

SNS의 과도한 사용은 부부의 친밀함에 잠재적인 위험 요소가 된다. 최신 기술이 문제가 아니라 당신이 온라인이나 오프라인에서 내리는 결정들이 어려움을 가져온다. 그런 이유로 SNS에 어떤 정보를 올릴 때는 몇 가지 기본 원칙을 따라야 한다.

첫째, 당신의 배우자에 대해 좋지 않은 이야기를 올리지 말라. 당신에게는 대수롭지 않게 보이지만 그 내용을 읽는 사람들은 대부분 그것이 단순한 농담인지 아니면 심각한 불만을 표출한 것인지를 단박에 알아내지 못한다. 그 밖에도 어떤 사람이 자기 배우자나 자녀에 대해 불평을 늘어놓을 때 그것을 보는 사람의 마음은 늘 불편하다. 제이슨과 켈리 크래프스키는 이렇게 조언한다. "페이스북에 쓴 글은 페이스북에만 머물지 않는다. 기혼자들이 페이스북에 의심스러운 글을 올릴 때 그것은 결혼생활에 부정적인 영향을 미친다."[6]

둘째, 당신에게 속마음을 털어놓는 사람들에 대해 지혜롭게 처신하라. 부부 사이의 문제로 인해 다른 이성과 채팅을 하면서 자기도 모르게 인터넷을 통한 불륜이 시작될 수 있다. 시간이 흐르면서 채팅은 이메일이 되고, 전화로 바뀌고, 서로 사진을 주고받으면서 결국 만남으로 이어진다. 당신의 결혼생활을 위태롭게 하는 사람과의 관계는 유지할 가치가 없다는 사실을 명심하라. 히브리서 13장 4절의 말씀을 보라. "결혼을 소중히 여기고, 아내와 남편 사이에 이루어지는 성적 친밀감을 거룩하게 지키십시오. 하나님은 일회성 섹스와 부정한 섹스를 금하십니다"(메시지).

마지막으로, 단순한 감정의 교류라 하더라도 과거의 배우자나 애인과는 친구가 되지 말라. 제이슨 트래프스키는 이러한 문제를 어떻게 다루어야 하는지를 권면한다.

켈리와 나는 수개월 동안 페이스북을 하던 중 과거에 친밀했거나 감정의 교류가 있었던 사람들과는 페이스북 친구를 맺지 않기로 결정했다. 그 범주에 있는 누군가가 친구가 되고 싶다고 요청해왔을 때 우리는 거절하기 전에 이러한 메시지를 보냈다.

"얼마 전부터 아내와 나는 페이스북에서 과거의 애인이나 친구였던 사람과는 연락하지 않기로 결심했어요. 아내와의 결혼생활을 위해 당신의 친구 요청을 받아들일 수 없어요. 당신이 이해해주고 기분 나쁘게 생각하지 말기를 바랍니다. 최고의 삶을 살아가길 바랍니다. 제이슨."[7]

온라인 사용 시간 제한하기

부부 관계를 보호하고 책임감 있게 만드는 적절한 울타리를 치지 않기 때문에 결혼은 온라인이나 실제 생활에서 크게 취약해졌다. 결혼생활에 위협이 될 정도로 과도한 SNS 사용은 금물이다. SNS에 그다지 적절해 보이지 않는 내용을 올리는 것뿐만 아니라 문자 메시지를 주고받는 일에서도 지나치게 많은 시간을 보내느라 결혼생활에 지장이 생기는 부부를 많이 보았다.

이런 이유로 온라인 사용 시간을 일정한 수준으로 제한하는 것이 꼭 필요하다. 결혼생활에 써야 하는 시간이 그만큼 줄어들기 때문이다. 어떤 SNS를 이용하고, 거기에 어떤 사진이나 내용을 올릴 것인가를 신중하게 생각하라. 당신을 어떻게 표현하고, 어떤 친구를 사귈 것인가에 대해 신중히 선택하라. 온라인 친구가 얼마나 많은지가 중요한 게 아니라 그들이 누구인가가 중요하다. 실제 삶에서도 그들을 친구로 삼고 싶은가? 온라인상이라도 다른 사람과 감정적 교류를 하거나 선물을 주고받지 말라. 그런 소중한 감정은 오직 배우자를 위해서만 남겨두라.[8]

1. 최근 들어 배우자와 다툰 때는 언제였는가? 그 다툼은 어떻게 해결되었는가?

2. 다음에는 어떤 방식으로 해결하겠는가?

3. 상대에게 비판받을 때 어떤 느낌이었는지를 말해보라.

4. 어떻게 하면 그런 비판을 긍정적인 언어로 바꿀 수 있는지를 말해보라.

5. 몇 달간(혹은 몇 주간) SNS를 사용하지 않고 지낼 수 있겠는가? 한번 시도해보
   고 느낀 점을 나누라.

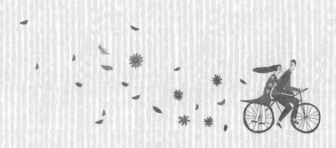

제 5 장

상대방의 언어로 말하기

"같은 언어를 말한다는 것도 중요하지만,
우리가 사용하는 단어가 같은 것을 가리키고 있다는 사실도 중요합니다.
같은 단어를 서로 다른 의미로 사용하면서
마음이 상하고 괴로워하는 부부들을 많이 보았어요.
우리의 각기 다른 인생 경험이나 사고방식
그리고 의도가 같은 단어에 다른 의미를 부여하는 것이지요."

외국을 여행할 때 우리는 식민지 개척자와 이민자, 둘 중에 하나의 태도를 취한다. 식민지 개척자는 다른 나라를 방문할 때 그곳 주민의 시각이 아니라 자신의 입장에서 본다. 모국어로 된 안내서를 찾고 자기 나라 말을 하는 사람을 찾는다. 자기에게 익숙한 것만 찾느라 미지의 영역을 탐구해서 지식을 넓히거나 언어를 익힐 엄두를 내지 못한다.

이런 여행자는 화장실 표시판을 읽지 못하거나 식당에서 메뉴를 이해할 수 없으면 짜증을 낸다. 정중히 도움을 구하거나 몇 마디의 현지어를 배우려 하기보다 화를 내는 것이다. 현지인과 말할 때에도 통역하고 안내해주는 사람을 의지할 수밖에 없다. 그는 현지인과 말할 때에도 자기 나라 말을 사용한다. 그리고 왜 현지인들이 자기 말을 못 알아듣는지 의아해한다.

그 여행자는 결국 불쾌한 경험만을 쌓고 자기에게 익숙한 곳으로 돌아갈 날만을 손꼽아 기다린다. 그에게는 그곳 사람들이 친절해 보이지 않는다. 어느 정도 관심이 있다면 여행객들을 돕기 위해 자신의 말을 배우고 안 되면 무슨 노력이라도 해야 하지 않느냐고 생각한다.

식민지 개척자도 종종 이렇게 한다. 자기들의 모국어, 관습, 화폐

제도를 다른 나라에 전파해 자기들처럼 되기를 강요한다. 결혼에서는 이런 식의 접근이 통하지 않는데도 식민지 개척자들과 같은 배우자들이 있다. 그들은 상대방이 자기에게 맞추어 소통해주기를 바라면서도 정작 자신은 상대방에게 맞추려는 노력을 하지 않는다.

이탈리아 출신인 토니와 메리는 예전에 내가 사무실을 집에 두고 있었을 때 상담한 젊은 부부다. 솔직히 말하면 그들과 두 번 상담한 이후, 나는 완전히 절망하고 말았다. 어떻게 해야 할지를 도무지 알 수 없었다. 그들이 서로 목소리를 높이고 심하게 몸싸움을 하면서 대화의 원칙도 지키지 않고 내 이야기를 방해하는 와중에도 나는 차분하고 이성적으로 예의를 지키려고 했다. 하지만 부부는 내 이야기를 듣지 않았고 내 관심을 종종 무시했다. 상담자가 그렇게 거부감을 느끼도록 하는 것은 좋지 않다.

어느 수요일 아침이었다. 일정표를 보니 그날 오후에 토니와 메리가 오기로 되어 있었다. '이런. 또 한 번 허무와 좌절을 경험하겠군. 내 말도 듣지 않고 서로 말도 안 통하는데, 어쩌면 좋지? 그들을 이길 수 없다면 나도 그들처럼 해볼까?' 나도 그들처럼 해보기로 했다.

상담 시간이 시작되고 얼마 지나지 않았는데, 두 사람이 한꺼번에 큰 소리로 말하기 시작했다. 나도 그에 뒤질세라 목소리를 높였다. 그러자 그들도 나에게 반응을 보이기 시작했다. 토니 부부에게는 그것이 별로 이상한 일이 아니었다. 결국 나는 앞으로 몸을 내밀고 토니에게 멈추라는 몸짓을 하고 크게 말했다. "토니! 토니! 메리의 말을 좀 들어봐요. 그녀가 할 말이 있어요. … 메리, 어서 말해봐요. 이제 토니가 들을 거예요."

우리는 상담 시간에 그런 식으로 밀고 당겼다. 나는 마치 오케스트라의 지휘자처럼 신호를 주고 목소리를 높이거나 낮추게 하면서 누가 말할지를 정했으며, 때로는 우리 세 명 모두 동시에 말했다. 그 시간이 끝났을 때 토니는 "좋은 시간이었어요. 노먼, 다음 주에 봐요"라면서 감사를 표현했다.

내가 사무실에서 나와서 부엌으로 들어갔더니 아내가 거실에서 조용한 목소리로 물었다.

"당신, 괜찮아요?"

"음, 그렇소. 왜요?"

"당신 방에서 3차 세계대전이 일어난 것처럼 큰 소리가 들렸어요." 아내가 말했다. "이제 곧 물건을 던질 것 같다는 생각이 들었어요. 누가 그렇게 화가 난 건가요?"

"아무도 화가 나지 않았소." 내가 대답했다. "우리는 그저 시끄러웠을 뿐이오. 그들은 평소 그런 식으로 대화를 했고, 내 말을 듣게 하려면 나도 그렇게 해야 했소." 그때부터 그 의뢰인들과는 그런 식으로 떠들썩하고 열광적인 시간을 가졌고 나도 그 시간을 충분히 즐길 수 있었다. 그들이 내 스타일대로 따라와 주기를 기대하기보다는 내가 그들의 스타일을 받아들이고 거기에 적응했다. 토니와 메리는 그런 식으로 내게 값진 교훈을 가르쳐주었고 나는 지금까지 그 빚을 지고 있다.

식민지 개척자 같은 남편이나 아내가 있다.
그들은 상대방이 자기에게 맞추어 소통해주기를 바라면서도
정작 자신은 상대방에게 맞추려는 노력을 하지 않는다.

외국인과 결혼한 사람들

두 젊은이가 결혼 전 상담을 위해 나를 찾아왔다. 젊고 깨어 있으며 열정적인 수(Sue)와 마크(Mark) 커플은 서로에게 만족하며 오래 지속되는 결혼생활을 원했다.

상담을 시작하면서 나는 바로 본론으로 들어갔다. "더 진행하기 전에 여러분이 알아야 할 것이 있습니다." 그들이 확실히 집중할 때까지 나는 말하는 것을 잠시 멈추었다.

"상담 초기에 여러분과 반드시 공유하는 진실이 있습니다. 자신이 결혼하려는 사람을 서로 봐주세요." 그들은 어리둥절한 표정으로 서로를 쳐다보았다.

"당신 앞에 있는 그 사람이 외국인이라는 사실을 명심하세요. 여러분이 결혼하려는 사람은 외국인입니다!"

그들은 나를 쳐다보고 또 서로를 쳐다보았다. 수가 마크를 바라보면서 눈썹을 추켜올렸다. 마크는 나를 쳐다보며 질문했다. "외국인이라니요? 무슨 말씀이신지?"

"제가 말한 그대로입니다."

마크는 돌이켜서 수를 보고, 또한 나를 보았다. "우리는 둘 다 국적이 같은데요." 그의 목소리는 비장했다. "우리는 서로 잘 맞고, 또 비슷해요. 둘 다 캘리포니아에서 태어나고 자랐어요. 우리는 백인이고 부모님들도 모두 이 나라에서 태어나 자랐답니다. 그런데 우리가 외국인이라니요?"

"저는 상담하는 모든 커플에게 이 말을 해줍니다. 대부분의 커플은 충격을 받죠. 물론 당신과 수는 서로 비슷한 부분이 많습니다. 하지만 여러분은 서로 다른 부모와 형제와 함께 전혀 다른 문화 속에서 사뭇 다른 영향을 받으며 자랐어요. 각자의 가정은 서로 다른 습관, 다른 믿음과 가치관을 갖고 있고, 소통 방식도 다르며 어느 정도 거기에 익숙해졌을 겁니다. 비슷한 음식을 먹을 수도 있지만 요리하는 방법이 다를 수도 있지요. 많이 사용하는 단어에 대해서도 서로의 말뜻이 다를 수도 있어요. 당신이 꿈꾸는 그런 결혼생활을 원한다면, 상대방의 문화에 대해 배우면서 다른 관습에 대해서는 편한 마음으로 대해야 합니다. 융통성이 필요해요. 무엇보다도 배우자의 소통 방식을 배워야 할 겁니다."

내가 질문했다. "마크, 당신은 가족과 이야기를 나눌 때 서로를 잘 이해하고 있나요? 각자 무슨 말을 하는지 알고 있습니까?"

"그럼요. 가족끼리는 서로 잘 통하지요." 마크가 대답했다.

다음에는 수에게 질문했다. "당신은 가족과 이야기를 나눌 때 서로를 잘 이해하고 있나요? 소통을 잘하고 있나요?"

"네." 수가 대답했다. "언제나 그래요. 특히 엄마와 잘 지내요. 아빠는 별로 말씀이 없으세요. 아빠는 간략하게 핵심만 말하고 자세한 이야기는 하지 않으세요. 아빠가 말씀하실 때는 마치 신문기사처럼 들리기도 해요. 사실만 이야기하고 감정을 좀체 나누지 않으니까요. 그것이 오랫동안 엄마를 힘들게 했어요. 하지만 엄마와는 정말 잘 통해요."

나는 그들 두 사람 사이의 대화로 화제를 바꾸었다. "두 사람의 대화는 어떤가요? 대화하면서 서로를 이해하려면 무엇이 필요할까요?"

그들은 서로를 바라본 후 다시 나를 쳐다보았다. 나는 잠시 기다린 후에 말했다. "그것을 생각해봐야 해요." 나는 마크에게 몸을 돌린 후에 말을 재촉했다. "마크, 당신과 나는 소통이 잘되고 있나요? 내가 말하는 것을 이해하나요?"

마크는 말했다. "네, 이제는 선생님이 어떤 의미로 '외국인과 결혼한다'는 말씀을 하셨는지 알 것 같아요. 수와 결혼하려면 여권이 필요한 것은 아닌지 가끔은 헷갈릴 때가 있거든요."

우리는 함께 웃었고, 수에게도 부드럽게 물었다. "수는 어떤가요? 우리가 나누는 대화가 잘 이해되나요?"

"물론이죠." 수가 대답했다. "제가 느끼고 있는 것을 선생님이 잘 짚어주셨어요. 선생님의 말씀에 동의합니다."

"좋습니다. 같은 언어로 말하는 것도 중요하지만, 우리가 사용하는 단어가 같은 것을 가리키고 있다는 사실도 중요합니다. 같은 단어를 서로 다른 의미로 사용하면서 마음이 상하고 괴로워하는 부부들을 많이 보았어요. 두 사람이 함께 스페인어를 쓰더라도 같은 의미로 말하는 것은 아닐 수 있어요. 같은 독일어를 하더라도 의미는 다를 수 있지요. 우리가 여기 앉아서 영어로 말하고 같은 단어를 쓰지만 다른 뜻으로 말할 수 있어요. 우리의 각기 다른 인생 경험이나 사고방식 그리고 의도가 같은 단어에 다른 의미를 부여하는 것이지요."

"내 아내가 '여보, 집에 가는 길에 잠시만 가게에 들를 수 있어요? 잠깐이면 돼요'라고 묻는다고 합시다. 내가 '잠깐'이라는 단어를 문자 그대로 받아들일 수도 있겠지만, 지금은 그렇지 않아요. 오랜 경험을 통해 나는 그 '잠시'가 15분이나 20분 정도라고 배웠거든요."

그들은 웃으며 고개를 끄떡였다.

"마크, 수가 당신에게 '잠깐 얘기 좀 해요'라고 했을 때 정말 잠시라고 생각하고는 이야기를 시작했겠지만 어쩌면 30분 후에도 대화가 끝나지 않을 수 있죠."

그들은 놀란 눈으로 쳐다보았고, 마크가 얼른 말했다. "화요일 밤에 바로 그런 일이 있었어요. 수는 내가 왜 화를 냈는지를 모르고 있고요."

수가 끼어들었다. "그것은 중요한 문제였어요. 시간이 그렇게 중요한가요? 대화가 필요하다는 데 동의했잖아요."

"나는 당신이 '잠깐'이라고 해서 짧게 끝낼 거라고 생각했어요."

이 말에 대해 수는 좀 더 감정적으로 답했다.

"하지만 나는 종종 당신이 우리의 대화에 시간제한을 두는 것처럼 느껴져요. 참을성 없이 그저 대화를 빨리 끝내고 싶어 하는 것처럼 보여요. 그럴 때마다 당신은 내가 어떻게 생각하고 느끼는지 별로 알고 싶어 하지 않는다는 생각이 들어요. 사실 나는 당신이 더 자세히 나누었으면 좋겠어요. 내가 새 옷을 입고 어떠냐고 물었더니 당신은 그냥 '좋다'고만 했죠. 그런데 어떤 부분이 좋은 건가요? 당신은 모든 일에 좋다고 하잖아요. 좀 더 자세하게 말해줄 수는 없나요?"

마크는 나를 쳐다보다가 수에게 눈을 돌린 후 목소리를 높였다. "내가 보기 좋다고 말했죠. 도대체 그 밖에 무슨 말을 더 듣고 싶은 거죠?"

내가 끼어들어 말했다. "마크, 0은 형편없이 보인다, 10은 최고로 보인다고 한다면 당신이 말하는 '좋다'라는 기준은 어디에 해당되나요?"

"8에서 10 사이죠."

수는 놀라워하며 불쑥 말했다. "말하지 않는데 내가 그것을 어떻게 알겠어요?"

"내가 말하고 싶은 것도 그거예요." 내가 끼어들었다. "마크, 자신이 쓰는 단어를 정의할 때는 이런 방식을 써보는 게 어때요? 만일 수가 입고 있는 옷에 대해 '좋다'라는 말을 쓸 수 없고 세 문장으로 설명해야 한다면 어떻게 하겠어요?"

"대부분의 남자들은 아내에게 자기 말을 편집해서 전하죠.
'이런 디테일한 것들은 별로 중요하지 않아.
아내도 별 관심이 없을 거야'라고 생각하고는 결론만 짧게 전해요.
하지만 아내는 다르게 생각할 수 있어요.
상대방의 소통 방식으로 말해야 한다고 했을 때는
이런 부분을 이야기하는 것이고요."

그는 잠깐 생각하더니 말을 꺼냈다. "음, 나는 그 옷이 마음에 들고 색도 좋아요. 당신에게 잘 어울리고 허리선도 괜찮네요. 스타일도 멋지고 잘 맞는 것 같아요."

수에게 물었다. "마크의 말을 들으니 느낌이 어떤가요?"

그녀는 미소를 짓고, "이제 이해가 돼요. 정말 기분이 좋네요. 자세한 설명을 들으니까 마크가 정말 주의 깊게 봤다는 것을 알겠어요."

마크도 끼어들었다. "이제 감 잡았어요. 하지만 친구들끼리는 무슨 뜻인지 대충 알아듣거든요."

"무슨 말인지 이해해요, 마크." 나는 계속했다. "친구들과 있을 때는 그래도 되지만 수와 말할 때는 그녀의 소통 방식에 맞출 필요가 있어요. 수는 좀 더 자세하게 설명을 듣기 원해요. 대부분의 남자들은 아내에게 자기 말을 편집해서 전하죠. 사내들은 세부적인 부분을 생각했더라도, '이런 디테일한 것들은 별로 중요하지 않

아. 아내도 별 관심이 없을 거야'라고 생각하고는 결론만 짧게 전해요. 하지만 아내는 다르게 생각할 수 있어요. 상대방의 소통 방식으로 말한다는 의미는 이런 부분을 이야기하는 것이고요."

계속 읽어가기 전에 앞의 대화로 돌아가서 다시 읽어보기를 바란다. 읽으면서 내가 마크에게 말했던 단어와 수에게 말했던 단어에는 어떤 차이점이 있는지 살펴보았으면 한다. 그리고 마크와 수의 반응을 살펴보라. 그들의 답변 중에서 어떤 부분이 독특한가?

다음에는 밥과 진의 대화를 살펴보자. 그들은 왜 소통이 안 되는 것일까?

밥: 또다시 방을 새로 꾸미고 배치를 바꿀 생각이라면 지난번에도 당신이 원하는 대로 마음껏 고치도록 많이 애썼다는 걸 알아줘요. 지금은 또 뭐가 문제인지 모르겠구려.

진: 저도 잘 모르겠어요. 하지만 이 방에서 뭔가가 빠져 있다는 느낌을 지울 수가 없어요. 콕 집어 설명할 수는 없지만 아무튼 더 손을 봐야 되겠어요.

밥: 너무 자기 생각에 사로잡혀 있는 것 같소. 어렸을 때 살았던 집을 떠올리면서 허전한 느낌이 드는 것일 수도 있잖소? 이제는 다른 관점으로 봤으면 좋겠어요. 그러면 우리 방이 생각보다 훨씬 더 근사하다는 것을 알게 될 텐데 말이오.

진: 아니요. 이 방에 대해서는 내가 더 잘 알아요. 내가 말하는 관점에서 봐야 해요. 아셨죠?

그들은 서로를 이해하고 있는 상황인가? 아니면 서로 다른 이야기를 하는가? 기본적으로 그들은 서로 '다른 언어'로 이야기하고 있고 상대방의 언어로 이야기하는 법을 아직 배우지 못했다.

대화에도 색깔이 있다

우리에게는 청각, 시각과 감성이라는 세 가지 주요 감각이 있다. 인생을 이해하고, 경험을 쌓고, 결정을 내리고, 다른 사람들과 관계를 맺을 때 우리는 특정한 감각을 다른 두 감각보다 선호한다. 당신이 어떤 단어를 주로 사용하느냐를 보면 선호하는 감각이 무엇인지 알 수 있다.

당신이 청각 중심의 사람이라면, 말하고 듣는 것에 주로 의존한다. 주로 이런 말을 쓸 것이다.

- 그것 참 괜찮게 들리네요.
- 자, 다시 한 번 이야기해볼까요?
- 사람들이 그의 말에 귀를 기울이는 것 같아요.
- 이보다 더 명쾌할 수가 없는데요.
- 그것에 대해 좀 더 말해주세요.

시각 중심이라면, 보는 것으로 세상을 인식하고 기억하며, 사유하는 과정에서도 주로 시각적인 이미지를 사용한다. 이들은 주로 이런 식으로 말한다.

- 당신이 무슨 말을 하는지 알겠어요(see).
- 내게는 좋아 보이네요.
- 현재로선 명확해 보이지 않는군요.
- 그 문제에 점점 서광이 비치는군요.
- 제 관점이 이해가 되세요?

감성적인 사람이라면, 경험을 통해 자신의 길을 찾으려고 할 것이다. 외면에서 일어난 일과 내면에서 경험하는 것, 이 둘을 감성적으로 받아들이고, 이는 당신의 결정에 영향을 미친다. 감성적인 배우자는 이러한 표현을 자주 사용한다.

- 해결하기(handle) 힘들겠네요.
- 이 프로젝트는 느낌이 좋아요.
- 제가 무슨 말을 하는지 느낌이 오나요?
- 무슨 말을 하려고 하는지 도무지 감을 못 잡겠어요.

청각적인 사람은 삶에 대해 '듣고' 싶어 한다. 인구의 약 20퍼센트 정도가 청각을 통해 배우는 게 익숙한 사람들이다. 이들은 시각보다는 소리에 더 반응한다. 책을 읽을 때도 그림을 보기보다는 조용히 글을 '듣는다'. 만일 당신의 배우자가 청각 중심이라면 옷이나 머리, 방을 꾸미고 정원을 가꾸는 일에 대해 특별한 기대를 하지 않는 것이 좋다. 이들은 보는 것보다는 말하는 것을 더 좋아한다. 길게 대화하는 것을 중요하게 생각하고 다른 사람보다 들은 것을 더 잘 기억한다.

청각적인 배우자는 당신이 느낌을 '말해줄 때' 가장 빨리 이해한다. 그들은 상대방이 말한 것과 말하지 않은 것을 동시에 들을 수 있으며, 음색과 목소리의 변화를 예민하게 알아차린다. 거친 응답을 들으면 그들은 마음이 상하고, 전화를 걸고 받는 일은 삶에서 중요한 부분을 차지한다.

시각적인 사람은 자신이 '보는' 관점에 따라 세상과 관계를 맺는다. 인구의 60-70퍼센트가 주로 보는 것을 통해 배우는 사람들이다.

무엇인가를 상상하고 기억할 때마다 그들은 주로 그림을 떠올린다. 영화, TV, 스포츠, 미술 박물관 그리고 경치 등 주로 보는 것을 통해 인생을 알아간다. 또한 읽는 것을 좋아하고, 감상하기 위해 물건을 모으고, 사진을 찍고, 사람들을 즐겨 본다. 또한 자신이 다른 사람에게 어떻게 보이는지에 관심이 많다. 시각적인 사람은 어떻게 느끼는가보다 어떻게 보이느냐를 이야기한다. 사건이나 생각, 실천 사항 등을 선명하게 시각화할수록 성공에 더 가까워진다고 믿는다. 마음이 상할 때에는 이야기하면서 풀기보다 물러서서 곰곰이 생각하는 경향이 있다.

소통의 방식을 바꾸면 배우자도 내 말에 귀를 기울인다.
그만하면 충분한 이유가 되지 않겠는가?

감성 중심인 사람은 청각적이거나 시각적인 사람보다 더 즉흥적이다. 이런 특성에는 긍정적인 부분과 부정적인 부분이 함께 있다. 그들은 유쾌한 천성으로 주위를 즐겁게 한다. 하지만 어떤 분명한 이유 없이 중간에 마음을 바꾸어, 다른 사람의 스케줄까지 엉망으로 만들기도 한다.

앞에서 살펴본 밥과 진의 대화 그리고 마크와 수의 대화로 돌아가서 시각, 청각, 감성 중심적인 사람들이 주로 사용하는 단어를 찾아보자. 이제 그 뜻을 이해할 수 있겠는가?

어떤 이들은 말을 늘어놓는다. 그들은 이야기할 때 미주알고주알 자세히 말한다. 말을 압축해서 전달하는 사람들이 한두 문장으로 간략하게 대답할 때 그들은 열 문장 이상으로 길게 답한다. 말하기 좋아하는 사람들은 적게 말하는 사람들이 혹시 한마디라도 더 말할까 하여 수다를 늘어놓지만, 결과는 종종 정반대로 나타난다. 반대로 말을 압축하는 사람은 더욱 적게 말함으로써 상대를 좌절시키고 교착 상태에 빠뜨린다. 확대하는 사람은 자기처럼 자세하고 길게 말하는 사람과 이야기하기를 좋아하고, 압축하는 사람은 짧게 말하는 사람을 선호한다.

말하는 방식을 바꾸려면 많은 수고가 필요하고, 이것은 마치 끝도 보이지 않는 게임처럼 느껴지기도 한다. 수고스러운 것은 맞다. 배우자의 독특함에 민감하게 반응하고 거기에 맞추어야 대화가 달라진다. 소통의 방식을 바꾸면 배우자도 내 말에 귀를 기울인다. 그만하면 수고할 가치가 있지 않겠는가?

상대방의 의사소통 방식으로 말할 수만 있다면 여러분은 가정과 직장에서도 성공적인 관계를 이끌어갈 수 있을 것이다.

제 6 장

부부 싸움, 절반으로 줄이려면

전속력으로 달려가는 와중에는 좋은 대화를 나눌 수가 없다.
그러므로 조급증을 버리고, 숨을 깊이 들이쉬고,
서로를 보듬으며 살아갈 수 있도록 제한 속도를 지켜야 한다.

"나는 그러지 않았는데 당신은 지금 그렇게 생각하잖아요."

"당신은 내 이야기를 전혀 듣지 않는군요."

자기도 모르게 상대방을 밀어내는 벽이 있다. 우리의 대화를 가로막는 벽이다. 우리에게 있는 방어적인 태도가 그러하다. 여기에는 몇 가지 형태가 있다. 배우자가 무슨 말을 하더라도 잘못한 것이 없다고 하거나 엉뚱한 변명을 늘어놓기도 한다("당신이 내게 준 서류를 개가 먹어버렸어요"). 아니면 몸짓으로 그런 태도를 나타내기도 한다.

배우자의 그런 반응을 자신에 대한 공격으로 볼 수도 있고, 좀 과격한 주장이라고 받아들일 수도 있다. 하지만 우리가 성경의 본을 따르고자 한다면 잘못했을 때 그것을 인정할 필요가 있다.

실수를 인정하면 달라지는 것들

"내가 잘못했어요. 당신이 옳아요."

많은 사람들이 이 말을 하지 못해 힘들어한다. 우리는 평소에 이 말을 몸으로 익혀 배우자와 의견이 다르거나 의논할 일이 있을 때 자연스럽게 사용할 수 있어야 한다. 자기는 틀렸고 상대방이 맞았다는 사실을 정직하게 인정할 수만 있다면 대화는 몰라보게 발전하고 배우자와의 관계는 더욱 깊어진다.

필요하다면 용서를 구하라. 야고보는 우리가 서로 죄를 고백하며 서로 기도해야 한다고 말씀한다(약 5:16). 잠언 28장 13절은 "자기의 죄를 숨기는 자는 형통하지 못하나 죄를 자복하고 버리는 자는 불쌍히 여김을 받[는다]"라고 권면한다.

때때로 배우자에게 힐난을 받으면서도 자신의 잘못을 인정해야 할 때가 있는데, 이때 상대방을 조종하려는 의도로 그렇게 하면 안 된다. 가령 "모든 게 내 탓이에요"라고 말하는 경우가 있는데, 그렇게 하면 상대방도 죄책감을 느끼면서 자기 잘못을 어느 정도 인정하게 될까를 노리는 것이다.

배우자의 비판을 들어본 후, 상대방이 사실을 말하고 있다면 잠언 말씀을 따라야 한다.

훈계를 저버리는 자에게는 궁핍과 수욕이 이르거니와 경계를 받는 자는 존영을 받느니라(잠 13:18).

훈계에 착심하며 지식의 말씀에 귀를 기울이라(잠 23:12).

슬기로운 자의 책망은 청종하는 귀에 금 고리와 정금 장식이니라 (잠 25:12).

당신이 정말 잘못했다면 그것을 기꺼이 인정하라. "그렇게 얘기할 만해요. 말로 당신에게 상처를 주어 미안합니다. 내가 어떻게 하면 좋을까요?" 앞으로 더 나아가기 전에 우리가 잘못을 인정하기까지의 단계를 잠시 생각해보자.

정말 타당한 비난인지 평가하기

첫 단계는 비난이 과연 진실인지 정직하게 따져보는 것이다. 말은 쉽지만 행하기는 어렵다. 마음을 깊이 찌르는 비난 속에서 나에게 주는 교훈과 가치를 발견하는 일이란 짚더미에서 바늘 찾기와 같기 때문이다. 하지만 우리는 질문을 던져보아야 한다. "여기서 나는 뭘 배울 수 있지? 내가 인정할 수밖에 없는 일말의 진실이 있다면?" 당신은 방어하는 사람이 아니라 진실을 탐구하는 사람이 되어야 한다.

하지만 상대방의 공격이 부당하다는 생각이 들면 그러한 비난에 신경 쓰지 말라. 과장된 말을 하더라도 괘념치 말라. 부풀려진 말은 결국 겨처럼 날아갈 것이고 오직 진실만이 남을 것이기때문이다. 내가 새겨들어야 할 일말의 진실이 있는지 계속 찾아보면서 배우자가 비난하는 진짜 이유가 무엇인지를 살펴보라.

비난에 대해 가볍게 생각해보기

비난이나 비판을 들으면 때로는 분노나 혼란, 좌절감이 엄습해온다. 이런 감정에 사로잡히면 마음이 공허해져서 이성적으로 반응하기 어려워진다. 그래서 대응하기 전에 생각할 시간이 필요하다. 이런 경우 생각할 시간을 달라고 하지 말라. 그런 일에 허락을 받을 필요는 없다. "상황을 정확하게 보고 있는 거 맞아요?"라고 말하지도 말라. 그런 말을 들으면 상대방은 또 다른 가치 판단을 하게 되고, 우리도 불필요한 힘을 써야 하기 때문이다.

"시간을 들여 한번 생각해볼게요" 혹은 "흥미로운 시각이네요. 다시 살펴볼게요"라고 하는 것이 좋다. 그런 다음 '여기서 핵심이 뭘까? 이 대화로 남편이(아내가) 얻고 싶은 것은 뭐지?'라고 자신에게 물어보라. 때로는 핵심을 명확하게 이해하기 위해 상대방에게 단도직입적으로 물어볼 수도 있다. "어떤 점이 달라졌으면 좋겠어요? 정말 알고 싶어요."

문제의 뿌리 찾기

비판을 들으면 본능적으로 화가 나겠지만, 그것을 상대방의 시각에서 보려는 시도도 필요하다. "핵심이 무엇인지 얘기해줄래요?"

~೨೦೦೦ ೧೦೦೦~

비판을 들었을 때 생각할 시간을 달라고 하지 말라.
그런 일에 허락을 받을 필요는 없다.
"상황을 정확하게 보고 있는 거 맞아요?"라고 말하지도 말라.
그런 말을 들으면 상대방을 또 다른 가치 판단을 하게 되고,
우리도 불필요한 힘을 써야 하기 때문이다.

혹은 "구체적인 예를 들어 설명해줄 수 있어요?"라고 질문을 던지라.

"당신은 세상에서 제일 무심한 사람이에요"라는 말을 들었다고 해보자. 이것은 일반적이고 범위가 넓은 말이다. 이럴 경우, 그 '무심한' 행동이 어떤 것을 가리키는지 구체적으로 말해달라고 부탁하라. 문제의 뿌리가 드러날 때까지 파봐야 한다. 직면해야 한다.

긍정적이고 확신 있게 반응하기

핵심 문제가 드러났다면 움츠러들지 말고 당신의 행동을 잘 설명하라. 비난하는 쪽에서는 상대가 비난을 받으면 어느 정도 주눅이 들 거라고 예상한다. 그들은 "내가 뭐라고 해도 방어적으로 나오지 않았으면 좋겠어요"라고 말하지만 실상은 그렇지가 않다. 막상 상대방이 정면 대응을 해오면 움츠러든다. 상대방이 옳은 말을 했다면, 다음에는 다르게 처신하겠다고 말하면 된다.

말 줄이기

말할 때가 있고 침묵할 때가 있다. 다른 사람들보다 더 많이 말을 하는 사람은 분명 있다. 우리는 그들을 '말쟁이들'(expanders)이라고 부른다. 그들은 뭔가를 말할 때 시시콜콜 자세히 말한다. 성향이 비슷한 사람들과 이야기할 때는 괜찮다. 그러나 말을 압축적으로 줄여 사용하는 사람들은 말쟁이들과의 대화에서 기가 질린다. 평소에도 말수가 적은 사람들은 지나치게 많은 말을 한꺼번에 들으면 궁지에 몰린 느낌을 받는다. 성경은 지나치게 많은 말을 하는 사람에 대해 이렇게 말씀한다.

입을 지키는 자는 자기의 생명을 보전하나 입술을 크게 벌리는 자에게는 멸망이 오느니라(잠 13:3).

말을 아끼는 자는 지식이 있고 성품이 냉철한 자는 명철하니라. 미련한 자라도 잠잠하면 지혜로운 자로 여겨지고 그의 입술을 닫으면 슬기로운 자로 여겨지느니라(잠 17:27-28).

미련한 자는 명철을 기뻐하지 아니하고 자기의 의사를 드러내기만 기뻐하느니라(잠 18:2).

입과 혀를 지키는 자는 자기의 영혼을 환난에서 보전하느니라(잠 21:23).

뭔가를 의논하는 자리에서 주제와는 별로 어울리지 않는 말들을 계속 쏟아내는 사람이라면 이 원칙에 주의해야 한다. 상대에게 별로 필요하지 않은 정보이거나 그가 별 관심을 보이지 않는다면 그냥 결론만 이야기해야 한다. 상대방은 전체가 아니라 요약본을 원한다. 어떤 상담자는 이야기의 난이도가 높아지면 한번 말할 때 열 단어 이상 사용하지 못하게 한다. 당신도 한번 시도해보지 않겠는가?

1. 당신은 말을 줄여 쓰는 사람인가, 아니면 늘여 쓰는 사람인가? 당신은 누구에게나 그런가, 아니면 예외인 사람도 있는가?
2. 배우자와의 관계 개선에 도움을 주는 성경 구절은 어떤 말씀인가? 왜 그러한가?

침묵으로는 문제를 해결하지 못한다

지나치게 말수를 줄인 나머지 거의 말을 하지 않는 사람도 있다. 어떤 사람은 논쟁을 피하기 위해 침묵을 사용하고, 혹은 상대방을 조종하거나 좌절시키거나 교묘하게 다루기 위해 이 방법을 이용한다. 때로는 고통을 최소한으로 줄이려고 침묵의 길을 택하기도 한다. 상대가 자기 말을 들을 준비가 안 되었다고 생각하거나 깊은 상처가 있어 마음을 열기 힘들기 때문일 수도 있다.

　이런 침묵 모드로 들어가는 전형적인 패턴이 있다. 부부 중 한 사람이 일부러 말을 하지 않으면서 대화는 멈추고 양쪽 모두 좌절을 경험하면서 무력감이 커진다. 한편에서 대화를 시도하려고 애쓸수록 침묵하는 쪽은 더 굳게 입을 다문다. 그러면 대화를 시도하는 사람은 상처를 받아 상대방이 말할 때까지 소리를 지르거나 거칠게 행동한다. 하지만 이런 행동은 상대를 더욱 깊은 좌절로 몰아가기 때문에 무익하다. 침묵으로 시위하는 사람에게 "제발 무슨 말 좀 해봐요. 왜 그런 거예요?" 하면서 호소한들 침묵만 지킬 뿐이다.

사실 침묵도 많은 것들을 이야기한다. 굳이 말하지 않더라도 행복이나 만족, 흡족함 같은 정서를 표현할 수 있다. 하지만 대부분의 경우 그런 좋은 것들보다는 불만, 경멸, 분노, 삐짐, 부루퉁한 상태를 의미하는 경우가 많다. '흥! 누가 신경이나 쓴대? 두고 보라지' 하는 태도를 반영한다. 많은 사람들이 그런 식으로 침묵을 무기로 사용한다.

이런 침묵시위에 효과적으로 반응하는 방법이 있다. 자신을 방어하려고 하지 말라. 당신에게 뭔가를 나눈다는 것 자체에 감사하라. "당신이 침묵으로 나에게 뭔가 말하고 싶어 하는 것 같은데, 그게 뭔가요?" 혹은 "나한테 말하기 힘들 때가 있다는 것, 잘 알아요. 혹시 내가 무슨 실수를 했나요?" 배우자가 계속 침묵하려고 한다면, 어떤 대안이 있는지를 물어보라.

결국 침묵으로는 아무 문제도 해결하지 못한다. "침묵은 금이다"라는 속담이 있지만 늘 그런 것은 아니다. 문제를 직면하기 두렵다고 침묵 뒤에 숨어서는 안 된다.

바가지 긁지 않기

"바가지 긁는다"(nag)라는 말은 썩 고상하게 들리지 않는다. 끊임없는 잔소리를 듣다 보면 삶은 고통이 된다. 관계를 불행하게 만들 수도 있다. 계속 바가지를 긁는 일은 그 정도로 파괴적인 대화 방식이다. 잔소리를 듣기 좋아하는 사람을 한 명이라도 보았는가?

하지만 한 가지는 분명히 해두고 싶다. 사실을 환기하는 일과 잔소리는 차원이 다른 문제다. 전자는 우호적이지만 후자는 아니다. 전자는 (대부분) 잘 받아들여진다. 하지만 후자는 호의적인 반응을 이끌어내지 못한다.

그 차이는 종종 목소리 톤으로 구별된다. 여기에는 어느 정도 과장이 들어간다. 당신이 대화에서 '결코', '항상', '날마다'와 같은 단어를 사용한다면 상대방은 이의를 제기하고 자연스레 방어적인 자세를 취한다. 그렇게 되면 잔소리 안에 숨어 있는 진실이 들리지 않는다.

혹자는 잔소리를 해야만 배우자가 반응하기 때문에 효과가 있는 것으로 착각한다. 그렇게 목소리를 높이고 세게 말해야만 상대방이 반응하도록 길들인 것은 아닐까?

당신이 뭔가를 부탁할 때도 마찬가지다. 예를 들어, '나중'이라는 말의 의미를 정확하게 알기 전까지는 "나중에 할게요"라는 대답에 만족해서는 안 된다. 당신은 그 단어를 '두 시간 정도'라고 생각한 반면, 배우자는 '이틀'이라고 알고 있을지도 모르기 때문이다.

때로는 상대방에게 바가지를 긁도록 만드는 경우도 있다. 어떤 남자가 상담을 받으러 와서 이렇게 이야기했다. "우리 결혼생활은 한 가지를 제외하고는 상당히 좋은 편이에요. 아내가 가끔 바가지를 긁는 것만 빼면요!"

바가지를 긁는다는 말이 어떤 의미인지를 그에게 물어보았다.

"음, 지난주에도 차고를 언제 청소할 것인지를 세 번이나 묻더 군요." 나는 그것이 잔소리가 아니라 잊지 않도록 환기해준 것 같 다고 했다.

"이거나 저거나 상관없어요. 아내가 제발 그 말 좀 그만했으면 좋겠어요!"

이때 나는 그와 논쟁하기보다는 함께 해결책을 찾아보기로 했 다. "나한테 좋은 생각이 있어요." 눈이 번쩍 뜨인 그가 물었다.

"정말요?"

"그럼요. 간단해요. 차고를 청소하겠다고 약속하고, 그 약속을 지키면 아내에게 잔소리를 들을 필요가 없지요."

그는 나의 제안을 그리 달가워하지 않았다. 알고 보니 얼마 전 에도 차고를 청소하겠다고 해놓고는 하지 않았던 것이다. 누군가 에게 잔소리를 들었을 때, 혹시 나에게 할 일이 남아 있던 것은 아 닌지 생각해보아야 한다.

다른 부부의 이야기다. 아내가 남편에게 집을 고쳐달라고 부탁 하자 남편은 그러겠노라고 약속했다. 하지만 남편은 그 일을 계속 미루면서 다른 사람에게 맡기지도 못하게 했다. 남편이 아무런 조 치도 취하지 않자 아내의 호소는 점점 잔소리로 변해갔다.

부부의 문제를 해결하기 위해 나는 이렇게 제안했다. 집을 수리 해야 할 때 아내는 남편에게 물어보고 그가 동의하면 달력에 기록 한다. 집을 수리하는 데 15일을 주고, 그 기간에는 아내가 잔소리를 하지 않는다. 만일 남편이 15일 내로 수리를 마치지 않으면 아내는 수리공을 불러서 고칠 수 있고 남편은 군소리 없이 비용을 지불한다. 부부는 동의했고 그 이후 아내가 수리공을 부른 적은 한 번뿐이었다.

∽≈≈∽

정교하게 응집된 몇 마디의 진실한 말은
배우자의 영혼을 천상으로 올려놓는다.
배우자에게 격려, 위로, 도전, 영감이 필요한 때가
언제인지를 알아야 한다.
우리에게는 서로를 북돋을 책임이 있다.

패트릭 몰리는 부부가 의사소통을 할 때에 도움이 되는 생각을 나누었다.

말은 영혼으로 들어가는 창문이다. 말은 아내를 나의 내면으로 안내하고, 나를 아내의 가장 내밀한 생각에 이르도록 인도해준다. 말은 우리의 깊은 생각을 표현해준다. 그러므로 말은 값진 것이다.

우리는 서로를 향한 사랑의 초상화를 그리는 과정에서 언어를 사용한다. "당신 헤어스타일이 마음에 들어요." 정교하게 응집된 몇 마디의 진실한 말은 배우자의 영혼을 천상으로 높이 올려놓는다. 말은 아름다운 것이다.

마크 트웨인은 "때에 맞는 말은 강력한 사자(使者)다"라고 했다. 말은 마치 압력솥에 붙은 압력 밸브와도 같고, 상처 입은 배우자에게 날아가 막힌 것을 확 뚫어주는 치유의 화살과도 같다. 말에는 힘이 있다.

적절한 말이 떠오르지 않을 때도 있다. 우리의 깊은 감정을 표현할 말을 찾기 힘든 것이다. 우리의 의도를 표현하는 데에도 한계가 있다. 때로는 합당한 말이 없거나, 머릿속에서 맴돌기는 하지만 그것을 붙잡아내지 못할 때도 있다. 아름다운 감정을 묘사할 말을 찾기가 어렵다. 마크 트웨인은 "적확한 말과 거의 적확한 말의 차이는 번개와 반딧불의 차이와 같다"라고 말했다.

배우자에게 격려, 위로, 도전, 영감이 필요한 때를 잘 분별해야 한다. 우리에게는 서로를 북돋을 책임이 있다. 마찬가지로 언제 침묵을 지켜야 하는지도 알아야 한다. 때로는 묵묵히 배우자의 손을 잡거나 어깨를 감싸주는 것으로 최선의 사랑을 표현할 수도 있다.

배우자를 세우고 격려하는 생각이나 느낌이 있다면 기회가 생길 때마다 표현하라. 말은 그런 역할을 담당한다. 하지만 말하지 않는 편이 더 낫다면 그대로 두라. 모든 일에는 다 때가 있다.[1]

성경은 우리에게 말씀한다.

말이 많으면 허물을 면하기 어려우나 그 입술을 제어하는 자는 지혜가 있느니라(잠 10:19).

선한 말은 꿀송이 같아서 마음에 달고 뼈에 양약이 되느니라(잠 16:24).

허물을 덮어주는 자는 사랑을 구하는 자요 그것을 거듭 말하는 자는 친한 벗을 이간하는 자니라(잠 17:9).

다투는 여인과 함께 큰 집에서 사는 것보다 움막에서 사는 것이 나으니라(잠 21:9).

질문으로 마음을 잇다

1. 배우자의 행동이나 습관 중에서 평소 잔소리를 자주 했지만 좀체 변하지 않은 부분이 있다면 다섯 가지만 예를 들어보라. 상대가 달라졌으면 하는 이유가 무엇인가? 그런 소망은 성경과 조화를 이루는가? 잔소리를 하는 것 말고 다른 방법은 없는가?
2. 배우자는 주로 어떤 부분에 대해 나에게 잔소리를 하는가? 다섯 가지만 예를 들어보라.
3. 그중에 당신이 정말 원한다면 바꿀 수 있는 것은 무엇인가?

하나님의 말씀을 보면 두 가지 지침이 있다. 첫째, 화를 내지 말고 친절하게 응답하라(잠 14:29, 15:1, 25:15, 29:11; 엡 4:26, 31). 둘째,

배우자에게 귀를 기울이라(잠 18:13; 약 1:19). 경청에 대해서는 다음 장에서 길게 설명할 것이다.

하나님의 말씀은 우리가 따라야 할 효과적인 교훈을 가르쳐준다. 다른 원칙들도 있지만 무엇보다 중요한 것은 이 모든 교훈과 지침을 따르고, 적용하고, 기도하는 것이다. 성령님께서 그것들을 기억나게 하시고 따를 수 있게끔 도와주시도록 기도하라.

내 친구 레스 패롯과 레슬리 패롯은 《사랑의 대화》(Love Talk)라는 책에서 이렇게 썼다.

> 시간과 대화는 항상 긍정적인 상호 관계에 있다. 우리는 마치 자동적으로 점점 속도가 빨라지는 운동기구 위에서 달리는 사람들처럼 살아간다. 예를 들어 남편과 아내는(자녀들도 마찬가지로) 스케줄을 맞추기 위해 헐레벌떡댄다. 나누는 이야기에도 시간 없음, 패스트푸드, 고속도로와 같은 단어들이 자주 등장한다. 우리는 휴대전화가 없으면 불안해하고, 스케줄러 위에 약속 사항을 표시하며, 다이어트를 하면서도 전문가의 도움을 받는다. 휴! 우리는 모두 바쁘다. 우리의 속도를 늦추는 것에 대해서는, 설령 중요한 관계에서 일어난 일이라 해도 짜증이 난다.
>
> 좋은 대화를 위해서는 시간이 필요하다고 강조하는 이유가 여기에 있다. 전속력으로 달려가는 와중에는 좋은 대화를 나눌 수가 없다. 그러므로 조급증을 버리고, 숨을 깊이 들이쉬고, 서로를 보듬으며 살아가도록 제한 속도를 지켜야 한다.[2]

당신이 이러한 원리를 부부간의 대화에 적용하지 않는다면 이 책을 다 읽더라도 별로 달라지지 않을 것이다. 문자나 전화나 이메일이 아니라 얼굴을 맞대고 인격과 인격이 만나는 대화를 시작하라.

1. 이 장에서 나눈 원칙에 대해 배우자와 이야기해보라. 어떻게 이 원칙을 실천할
   수 있을지 구체적으로 나누어보라.

2. 만일 한 명이 원칙을 어기면 어떻게 하겠는가? 중간에 얼마나 성공하고 있는지
   를 규칙적으로 평가하고 서로가 책임감 있게 이행할 수 있도록 계획을 세워보라.

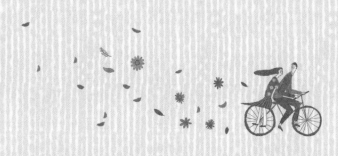

제 7 장

배우자를 사랑하는 최고의 기술, 경청

자신의 목적에 따라 정보나 내용을 취사선택하는 행위가 '듣기'라면,
경청은 그 안에 이야기하는 사람을 향한 관심과 사랑까지를 포함한다.
듣기는 상대의 이야기를 들으면서 자기 자신에게 주의를 기울이는 반면,
경청은 상대방의 감정을 이해하려고 노력하며
그를 위하여 귀를 쫑긋 세우는 것을 말한다.

우리가 누군가에게 줄 수 있는 가장 큰 선물 중 하나는 상대의 이야기를 경청하는 것이다. 사랑과 관심이 없으면 경청할 수 없기 때문이다. 그러나 거의 모든 부부들은 서로의 이야기를 단지 '듣기만' 한다. 실제로 귀를 기울여 경청하는 부부는 소수에 불과하다. 만일 결혼한 커플들이 나누는 대화를 모두 지켜볼 수만 있다면 마치 청각 장애인들의 대화처럼 보일 것이라고 말한 사람도 있다.

당신의 이야기를 흘려듣지 않고 귀담아듣는 누군가가 있다면 삶은 얼마나 달라질까? 하나님은 우리의 말을 어떻게 들으시는지 보자.

여호와의 눈은 의인을 향하시고 그의 귀는 그들의 부르짖음에 기울이시는도다. 여호와의 얼굴은 악을 행하는 자를 향하사 그들의 자취를 땅에서 끊으려 하시는도다. 의인이 부르짖으매 여호와께서 들으시고 그들의 모든 환난에서 건지셨도다. 여호와는 마음이 상한 자를 가까이하시고 충심으로 통회하는 자를 구원하시는도다(시 34:15-18).

여호와께서 내 음성과 내 간구를 들으시므로 내가 그를 사랑하는

도다. 그의 귀를 내게 기울이셨으므로 내가 평생에 기도하리로다 (시 116:1-2).

사연을 듣기 전에 대답하는 자는 미련하여 욕을 당하느니라(잠 18:13).

거만한 자가 벌을 받으면 어리석은 자도 지혜를 얻겠고 지혜로운 자가 교훈을 받으면 지식이 더하리라(잠 21:11).

너는 내게 부르짖으라. 내가 네게 응답하겠고 네가 알지 못하는 크고 은밀한 일을 네게 보이리라(렘 33:3).

… 사람마다 듣기는 속히 하고… (약 1:19).

경청의 가치

경청(listening)과 듣기(hearing)는 어떻게 다른가? 자신의 목적에 따라 정보나 내용을 취사선택하는 행위가 '듣기'라면, 경청은 그 안에 이야기하는 사람을 향한 관심과 사랑까지를 포함한다. 듣기는 상대방의 이야기를 들으면서 자기 자신에게 주의를 기울이는 반면, 경청은 상대방의 감정을 이해하려고 노력하며 그를 위하여 귀를 쫑긋 세우는 것을 말한다. 좀 더 세심하게 표현한다면 이렇다.

1. 상대방의 말이 끝났을 때 무슨 말을 할지를 미리 생각하지
   않는 것이다. 대답할 말을 준비하느라 마음이 분주해서는 안
   된다. 상대방의 말에 온전히 집중하면서 "사연을 듣기 전에
   대답하는 자는 미련하여 욕을 당하느니라"(잠 18:13)라는 말
   씀을 실천하라.
2. 상대방이 말하는 내용이나 방식을 판단하지 않고, 그 말을
   온전히 받아들이는 것이다. 상대방의 이야기를 수용한다고
   해서 반드시 그 내용에 모두 동의한다는 뜻은 아니다. 그것
   은 배우자의 이야기를 깊이 듣겠다는 자세다. 억양이나 단어
   가 마음에 들지 않는다고 그 자리에서 반응하거나 판단한다
   면 배우자가 말하려는 진의를 놓칠 수도 있다. 귀에 거슬리
   는 말도 있겠지만 먼저 경청하고 난 후, 나중에 차분해졌을
   때 따로 이야기하면 되지 않을까?
3. 상대방이 한 말을 다시 이야기할 수 있을 정도로 내용을 소
   화하며 듣는 것이고, 그에 대한 당신의 느낌을 중간중간 나타
   내는 것이다. 경청하게 되면 상대방의 감정과 견해에 관심을
   기울이고, 그의 입장과 감정을 이해하려고 노력하게 된다.

경청은 자신의 관심을 일단 내려놓고 상대방을 배려하기 위해
시간을 투자하는 것이다. "경청은 상대방의 이야기에 집중하는

것이다. 상대방을 향하여 적극적으로 열린 마음이 되는 것이다. 상대방의 이야기에 응답할 준비가 된 상태를 말한다.'" 당신이 말을 할 때는 배우기가 쉽지 않지만, 경청하면 많은 것을 배울 수 있다.

그렇다. 경청은 얼마든지 배울 수 있는 기술이다. 마음과 귀는 더 예리해지고, 눈으로는 더 명확하게 볼 수 있다. 또한 눈으로 '듣고' 귀로 '보는' 일도 가능해진다. "그러므로 내가 그들에게 비유로 말하는 것은 그들이 보아도 보지 못하며 들어도 듣지 못하며 깨닫지 못함이니라. 이사야의 예언이 그들에게 이루어졌으니 일렀으되 너희가 듣기는 들어도 깨닫지 못할 것이요 보기는 보아도 알지 못하리라. 이 백성들의 마음이 완악하여져서 그 귀는 듣기에 둔하고 눈은 감았으니 이는 눈으로 보고 귀로 듣고 마음으로 깨달아 돌이켜 내게 고침을 받을까 두려워함이라 하였느니라"(마 13:13-15). 예수님의 말씀처럼 당신의 귀가 듣고 보게 하라. 또한 당신의 눈이 보고 듣게 하라.

경청이란 상대방의 말이 끝났을 때
무슨 말을 할지를 미리 생각하지 않는 것이다.
그리고 상대방이 한 말을
다시 이야기할 수 있을 정도로 이해하며 듣는 것이고,
그에 대한 당신의 느낌을 중간중간 표현하는 것이다.

신약에서 '듣는다'는 단어는 귀로 듣는 경험만을 의미하지 않는다. 그것은 주의를 집중한다는 뜻으로 주로 쓰인다. 상대방을 경청하는 행위는 그의 이야기에 주의를 집중한다는 의미다. 그러기 위해서는 주파수를 잘 맞추어야 한다.

당신이 누군가의 말을 경청하면 그들의 삶으로 모험을 떠날 수도 있다. 우리는 진지하게 나를 받아주고 내 이야기를 경청해주는 사람을 금방 알아보는 법이다. 우리는 건성으로 듣는 사람보다 경청하는 사람에게 삶을 더 열어 보인다. 정말 중요한 것을 나눈다. 또한 그들에게 무척 의미 있는 일들을 맡긴다. 경청은 그럴 만한 가치가 있다![2]

아들 매튜가 정신지체아였기 때문에 나는 눈으로 듣는 법을 배워야 했다. 그가 보내는 무언의 신호에서 메시지를 읽는 법을 배웠다. 상담을 받으러 온 사람들이 차마 말하지 못하는 것들을 듣는 법도 배웠다. 메시지 뒤에 숨겨둔 진짜 메시지, 즉 상처, 아픔, 좌절, 절망, 거절의 두려움, 배신감, 기쁨, 즐거움, 변화의 징조를 읽는 법을 배웠다. 내담자 부부의 얼굴과 자세, 태도와 걸음걸이를 관찰한 후 그것을 어떻게 해석해야 하는지도 배웠다. 그런 다음 내가 이해한 것을 상대에게 말해주면 내담자는 설명을 듣고 자신이 생각한 바를 더 이야기한다. 그들은 내가 깊은 관심을 기울이고 있음을 알았다.

경청의 기술: 내용보다 비언어에 주목하라

모든 메시지에는 '실제 내용', '말투', '비언어적 소통', 이렇게 세 가지 요소가 있다. 사용하는 용어나 진술, 질문이 같더라도 말투나 몸동작을 바꾸기만 하면 다른 메시지를 전할 수 있다. 비언어적인 소통에는 얼굴 표정, 몸동작, 자세나 행동이 포함된다.

간단한 메시지를 전할 때에도 세 가지 요소가 유기적으로 상호작용해야 한다. 성공적인 대화는 7퍼센트의 내용과 38퍼센트의 말투 그리고 55퍼센트의 비언어적 요소로 구성되어 있다. 하지만 우리는 대부분 '내용'은 신경을 써도 말투는 거의 인지하지 못하는 때가 많다. 평범한 문장 하나로도 말투에 따라 그 의미가 확연히 다른 메시지를 열 가지나 전할 수 있는데도 말이다.

남편이 신문에 머리를 파묻고 눈도 마주치지 않으면서 아내에게 "여보, 사랑해"라고 말한다면 어떤 아내가 그 말을 믿겠는가? 아내가 다른 방으로 가는 길에 남편을 지나치면서 무미건조한 말투로 "오늘 어땠어요?"라고 묻는다면 남편은 무슨 말을 해야 할지 애매할 것이다.

남편이 출근할 때 미소를 지으며 아내에게 다가와 포옹하면서 다정한 목소리로 사랑한다고 말하면, 아내는 기분이 좋아진다. 하지만 집에 돌아와 보니, 방 여기저기에 신문이 흩어져 있고, 침대에는 잠옷이, 바닥에는 더러운 양말이, 세면기 위에는 치약 뚜껑이 열린 채로 있다면 그녀의 좋았던 감정은 온 데 간 데 없이 사라진다. 남편에게 자리를 정리하라고 여러 번 말했건만 또다시 말을 듣지 않았던 것이다. 아내는 남편의 사랑한다는 말로 기분이 좋아졌지만, 이제는 그가 정말 자기를 사랑하는 것인지, 그렇다면 자기 할 일을 하면서 책임감 있게 그 사랑을 보여줄 수는 없는지 궁금해진다. 남편은 적절한 '내용'을 전달했지만 비언어적 요소에 해당되는 그의 행동은 자신이 전한 사랑의 메시지와 모순을 일으킨 것이다.

⊱⊰⊱⊰

모든 메시지에는 '실제 내용', '말투', '비언어적 소통',
이렇게 세 가지 요소가 있다.
그리고 성공적인 대화는 7퍼센트의 내용과 38퍼센트의 말투
그리고 55퍼센트의 비언어적 요소로 구성되어 있다.

우리가 나누는 비언어적인 대화와 관련해서 마크 리는 이렇게 말한다.

결혼생활에서 발생하는 많은 문제들은 비언어적 소통에서 만족을 경험하지 못할 때 주로 발생한다. 가령, 목소리의 변화는 메시지의 뜻을 전달하는 데 중요한 역할을 한다. 우리는 의식적으로 혹은 무의식적으로 목소리를 해석하기 때문이다. 우리는 목소리의 높낮이나 속도, 크기, 음색에 따라 말하는 사람의 감정 상태를 알 수 있

다. 진실이나 가식, 확신이나 불확신 그리고 듣는 내용의 진위 여부까지도 알 수 있다. 목소리가 커지고 높아지면서 나오는 말이 저음으로 부드럽게 하는 말과 같은 의미를 전달한다고 볼 수는 없다. 빠른 속도로 거칠게 말하는 높고 큰 소리는 메시지의 진의를 심하게 혼란시킨다. 듣는 사람은 메시지가 전달되는 비언어적인 맥락을 본능적으로 감지할 수 있기 때문이다. 반면 전달자는 자기가 말하는 태도보다는 자신이 한 말을 더 기억하는 경향이 있다.[3]

듣는 사람이 대화를 지배한다

경청하는 방식에는 여러 가지가 있다. 어떤 사람은 자신에게 필요한 사실, 정보, 상세한 내용을 중심으로 듣는다. 상대방에 대한 연민의 마음으로 경청하는 사람도 있다. 반면 험담하기 위해서 듣는 사람도 있다. 다른 사람의 실패나 고통당한 이야기가 재미있기 때문이다. 경우에 따라서는 의무감이나 필요에 의해서, 혹은 예의상 듣는다. 다른 사람의 삶에 대해 캐묻기를 좋아하는 사람도 있다.

어떤 이들은 상대방에 대한 관심이 있어서 듣는다. 민감하게 듣고 경청하는 일은 친밀함으로 가는 대로와 같기 때문이다. 경청이라는 놀라운 능력은 미처 캐내지 못한 금덩이처럼 우리 안에서 계발되지 못한 채 묻혀 있는 경우가 많다.

당신은 왜 경청하는가? 동기는 무엇인가? 앞에서 말한 것 중 하나인가, 혹은 모두 해당되는가? 관심으로부터 나오는 경청은 서로를 친근하게 묶어주고, 사랑을 드러내며, 은혜의 행위로 기억된다. 경청하는 이유로는 다음과 같은 네 가지 정도를 생각해볼 수 있다.

1. 다른 사람을 이해하기 위하여
2. 다른 사람을 즐겁게 하기 위하여
3. 상대에게 뭔가를 배우기 위하여
4. 상대방을 돕고 위로하기 위하여

세상에는 진짜 행세를 하는 가짜 경청자들이 많다. 이 네 가지에 해당되지 않는다면 자신의 동기를 돌아볼 일이다.

질문으로 마음을 잇다

1. 화가 났을 때 당신이 쓰는 말투를 생각해보라. 배우자는 그런 말투에 대해 어떻게 말하는가?
2. 당신의 비언어적 소통 부분에서 긍정적인 면과 부정적인 면을 말해보라.
3. 배우자의 비언어적 소통 부분에서 긍정적인 면과 부정적인 면을 말해 보라.
4. 결혼생활에 도움을 주는 당신만의 비언어적 소통 방식이 있다면 무엇 인가?

말하는 사람이 아니라 듣는 사람이 대화를 지배한다는 사실을 알고 있는가? 대부분의 사람들은 더 많이 이야기할수록 듣는 사

람에게 더 큰 영향력을 행사할 수 있다는 신화를 믿고 살아왔기 때문에 이런 말을 들으면 왠지 생소함을 느낀다.

이것을 운전에 비유해보자. 말하는 사람이 엔진이라면, 듣는 사람은 운전대를 붙잡은 사람이다. 힘은 엔진에서 나오지만 그 차가 어디로 갈지는 운전대를 붙잡은 사람이 결정한다. 경청자는 적절한 질문이나 코멘트를 던지면서 대화의 흐름을 주도할 수 있다.

가령 당신이 말하는 사람에게 맞장구를 쳐주면 그에게서 뭔가를 계속 끄집어낼 수 있다. 상대의 말을 자신의 언어로 '의역'해서 관심을 보인다면 상대방은 계속 이야기를 한다. 진정한 대화는 이처럼 주고받는 과정으로 나타난다.

듣는 사람이 대화를 지배한다는 사실을 알고 있는가?
말하는 사람이 엔진이라면, 듣는 사람은 운전대를 붙잡은 사람이다.
힘은 엔진에서 나오지만,
그 차가 어디로 갈지는 운전대를 붙잡은 사람이 결정한다.

경청의 장애물

관심 있게 경청하기 위해서는 의사소통을 방해하는 요소가 무엇인지 알고 있어야 한다. 경청의 장애물로는 아홉 가지 정도를 들 수 있다.

1. 방어 의식

배우자의 말을 들으면서 그것을 반박하거나 변명할 생각으로 여념이 없다면 우리는 상대의 메시지를 놓칠 수밖에 없다. 어쩌면 성급하게 먼저 결론을 내렸을 수도 있다. "당신이 무슨 말을 할지 아니까 괜찮아요. 전에도 이런 적이 있잖아요. 옛날과 달라진 게 없네요." 아니면 배우자의 말을 자신의 기대에 끼워 맞추거나 각색할 수도 있다. 데이비드 옥스버거는 이렇게 썼다.

> 우리가 어떤 대화를 흥미 없고 중요치 않은 것으로 일단 결론 내리면 책임에 대한 부담감을 일찌감치 덜고 대화에 집중하지 않게 된다. 그렇게 되면 두 사람 모두 손해다. 말하는 사람은 상대가 제대로 들어주지 않아서, 듣는 사람은 유용한 정보를 놓칠 수도 있기 때문이다. 나는 미리 판단을 내리지 않을 것이다. 모든 에너지를 동원해 상대방의 이야기를 신선하고 새롭게 들으려고 한다.[4]

또한 성경은 (다른 방어적인 태도와 마찬가지로) 미리 응답하는 일을 금한다. "사연을 듣기 전에 대답하는 자는 미련하여 욕을 당하느니라"(잠 18:13).

격한 말은 방어적으로 듣기의 다른 형태이다. "정말 유치하군", "그 사람과 똑같아", "당신은 항상 늦어", "당신 엄마와 점점 닮아가는군" 하는 식의 말을 많이 한다. 일부러 배우자가 알아듣기 힘든 말을 골라 쓰기도 한다. 소위 당신을 '뚜껑 열리게' 만드는 말은 무엇인가? 배우자가 사용하는 말 중에 거슬리는 표현에는 어떤 것이 있는가? 이런 말을 주고받으면 경청이 제대로 이루어질 수가 없다.

겉으로는 동의하지만 속으로는 반대하는 경우도 있다. 배우자가 행동이나 태도를 지적할 때 당신은 그 비판을 받아들이는가, 아니면 자신을 방어하는가?

2. 사적 편견

우리는 특정한 말투로 말하는 사람이나 특정 인종, 성별, 과거에 알았던 누군가를 떠올리게 하는 사람을 만나면 자기도 모르게 편견에 사로잡힌다. 이야기를 다 듣지도 않고 상대를 거부할 때도 있다. 사실상 "당신이 _____하면(나는 _____한 사람이 정말 싫어), 이야기를 들을 필요도 없어요"라고 말하는 셈이다.

사적인 편견은 당연히 경청에 영향을 미친다. 예를 들면 어떤 사람은 화를 내는 사람에 대해서는 어느 정도 참아내지만 냉소적인 말투에는 마음 문을 닫아 건다. 특정한 말투를 즐겁게 듣는 사람이 있는가 하면, 싫어하는 사람도 있다. 어떤 사람이 자주 쓰는 표현 때문에 신경이 예민해지고, 손이나 팔을 흔들면서 말하는 몸짓을 보면 마음이 번잡스러워질 수 있다.

말하는 사람의 성별 때문에 경청에 방해를 받기도 한다. 남자(혹은 여자)가 어떤 것은 말해도 되고, 어떤 것은 안 된다는 생각을 갖고 있기 때문이다. 같은 말이라도 자기보다 높은 지위에 있는 사람의 말은 더 주의해서 듣는다. 선입견은 듣는 자세에 많은 영향을 미친다.

3. 남녀 스타일의 차이

같은 이야기에 대해서도 한 사람은 긍정적으로, 다른 사람은 부정적으로 들을 수 있다. 나에게는 나쁜 이야기로 들리는데 상대에게는 좋은 소식이 될 수 있다. 배우자가 당신에게 막막하고 어려운 상황을 이야기할 때, 그것이 마치 불평처럼 느껴져 듣고 싶지 않을 수도 있고, 혹은 당신을 신뢰하니까 그런 말도 할 수 있다며 더 가까이 다가갈 수도 있다.

남녀의 차이를 이해하지 못해서 문제가 생기기도 한다. 여자는 말하는 사람을 격려하기 위해 필요 이상으로 많은 말을 하면서 반응을 보인다. 잘 듣고 있다는 표시로 "으음", "그렇군요"와 같은 추임새를 자주 곁들인다.

남자는 아내의 말에 동의가 될 때만 이렇게 반응한다. 자, 그렇다면 대화의 결과가 어떠할지 짐작이 갈 것이다! 남편은 아내의 적극적인 반응을 동의하는 표시로 해석한다. 하지만 나중에 보니 아내에게는 그럴 마음이 없었다. 남편은 아내가 단지 그의 생각에 관심을 보이고 의견을 교환하기 위해 그렇게 했다는 사실을 몰랐다. 반면에 아내는 남편이 별 반응을 하지 않고 가만히 있는 것을 보면서 무시당했다고 느낀다. 그녀는 남편의 조용함을 '무관심'으로 해석한다.

남자는 대화 중에 여자보다 더 많은 코멘트를 하는 경향이 있다. 하지만 여자는 중간에 누군가가 끼어들면 불만을 토로한다. 그래서 아내가 이런 말을 자주 하는 것이다. "남편은 항상 내 말을 중간에 끊어요", "내 말을 제대로 듣는 적이 없다니까요."

남자의 대화 스타일에는 이런 부분이 있음을 알아두어야 한다.

- 상대방의 성별에 상관없이 중간에 말을 가로막을 확률이 높다.
- 이야기에 별 반응을 하지 않거나 뒤늦게 시큰둥한 반응을 보일 수 있다.
- 배우자의 말에 딴지를 걸거나 논쟁할 요량으로 덤벼들기 쉽다.
- 사실이나 의견을 강하게 주장하는 면이 있다.

남자와 여자의 대화 스타일을 비교해보면 오해가 생기는 이유를 쉽게 알 수 있다. 아내는 남편이 무관심하거나 반응을 보이지 않는다고 여기겠지만, 남편은 아내뿐만 아니라 누구에게나 그렇게 하기 때문에 이는 사실이 아니다. "남편은 내 말을 잘 듣지 않아요", "내 말에 동의하는 법이 거의 없어요"라고 말한다면 남편이 무감각하다기보다는 대화 스타일이 그렇다는 뜻이리라.

그 차이를 이해한다면, 화를 내지 않고도 배우자의 스타일을 받아들일 수 있다. 남녀의 차이를 이해하고 그 차이를 줄이기 위해 다른 성별의 스타일을 사용할 수도 있다(이에 대해서는 나중에 더 설명하겠다).[5]

4. 감정적인 소모

상대방으로부터 자신을 분리시킬 수 없을 정도로 어떤 일에 감정적으로 몰입해 있다면 우리는 배우자의 말을 경청하는 데 어려움을 겪는다. 오히려 이런 때에는 배우자가 아닌 다른 이들의 문제를 들어주기가 더 쉽다. 감정적으로 엮이지 않고 자신을 객관화할 수 있기 때문이다. 또한 배우자가 자기 자신 때문에 힘들어졌다는 생각이 들어도 경청은 어려워진다.

이야기를 들으며 위협적인 감정이 수면 위로 떠오르기도 한다. 남자들의 경우, 자신의 날감정을 드러내는 일을 극도로 불편하게 느끼기도 한다. 다른 사람의 이야기를 듣다가 더 이상 듣기 힘들 만큼 감정에 압도되었던 적이 있는가?

상대방에게 뭔가를 기대하는 마음이 있어도 경청에 방해가 된다. 또한 상대방을 싫어하는 마음이 크면 이야기가 귀에 잘 들어오지 않는다. 목소리가 너무 크거나 작아도 경청은 힘겨워진다.

∽∽∽∽∽

자기가 원하는 것만 걸러서 들으면 경청에 방해가 된다.
만일 우리가 부정적인 성향을 지닌 사람이라면
긍정적인 메시지에 대해서는
무시하고 왜곡하고 거절할지도 모른다.
우리는 종종 우리 마음에 맞거나 듣고 싶은 것만 골라 듣는다.
그렇게 하면 우리의 기억도 비슷하게 재구성된다.

5. 말을 가로막는 습관

상대방이 요점을 빨리 말하지 않고 중간에 이것저것을 섞어서 말하면 우리도 급한 마음에 이야기를 미리 당겨서 할 때가 있다. 당신도 대화 중간에 이렇게 말한 적이 있을 것이다. "잠깐만요. 말을 듣다 보니 여러 아이디어가 떠올랐어요. 몇 가지를 말하자면…." 생각은 말하는 속도의 5배로 날아다니기 때문에 길을 잃고 방황하기 쉽다. 누군가가 1분에 100단어의 속도로 말을 한다면, 듣는 사람은 1분에 500단어의 속도로 생각한다. 귀로 듣는 것보다 훨씬 많은 내용을 마음으로 처리할 수 있지만, 그때에도 우리는 말하는 사람과 속도를 맞추어야 한다. 그렇지 않으면 생각은 방황하기 시작한다.

6. 정신적으로 과도한 짐

어떤 사람이 새로 들은 소식이라며 여러 이야기를 하는데 그것이 도저히 귀에 들어오지 않을 때가 있다. 모든 면에서 정신적인 폭격을 맞은 것 같아서 이미 알고 있는 생각과 접목하거나 내 것으로 소화시킬 만한 에너지가 부족하다고 느낀다. 신경을 곤두세워야 할 것들이 주위에 너무나 많기에 새로운 짐을 끌어안을 만한 마음의 여유가 없는 것이다.

7. 적절하지 못한 시간

"지금 이야기하자고? 새벽 2시 반에?"

"잠깐만 기다려. 1분만 지나면 경기가 끝난다고!"

"무슨 얘긴지 들어보고 싶지만, 지금 약속 시간에 늦었어요."

경청하려면 적절한 시간을 선택하는 것이 중요하다.

8. 신체적 탈진

몸이 피곤하면 경청하기가 어려워진다. 그럴 때에는 배우자에게
자신의 상태를 알려줄 필요가 있다. 그리고 컨디션이 좋아졌을 때
배우자에게 다가간다.

9. 선택적 기억

자기가 원하는 것만 걸러서 들으면 경청에 방해가 된다. 만일 우
리가 부정적인 성향을 지닌 사람이라면 긍정적인 메시지에 대해
서는 무시하고 왜곡하고 거절할지도 모른다. 우리는 종종 우리 마
음에 맞거나 듣고 싶은 것만 골라 듣는다. 그렇게 하면 우리의 기
억도 비슷하게 재구성된다. 어떤 내용과 상황만을 취사선택하여
기억하기 때문이다. 데이비드 옥스버거는 이렇게 설명한다.

기억은 가장 위대한 편집자다. 하찮은 일은 마음에 새기면서 중요
한 정보는 폐기처분할 수도 있는 것이 기억이다. 갈등을 겪고 나서
겨우 한 시간밖에 지나지 않았는데도, 나는 배우자와 상당히 다른
것을 기억하고 있다는 사실을 문득 깨닫는다. '나의' 기억은 완전
하고 정확하다고 여겨지는 반면 '배우자의' 기억은 편파적이고 부

분적인 것처럼 보인다. 우리는 모두 선택적으로 기억하는 셈이다.

이러한 선택적 기억은 인간의 소중한 자산이기도 하다. 우리를 지나친 충격으로부터 지켜주고, 수많은 정보에 치이지 않도록 보호하고, 여러 혼란스러운 환경에서도 짓눌리지 않도록 도와준다.

선택은 또한 부채이기도 하다. 실제로 일어난 일을 부인하면 앞으로도 보지 못하는 것들과 볼 수 없는 것들이 많아진다. 그렇지만 모든 것을 본다고 하고, 이해하고 기억한다며 착각하고 산다면 논쟁거리는 많아지고 관계에서는 고통이 심해질 것이다. 꽤 괜찮은 시각을 가진 사람들의 색다른 관점을 받아들이지 않기 때문이다. 우리는 각자 최선을 다하지만 부분적으로 보고, 부분적으로 이해하며, 작은 부분만 기억할 뿐이다.[6]

질문으로 마음을 잇다

1. 앞에서 설명한 경청의 아홉 가지 장애물 중 이번 주에 개선되었으면 하는 것 세 가지를 꼽는다면?
2. 배우자는 당신에게서 어떤 부분이 달라지기를 원할까? 세 가지 정도를 꼽는다면?
3. 어떻게 하면 서로에게 도움을 줄 수 있을까?

경청의 장애물 극복하기

당신의 경청을 방해하는 것은 무엇인가? 그 책임은 누구에게 있는가? 앞에서 설명한 장애물 중에서 가장 공감하는 것은 무엇인가? 그 장애물은 누가 통제할 수 있는가? 당신인가 아니면 다른 사람인가? 장애물을 극복하려면 이 사실부터 확인해야 한다. 각자가 무엇을 할 수 있을지 의논하거나 어쩌면 상황이나 조건을 다시 조정해야 할지도 모른다.

배우자에 대한 감정 이해하기

배우자는 당신에게 어떤 존재인가? 그를 어떻게 여기는지에 따라 의사소통의 수준이 달라진다. 그리고 배우자에 대한 관점은 당신이 그의 과거를 어떻게 받아들이는지, 또한 얼마나 방어적인 태도로 대하고 있는지에 따라 형성된다.

온몸으로 경청하기

배우자가 "내 이야기, 잘 듣고 있어요?" 하고 물어볼 때 저녁을 준비하거나 설거지를 하면서 대답한다면 경청이 아니다. 경청은 상대방과 그의 메시지에 집중하면서 분산되지 않는 주의를 기울이는 태도이기 때문이다. 중요한 이야기를 할 때는 TV나 휴대폰을 끄고, 하던 일도 잠시 미뤄두고 들어야 한다.

배우자의 말에 귀를 기울이고 있음을 나타내는 반응이 몇 가지 있다.

1. **확인**. 상대방이 이야기하는 내용의 참뜻과 의도를 확인한다.

"내가 약속을 지킬 거라고 믿었는데, 당신 생일 바로 전에 출장을 가게 돼서 신경이 쓰인다는 말이지?"

2. **관찰**. 상대방이 이야기하는 말투나 비언어적인 부분에 초점을 맞춘다. "직장 애기를 할 때 갑자기 목소리가 낮아지더라고요."

3. **사려 깊음**. 상대의 감정과 심리 상태를 인정하려고 애쓰는 것이다. 이런 식으로 반응해보자. "당신, 정말 슬퍼(즐거워, 행복해, 기뻐, 화가 나) 보이네요."

4. **질문**. 이야기에 담긴 뜻을 더 알기 위해서 간단한 질문을 던질 수 있다. "그 부분을 좀 더 이야기해줄래요?"

⁂

배우자가 "내 이야기 잘 듣고 있어요?" 하고 물어볼 때
저녁을 준비하거나 설거지를 하면서 대답한다면 경청이 아니다.
경청은 상대방과 그의 메시지에 집중하고
분산되지 않는 주의를 기울이는 태도이기 때문이다.

끝까지 듣기

배우자가 천천히 혹은 주저하면서 이야기하는 스타일이라면, 당신은 알게 모르게 대화 중간에 끼어들어 빨리 이야기를 마치도록 종용했을지도 모른다. 하지만 상대방이 무슨 말을 할지 미리 추측하는 일은 삼가야 한다. 우리는 배우자의 마음을 미리 읽을 수 없기

때문이다.

데이비드 옥스버거는 《경청, 가장 깊은 배려》(*Caring Enough to Hear*)라는 책에서 더 나은 경청을 위해 따라야 할 열 가지를 정리했다. 이것은 앞에서 설명한 모든 원칙들을 잘 요약하고 있다.

1. **판단하지 않기.** 당신이 진정으로 상대방을 이해하게 되었을 때까지는 판단하거나 평가하지 말라.

2. **통찰을 덧붙이지 않기.** 상대가 부탁하지도 않았는데 아이디어나 '통찰'을 주려고 하지 말라.

3. **추측하지 않기.** 당신이 방금 들은 내용에 상대방이 말하려는 진의가 있다고 넘겨짚지 말라.

4. **주의 깊게 듣기.** 대화 중에 딴생각을 하거나 집중이 분산되도록 내버려두지 말라.

5. **닫힌 마음 열기.** 자기 생각과 다르다고 해서 마음이나 귀를 닫지 말라.

6. **통제하지 않기.** 당신의 생각이나 감정에 따라 상황을 통제하려고 하지 말라.

7. **여러 의미를 덧붙이지 않기.** 말하는 사람이 확실히 설명했을 때를 제외하고는 자기 식대로 해석하려 하지 말라.

8. **대답할 말을 미리 연습하지 않기.** 상대방에게 할 말을 미리 준비하려고 하지 말라.

9. **즐겁게 도전하기.** 지적을 받거나 환경이 급작스럽게 변해도

즐겁게 적응할 수 있어야 한다.

10. **공정성 유지하기**. 듣고 말하는 시간을 당신 위주로 사용하지 말고, 자신의 권리를 지나치게 양보하지도 말라.[7]

무엇보다도 사랑의 자세로 배우자의 말을 경청하라. 그렇게 한다면 상대방이 자신의 속뜻을 이야기할 때까지 기다릴 수 있을 것이다.

1. 부부 사이에서 경청의 능력을 키우기 위해 당신은 어떻게 하겠는가? 세 가지를
   적어보라.

2. 배우자가 주의를 집중해서 들어주었으면 하는 대화 주제는 무엇인가?

제 8 장

'표현'하는 여자, '해결'하는 남자

사람들은 이렇게 생각할지도 모른다.
'왜 내가 변해야 하는데? 저 사람이 적게(혹은 많이) 말하면 모든 일이 잘될 텐데 말이야.'
하지만 정직하게 물어보자. '내 방식이 과연 효과가 있었나? 그렇지 않다면,
왜 계속 그런 방식으로 하려는 거지?' 우리에게는 더 좋은 길이 있다.

나는 오래전에 운전을 배웠다. 과거에는 오토 미션이 거의 없어서 스틱으로 운전했다. 변속 기어는 운전석 옆이나 바닥에 있었다. 기어를 전환할 때 클러치를 밟으면서 조정해야 하는데 처음에는 그 둘을 조합시키기가 무척 까다로웠다. 이것이 잘되면 차가 부드럽고 조용하게 나간다. 하지만 조절에 실패하면 기어가 갈린다. 그러면 쇠가 부딪치고 갈리는 느낌과 함께 소리도 들린다. 그런 일이 자주 일어나면 기어의 정밀한 부분에 있는 쇳조각이 마모되어 결국에는 변속기가 망가지고 만다.

서로 마음을 맞춰 살아가려는 두 사람에게도 비슷한 일이 일어난다. 잘못되면 서로 부딪치고 갈리다가 마모되거나 망가지는 결과를 맞기도 한다. 두 사람이 서로의 문화를 배우려고 시도할 때마다 성별과 성격 차이와 같은 중요한 부분에서 생각지도 못했던 어려움이 생긴다. 우리는 성별 차이를 그저 개성 차이 혹은 좌뇌나 우뇌 차이와 같은 수준으로 생각한다. 하지만 남녀의 차이는 실제로 여러 차이들이 복잡하게 얽힌 문제로 보아야 한다.

두 사람이 적응하여 서로 완벽히 하나가 되면 '기어'가 상하는 일도 없고, 대화도 긍정적으로 흘러갈 것이다. 이러한 부드러운 전환이 일어나기 위해서는 부부가 두 가지 사실을 받아들여야 한다.

1. 남자와 여자는 다르게 지음받았다. 한쪽이 잘못된 것이 아니다. 그저 다를 뿐이다.
2. 남녀가 상대방의 화법으로 말하기 시작하면 관계에 꽃이 피어 오른다.

버지니아 주에 있는 윌리엄즈버그를 방문할 때였다. 미국의 식민지 역사가 멋지게 보존되어 있다는 곳이었다. 주지사 관저를 구경할 때 남자 가이드가 따라붙었다. 우리가 입구에 들어서자 그는 각 방의 가구 배치와 용도를 구체적으로 설명하기 시작했다. 가이드는 벽에 걸려 있는 여러 종류의 구식 총들을 자세히 설명하면서 원형 공간에 독특하게 진열된 수십 정의 수발총을 손으로 가리켰다. 진품과 모조품을 포함해서 64자루가 있다고 말했을 때 나는 즉시 개수를 세기 시작했다(이것은 남자들의 습성이다). 안내자는 각 방을 옮겨 다니면서 역사와 배경 등을 자세히 설명해주었다. 그는 상당히 체계적이었고 몰입해서 그 일을 즐겼다.

우리는 점심 약속이 있어서 투어가 끝나기 전에 떠나야 했다. 가이드의 설명에 얼마나 흠뻑 빠져들었던지, 우리 부부는 다음 날 다시 투어를 하기로 결정했다. 이번에는 가이드가 여자였다. 그 둘은 얼마나 달랐던지! 어제와 같은 방에 들어갔는데, 그녀는 이렇게 말했다. "벽과 천장을 살펴보면 총 몇 자루가 보이겠지만, 여기 이 의자의 덮개와 벽에 있는 태피스트리에도 주목해주시기 바랍니다. 이것들은…" 그녀는 전날에 그냥 지나쳤던 물건들을 자세히 설명하기 시작했다.

첫 번째 가이드는 남자들이 들으면 더 솔깃할 이야기를 주로 했고, 두 번째 가이드는 여자가 더 좋아할 만한 설명을 많이 덧붙였다. 사실상 우리는 한 대상에 대해 두 가지 관점으로 해설을 들었기 때문에 최상의 투어였던 셈이었다.

두 사람이 서로의 문화를 배우려고 시도할 때마다
성별과 성격 차이와 같은 중요한 부분에서
생각지도 못했던 어려움이 생긴다.
남녀의 차이는 여러 차이점들이 복잡하게 얽힌 문제다.

같은 대화, 다른 시각

자신과 성이 다른 사람들과 대화하면서 실망하는 부분이 어떤 것인지를 물어보면 이런 답변을 들을 수 있다.

여자, 남자를 말한다

남자들은 느낌이나 감정을 충분히 나누지 않아요. 정서장애가 있는 게 아닐까 생각될 정도예요.

스포츠 경기를 시청하거나 어떤 주제를 꺼내 들면 되게 좋아해요. 그렇지만 한 번에 여러 가지 일을 다루지는 못해요.

남자들은 실제로는 그렇지 못한데도 자기가 뭐든 잘할 수 있다고 생각해요. 그래서 도움이 될 만한 충고조차 받아들이질 않아요.

그들은 잘 듣지 않지요. 항상 여자들의 문제를 해결하려고 할 뿐이에요.

남자들은 사실만 파고들지 말아야 해요. 좀 더 직관력이 필요하죠.

우리처럼 쇼핑을 즐길 줄 알아야 해요. 그들은 중요한 것을 놓치고 있어요.

남자들은 더 민감해지고, 관심을 기울이고, 불쌍히 여기고, 공감할 줄 알아야 해요.

여자들이 자기 생각과 관점을 제시할 때 불편해하지 않았으면 좋겠어요.

그들은 일과 직장에 지나치게 몰입해요. 가족을 원하지만 얽히고 싶지는 않은가 봐요.

남자들은 온통 섹스만 생각하고 다른 것은 아예 머릿속에 담지 않아요. 마치 전자레인지 같아요. 버튼을 누르면 바로 요리가 되죠.

그룹 상담을 통해서 얻은 반응도 이와 비슷하다.

항상 모든 일을 정의해야 한다고 생각하지 않았으면 좋겠어요. 마치 사전하고 말하는 느낌이랄까요? "당신 말이 이해가 안 되면 대화하기 힘들어. 느낌을 이야기하지 말고 제발 사실을 가져와요." 남편은 작년에도 거의 매주 이런 식으로 이야기했어요. 하지만 뭐라고 딱히 설명할 수 없을 때가 있잖아요?

남자들은 자신의 경험을 분석하면서 대부분의 시간을 보내죠. 하지만 그런 감정 반응을 항상 통제할 수 있는 건 아니잖아요? 답을 이야기하지 않아도 좋으니, 자기감정을 편집하지 말고 그냥 자연스럽게 이야기하면 좋겠어요.

남편은 엔지니어인데, 그의 친구들과 가까이 지내야 할 때가 많죠. 그러면 우리 집은 얼마 안 가, 인지발달 콘퍼런스 토론장으로 변해요. 모두 논리와 사실 들만 이야기하죠. 심지어 슬라이드 자와 계산기를 들고 오기도 해요. 감정적인 교류 같은 것은 눈 씻고 찾아봐도 없어요. 이야기하면서도 속마음은 거의 드러내지 않고요. 안전한 거리를 유지하려는 거예요.

> "남자들은 자신의 경험을 분석하면서 대부분의 시간을 보내죠.
> 답을 이야기하지 않아도 좋으니,
> 자기감정을 편집하지 말고 그냥 자연스럽게 이야기하면 좋겠어요."

남자들은 어떤가? 남자는 언제 좌절하는가? 대부분은 앞에 나온 이야기와 반대되는 것들이다.

남자, 여자를 말한다

여자들은 너무 감정적입니다. 좀 더 논리적으로 말해야 해요.

여자들은 대부분 말이 많아요. 어떻게 그렇게 많은 시간을 그냥저냥 시시콜콜한 이야기나 하면서 보낼 수 있죠? 간단히 말하면 되잖아요. 최소한 주제만이라도 분명히 해줬으면 좋겠어요.

너무 예민해요. 그렇게 해서는 감정이 상하기 쉽죠.

왜 그렇게 쉽게 우나요? 이해가 되지 않아요.

대부분의 여자들은 쇼핑광이에요. 쇼핑몰을 돌 때는 눈이 반짝반짝 빛나죠.

여자들은 변덕이 심해요. 마음을 한번 정했으면 이런저런 일이 생겨도 흔들리지 않았으면 좋겠어요.

그들은 우리가 상대방의 마음을 읽을 수 있어야 한다고 생각하겠지만, 남자들은 그렇게 못해요. 아마 여자들도 못할 거예요.

성적 욕구가 뭐, 그리 잘못되었나요? 섹스는 좋은 건데, 여자들이 그만큼 관심이 없는 거죠. 하긴, 아무리 시간이 지나도 남자들처럼 관심을 갖진 못하겠지만.

자기들은 마치 남자를 변화시키는 영적 은사를 가진 것처럼 말해요. 그런 생각을 멈춰야 해요. 우린 바뀌지 않을 거고 또 그럴 필요도 없으니까요.

다른 사람들이나 자기들의 문제에 너무 빠져 있는 것 같아요.

여자들은 무드에 집착하고 우울할 때가 많아요. 그래서 만족을 몰라요.

남자들이 세미나에서 나누었던 반응들을 더 소개한다.

아내가 우리의 관계에 대해 말하고 싶어 하는 마음은 이해합니다. 하지만 그렇게 하는 데에도 옳은 방법과 그렇지 않은 방법이 있다고 생각해요. 주의하지 않으면 모든 것이 걷잡을 수 없어집니다. 가능한 한 이성적으로 생각하는 것이 제일 좋아요. 너무 감정에 치우치면 좋은 결정을 내릴 수가 없습니다. 너무 개인적으로 받아들이면 누군가는 상처를 받아요. 약간의 거리를 두는 것이 오래가는 방법이에요.

이슈가 무엇인지 분명히 해야 합니다. 여자들은 그것을 잘하지 못하는 것 같아요. 그들은 마음에 먼저 떠오르는 것에 매달려서 너무 감정적이 되고 거기에 빠져버립니다. 그렇게 되면 해 아래 있는 모든 것들과 논쟁하게 되고, 누구도 행복할 수가 없죠. 그러므로 처음부터 문제를 분명히 정의해야 합니다. 뭐가 힘든지 명확하게 이야기해준다면 그것을 논리적으로 다룰 수 있을 거예요. 그렇게 할 수 없다면 아무리 말해봐야 소용이 없지요.

질문으로 마음을 잇다

1. 당신과 배우자가 사용하는 화법은 서로 어떻게 다른지 설명해보라.
2. 배우자의 화법 중에서 당신을 힘들게 하는 부분은 어떤 것인가?
3. 배우자가 어떤 다른 방식으로 소통하기를 원하는가?

생각과 소통 방식에서 남녀 간에 어떤 차이가 있는지 정말로 알았다면,
그 차이를 마음으로 받아들여야 한다.
그럴 때 적절한 방식으로 반응할 수 있다.

잘못된 게 아니라 다른 것이다

남자와 여자의 독특한 특성을 고려할 때 명심해야 할 부분이 두
가지 있다.

첫째, 대부분의 남녀에게 공통적으로 해당되는 것도 분명 있지
만 예외도 많다. 둘째, 남자와 여자에게 있는 독특한 특성들은 부
정적인 것이 아니다. 사람에 따라서는 자라온 배경이나 개성으로
인해 특정 부분들이 더 많이 나타나기도 한다. 이런 차이는 잘못
이 아니다. 문제는 자신에게 익숙한 방법이 옳다고 생각하는 데에
서 일어난다. 우리가 이런 부분에서 유연해질수록 결혼생활에서
유익을 누릴 수 있다.[1]

배우자의 성향을 이해하려면 어느 정도 의식적인 노력도 필요
하다. 사람들은 감정 대 사실, 뇌 구조의 차이, 에너지 수준 등과
같은 남녀 사이의 여러 차이들에 대해 잘 안다고 생각한다. 정말
그렇다면 그 차이를 마음으로 받아들여야 한다. 그럴 때 적절한
방식으로 반응할 수 있다.

남자와 여자의 생리적 차이를 이해하게 되면 남녀의 의사소통과 관련된 많은 궁금증이 해결된다. 하나님은 남자와 여자를 정말 다르게 창조하셨다. 그 대부분의 차이는 뇌에서 발견된다.

좌뇌와 우뇌, 이렇게 다르다

뇌의 좌반구는 언어와 독해력을 관할한다. 정보를 모으고 그것을 단계별로 논리적으로 처리한다. 왼쪽 뇌는 책이나 칼럼을 읽을 때, 게임을 할 때, 노래할 때, 글을 쓸 때, 재정을 맞출 때, 어떻게 물건을 구입하면 저렴한지 따져볼 때 주로 사용된다.

하루 일정을 계획하면서 이전에 빌린 책을 돌려주고자 10분 일찍 떠나 도서관 근처의 주차장 위치를 파악하려고 했다고 치자. 이런 결정에는 주로 좌뇌가 사용된다. 좌뇌는 계획한 시간에 맞추어 삶을 감각 있게 유지하도록 해준다. 마치 컴퓨터와 같다.

반면 우뇌가 하는 일을 보자. 퍼즐을 맞추거나 지도를 볼 때, 사무실을 새로 꾸밀 때, 방에 가구 배치를 다시 할 때, 기하학 문제를 풀거나 음악을 들을 때는 우뇌가 작동한다. 우뇌는 좌뇌처럼 단계별로 정보를 처리하지 않고 패턴에 따라 처리한다. 또한 감정이 주인 노릇을 하도록 허락한다. 우리는 이를 '직관력'이라고 부른다. 여러 사실들을 연결시켜서 하나의 개념으로 빚어내는 일이다. 상황 전체를 보고 해결책을 발견해내는 식이다. 이는 마치 만화경을 보는 것과 같다.

좌뇌는 분석적이고, 직선적이고, 시간 순서를 따르고, 언어에 기반하고, 구체적이고, 이성적이고, 목표 지향적이다. 우뇌는 즉흥적이고, 직관적이고, 감정적이고, 비언어적이고, 시각적이고, 예술적이고, 통전적이고, 공간적이다.

만일 당신은 우측 뇌가, 배우자는 좌측 뇌가 더 발달했다면 두 사람의 대화는 마치 다른 언어를 사용하는 것처럼 보일 수 있다.

뇌

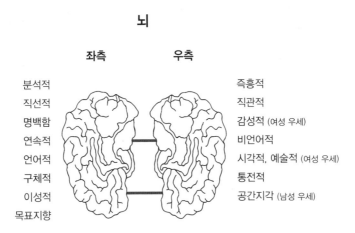

좌측	우측
분석적	즉흥적
직선적	직관적
명백함	감성적 (여성 우세)
연속적	비언어적
언어적	시각적, 예술적 (여성 우세)
구체적	통전적
이성적	공간지각 (남성 우세)
목표지향	

설교자나 강사가 무미건조하게 사실에 집중하는 모습을 보았을 것이다. 대부분 좌뇌가 발달한 사람이다. 정해진 단계를 밟으며 이어가는 말은 정서를 울리는 표현이 없으면 단조롭게 느껴진다.

반면 어떤 사람이 이리저리 주제를 옮겨 다니면서 자기 의견과 감정을 앞세우고, 주제에서 벗어날 때가 많으며, 앞에서 말한 것과 결론 사이에 논리적인 간극을 좁히지 못하는 말을 자주 한다면 우뇌가 발달한 사람일 확률이 크다. 좌뇌는 "도대체 핵심이 뭐냐"에 관심이 있는 반면, 우뇌는 그 주위를 빙빙 돌면서도 바로 핵심으로 들어가지 않는다.

어쩌면 당신은 학교 다닐 때 수학 공부나 독서는 곧잘 했지만 놀이터에서는 낙제를 면치 못했을지도 모른다. 좌뇌는 발달했는데 우뇌는 거기에 비해 발달이 덜했기 때문이다.

사회 활동도 즐기고 일주일에 두 번씩 춤도 추러 가는 저명한 화학자가 있다. 그는 어떤 뇌를 사용하는 걸까? 정확함을 요하는 논리적인 일을 해야 할 때는 좌뇌를 사용한다. 그러나 춤을 출 때는 주로 우측 뇌를 사용하면서 스텝을 밟는다. 화학 연구를 위해서는 좌측 뇌를 사용하는 것이 더 편하지만, 우측 뇌가 필요하면 곧바로 전환할 수도 있다. 우리도 일상에서 대부분 양쪽 뇌를 왔다 갔다 하며 사용한다.

약한 쪽을 사용하여 새로운 분야를 일구기보다는 익숙한 길로 가는 것이 쉽기 때문에 우리는 앞으로도 계속 우세한 쪽을 강화시키는 방향으로 갈 가능성이 크다.

남녀의 뇌 구조, 이렇게 다르다

남자와 여자의 뇌는 어떻게 다를까? 내부를 들여다보면 확실히 차이가 난다.

뇌에는 좌측과 우측을 이어주는 부분이 있다. 신경이 다량으로 모여 있는 이 영역은, 신경 다발의 수에 있어 여자가 남자보다 평균 40퍼센트나 더 많다. 여자는 뇌의 양쪽을 동시에 사용할 수 있는 반면에 남자는 필요에 따라서 한쪽에서 다른 쪽으로 전환해야 하는 이유가 여기에 있다.

여자는 뇌를 통전적으로 사용한다. 양쪽 뇌를 넘나들며 이야기하는 것을 즐거워한다. 여자아이가 남자아이보다 더 빨리 언어를 습득하고 더 많은 단어를 사용하는 것은 이러한 연결 조직이 더 많기 때문이다. 왜 소녀들이 소년들보다 책을 더 잘 읽는지 아는가? 그것 역시 뇌에서 원인을 찾을 수 있다. 책을 잘 읽으려면 양쪽 뇌를 모두 사용해야 하기 때문이다. 재미있는 사실은 뇌의 양쪽을 동시에 사용하면 상대방의 얼굴에서 감정을 읽기가 쉬워진다는 점이다.

여자의 뇌는 생각을 언어로 표현하는 데에 적합한 방향으로 발달했다. 그러하기에 여자들은 그토록 이야기를 하고 싶어 하는 것이다. 반면 남자의 뇌는 공간지각적인 기술을 발달시키는 데에 최적화되어 있다. 그래서 남자들은 어떤 일이든지 벌이려고 한다. 여자는 감정을 이야기하는 일이 더 편하고, 남자는 마음먹은 행동을 실행에 옮기는 것을 좋아한다.

갈등이 일어나는 원인은 여기에 있다. 여자가 "우리 앉아서 얘기 좀 해요"라고 말할 때, 남자는 문제를 바로잡기 위해 일어선다. 여기에는 잘못된 편도 없고, 더 나은 편도 없다. 사실이 그렇다는 뜻이다.

뇌에는 좌측과 우측을 이어주는 부분이 있다.
신경이 다량으로 모여 있는 이 영역은,
여자의 신경 다발이 남자보다 평균 40퍼센트나 더 많다.
여자는 뇌의 양쪽을 동시에 사용할 수 있는 반면에
남자는 필요에 따라서
한쪽에서 다른 쪽으로 전환해야 하는 이유가 여기에 있다.

펜실베이니아 대학교 연구진은 뇌를 촬영하는 장비를 컴퓨터에 연결시켜서 사람의 뇌 사진을 찍는 프로젝트를 진행했다. 뇌는 거의 지도와 같아 보였다. 이 지도 데이터를 얻기 위해 남녀를 나누어 장비를 연결시키고 공간지각과 관련된 업무를 하도록 했다. 장비는 각기 다른 색으로 뇌 사진을 보여주었는데 각각의 색깔은 대뇌피질에서 일어나는 격렬한 활동의 수준을 나타내고 있었다. 여성의 뇌를 보여주는 컴퓨터 화면에서는 양쪽 뇌의 색과 강도가 거의 비슷했다. 그러나 남자의 뇌는 달랐다. 오른쪽 뇌는 여러 색으로 불이 들어와 있어서 활발한 활동이 이루어지는 상태인 반면, 왼쪽 뇌는 활동이 거의 없었다. 반면 언어 사용 분야로 가면 남자는 뇌를 훨씬 적게 사용했다. 여자의 좌뇌는 정말 환하게 빛났다!

한 세미나에 가니 이와 관련된 사진을 볼 수 있었다. 뇌 스캔을 통해 봤을 때, 대화 중인 여성은 양쪽 뇌를 모두 활발하게 사용했지만, 남성은 거의 왼쪽 뇌만 쓰고 있었다. 여자는 남자보다 항상

남자

한 가지에 집중

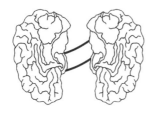

몰입

여자

여러 가지에 관심

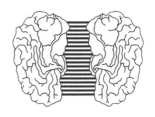

추가 연결 조직

더 넓은 영역에서 뇌를 사용했다. 이로써 여성은 항상 양반구를 사용하는 반면, 남성은 한 번에 한쪽만 쓴다는 사실을 확인할 수 있었다.

남자의 경우, 꼭 해야만 하는 임무가 주어지면 불이 들어오지 않던 영역에서도 불이 켜진다. 그리고 임무가 끝나면 다시 꺼진다. 그러나 여자의 뇌는 항상 켜져 있다. 물론 남자의 뇌 일부가 항상 켜져 있는 것은 사실이지만 휴식 시간이나 비활동 시간과 비교해보면 그 차이는 분명해진다.[2]

뇌 양쪽을 연결하는 조직이 여자가 남자보다 40퍼센트나 두껍다는 사실에는 또 다른 의미가 있다.

여자는 주위에서 일어나는 모든 것에 자신을 맞출 수 있다. 코 앞에서 여러 문제들이 동시다발적으로 터질 때에도 여자는 네다섯 가지 일들을 동시에 처리할 수 있다. 여성은 곡예사처럼 한꺼

번에 많은 접시를 돌릴 수도 있지만 그만큼 쉽게 정신이 분산된다. 반대로 남자는 한 가지에 더 집중할 수 있지만 다른 측면에서 보는 일은 어려워한다. 다른 것에 집중하려면 일단 멈추어야 하는 게 남자다.

이런 차이로 인해 여자가 남자보다 예리할 수밖에 없다. 가령 여자들에게는 사람들이 하는 말과 그 의미 사이에 담긴 차이를 인식하는 능력이 있다. 이러한 여자의 직관력은 상당 부분 여자의 몸에 근거한다. 여자의 뇌가 이성과 직관을 통합하는 컴퓨터 역할을 하는 것이다.

"내 생각에는 지금 뭔가 문제가 있어요." 남편은 반문한다. "당신이 어떻게 알아요? 근거가 어디 있소?" "증거는 없지만 느껴져요." "무슨 말을 하는지 당최 모르겠구려." 보통은 이런 식이다. 하지만 일주일 후에 남편은 아내가 맞았음을 알고는 놀라워한다. 이런 사실이 남자들을 미치게 한다.

여자는 청각, 시각, 미각 그리고 후각과 같은 감각이 남자들보다 뛰어나기 때문에 한 번에 많은 정보를 받아들일 수 있다.

심지어 어린 시절에도 이런 차이는 확연하다. 일반적으로 남자는 한쪽 귀로 듣지만 여자는 양쪽 귀를 모두 사용하므로 더 많은 데이터를 입수한다. 남자아이들은 어렸을 때부터 여자아이보다 소리를 잘 듣지 못하는데 어떨 때는 부모가 부르는 소리도 듣지 못한다. 왜 그런가? 이유가 없다. 원래 그렇게 태어난 것이다. 그들은 또한 여자아이들보다 주위의 소리를 잘 골라내지 못한다. 배경음도 잘 못 듣고, 여러 가지 소리들을 구분해내는 일에도 서툴다. 아들을 키우는 부모들이 딸에게 말할 때보다 더 큰 소리를 내야 하는 이유도 여기에 있다.[3] 인생 전체를 통해 보면, 남자는 여자가 말하는 것보다 적게 듣기 때문에 관계에서 심각한 문제가 발생한다.

이런 차이는 왜 남자가 뭔가를 고치는 것을 좋아하고 목표 지향적인지 그리고 여러 가지를 동시에 할 수는 없는지를 잘 설명해준다. 그는 한 번에 하나씩만 집중한다. 남자가 차고 청소나 정원 손질과 같은 집안일을 할 때에 그것은 그에게 교제하는 시간이 아니라 집중해야 할 임무로 다가온다. 아내는 이런저런 이야기를 나누고 싶겠지만 남자들은 두세 가지 활동을 동시에 하게 되면, 자신의 공간이 침범당하고 방해를 받는다고 생각한다. 남녀가 이러한 차이를 이해하면서 존중한다면 예상되는 수많은 갈등을 피할 수 있을 것이다.

서로 다른 것이 충돌할 때

일반적으로, 문제에 접근하고 해결하기 위해 여자들은 양쪽 뇌를 사용하여 전체를 본다. 그러나 남자는 문제를 해결하기 위하여 잘게 쪼개는 경향이 있다. 남자는 1, 2, 3 그리고 4단계를 차례로 거치며 해결책을 찾는다. 직선적으로 접근한다. 그러나 여자는 1, 3, 2 그리고 4단계를 넘나들며 같은 결론에 도달한다. 이런 경우에는 여자가 남자보다 더 빨리 결론에 도달하는데 남자는 아직 모든 단

계를 거치지 않았기 때문에 그녀의 결론을 받아들이기 힘들어한
다. 아직 준비가 되지 않아서 그렇다.

아내는 "이렇게 확실한 것을 당신은 왜 못 봐요?"라고 불평하지
만, 남자는 그런 식으로 생각하지 않기 때문에 그러하다. 남편은
"한 번에 하나씩만 해요. 안 그러면 결론에 도달하지 못한다니까"
라고 말하지만 아내는 동시에 그렇게 할 수 있다.

두 가지 접근법 중에 어느 하나만 절대적으로 옳고, 다른 방법
은 틀렸다는 게 아니다. 다만 다를 뿐이다. 부부가 서로의 창의력
과 능력을 빌려 사용하는 법을 배울 수만 있다면 그들이 얼마나
놀라운 일을 해낼지 상상이 되는가?[4]

남자는 체계를 좋아하고 질서정연하게 정리되어 있는 것을 좋
아한다. 그들은 관리하고 조직하고 사실들을 열거하고 규율과 패
턴에 맞추는 것을 잘한다. 남자들이 시간 날 때마다 CD나 DVD
를 순서대로 정리하거나, 4킬로미터 정도 떨어진 거리가 도보로
는 얼마나 걸리는지, 혹은 140킬로미터 거리인 낚시터까지 최적
의 경로는 어떻게 되는지 틈날 때마다 알아보는 일은 결코 이상한
행동이 아니다.

왜 어떤 남자들은 토요일만 되면 일상적인 스케줄을 반복하는
지 궁금하지 않은가? 가령 세차하고, 잔디를 깎고, 정원을 손질하
고, 낮잠을 자는 일련의 '루틴' 말이다. 그들은 매번 같은 순서로,
같은 시간에 그렇게 한다.[5] 순서는 체계를 세우고 에너지를 절약
한다.

남자들은 대부분 뇌를 배타적인 방식으로 사용한다(어떤 여자들은 이것을 '터널성 시야'라고도 말한다!). 자기가 집중하는 일 외에는 모든 것을 배제한다는 의미다. 남자들은 그 상태를 유지하기 위해 많은 에너지를 쓴다. 대부분의 남자들은 특정 시간에 어디에 있고, 무엇을 할지를 정확히 해두고 싶어 한다. 그런 식으로 자기 삶에 통제력을 발휘하려는 것이다.

～⁂～

> 남자의 카메라는 현미경 렌즈처럼 어느 한곳에 집중하는 반면,
> 여자는 광각 렌즈를 장착한 카메라처럼 넓게 보고 반응한다.
> 남자는 나무를 볼 때 자세히 살핀다.
> 그러나 여자는 나무를 보면서도 숲도 보고 다른 가능성을 본다.

남편이 집에서 TV나 신문을 보거나, 차를 수리하고 있을 때는 이런 '배타적'인 상태에 들어간 것이다. 만일 아내가 그에게 말을 걸어오면 남편은 방해받는다고 느낀다. 이런 일은 그에게서 에너지를 새나가게 한다. 집중하던 일에서 고개를 돌려 아내에게 관심을 기울여야 할 때, 그는 에너지가 빠져나간다고 느끼는 것이다. 한 번에 두 가지를 동시에 할 수 없으므로 집중하던 일에서 관심을 돌려야 하기 때문이다. 아내는 그런 남편이 무심하다고 느끼고, 남편은 아내가 자신의 집중을 방해하기 때문에 배려가 없다고 생각한다. 하지만 둘 다 사실이 아니다. 단지 남녀의 차이를 이해

하지 못했을 뿐이다.

여자들은 여러 다른 주제들을 쉽게 넘나들 수 있고, 그것들을 한 눈에 볼 수 있게 늘어놓을 수도 있다. 이런 일을 하는 데 그리 큰 에너지를 필요로 하지 않는다. 오히려 새로운 경험을 하거나 변화가 필요할 때, 약간의 긴장감을 통해 에너지를 얻는다. 그녀는 주위 상황뿐만 아니라 그 이상의 것을 볼 수 있다. 남자의 카메라는 현미경 렌즈처럼 어느 한곳에 집중하는 반면, 여자는 광각 렌즈를 장착한 카메라처럼 넓게 보고 반응한다. 남자는 나무를 볼 때 자세히 살핀다. 그러나 여자는 나무를 보면서도 숲도 보고 다른 가능성을 본다. 이런 사실을 안다면 남자의 지각력에 대한 기대가 좀 수그러들 것이다.[6]

물론 예외는 있다. 어떤 부부는 정반대다. 조이스와 나는 그런 예외에 속했다. 나는 여러 가지에 관심이 많았던 반면, 아내는 한 가지에 집중했다. 각 사람의 개성이 이런 특성에 영향을 끼치기도 한다.

다른 이슈가 있다. 남자는 한 번에 하나에 집중하고 여자는 한 번에 여러 가지를 할 수 있기 때문에 아내가 다른 일을 하면서 남편에게 이야기한다면 남편은 아내가 자기에게 집중하지 않는다고 느낄 것이다. 정말 관심을 기울인다면 100퍼센트 집중해서 자신을 봐야 한다고 생각한다. 이런 주장은 퍽이나 익숙하지 않은가?

남자는 여자가 영화의 클라이맥스 장면에서 일어나 화장실에 가는 것을 이해하지 못한다. 남자는 내용 파악이 더 중요하기 때문에 참아낸다. 어쩌면 방광이 더 클 수도 있겠다. 한편, 여자는 자신의 '함축적'인 사고력 덕분에 영화의 방향이 어떻게 될지를 감지한다. 그래서 여자는 '화장실에서도' 그 영화를 볼 수 있다. 하지만 남자는 직접 눈으로 보지 않으면 놓친다. 여자는 모든 것을 자세히 보지 못했을지라도 놓쳤다는 느낌을 덜 받는다.[7]

감정 표현의 차이

왜 남자는 여자처럼 감정을 표현하지 못하는가? 이런 질문을 많이 받는다. 남자는 감정과 관련해서 크게 세 가지가 다르다.

첫째, 뇌 구조가 다르다. 이것은 앞에서도 확인했다.

둘째, 성장 과정에서 감정적인 핸디캡을 경험한다. 그들은 넓은 차원에서 다양한 감정들을 배우지 못했고, 그것들을 표현하는 일에서도 적절한 어휘를 사용하는 훈련을 받지 못했다. 남자와 여자가 다른 종류의 감정을 가진 것은 아니다. 그러나 감정을 다루고 표현하는 방식은 남녀가 다르다.

셋째, 여자가 남자의 감정을 알아내기 위해 사용하는 방식은 가끔 역효과를 내기도 한다. "느낌이 어떤가요?"라고 묻거나 대답을 강요하는 일은 많은 경우에 그다지 도움이 되지 않는다.

남자와 여자가 감정을 다루는 방식이 어떻게 다른지 다시 살펴보자.

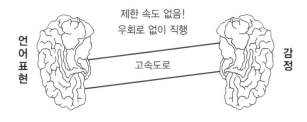

여자의 뇌

언어표현

제한 속도 없음!
우회로 없이 직행

고속도로

감정

남자의 뇌

언어표현

가다 서다 하고
우회함

외길

감정

앞서 말했듯이 여자는 감정과 언어 표현 영역 사이에 대량의 신경 연결 조직을 갖고 있다. 중간에 고속도로가 뚫려 있는 셈이다. 또한 그녀의 뇌는 항상 켜져 있기 때문에 감정을 나누는 일이 무척 쉽다. 반면에 남자는 오른쪽과 왼쪽 뇌 사이에 소량의 연결 조직을 갖고 있다. 감정을 표현하는 일에서 남자가 여자보다 더 힘든 것은 어찌 보면 당연하다. 남자의 감정과 '방송국' 사이에는 고속도로가 아닌 일방통행로만 있을 뿐이다.[8]

남자가 감정을 나누기 쉽지 않은 이유가 여기 있다. 남자가 자신의 감정을 말로 표현하려면 이전 단계로 돌아가 그것을 '생각'해야 한다. "뭔가 느껴지긴 하는데, 그게 뭐지? 좋아, 그거였지." 남자는 감정을 발견하면 그것을 분석하고 자신이 무엇을 할 수 있을지를 결정하려고 한다.

남자의 뇌는 문제를 해결하기 위한 뇌이다. 또한 그의 뇌는 늦게 반응하도록 구성되어 있어서 감정이 일어날 때 그것을 표현할 준비가 제대로 되어 있지 않다. 그는 먼저 좌뇌를 움직여서 자기 감정을 표현할 적절한 단어를 찾는다. 많은 남자들이 감정을 표현하기를 꺼리는 이유는 적절한 어휘가 부족하기 때문이기도 하다.

그들 잘못이 아니다. 부모나 교사 그리고 사회 전체는 남자들에게 그런 부분을 가르치지 못했다. 자기감정을 묘사하는 어휘나 언어 능력을 키우는 일에 별 도움을 주지 못했다. 그래서 남자는 자기가 곧바로 이야기할 수 있는 것만 말하고, 새로운 감정이 일어났을 때는 다시 시작점으로 돌아가 그 과정을 반복한다.

남자는 감정을 이야기하기 전에 그러한 자기감정에 대해 먼저 생각해야만 한다. 그러나 여자는 동시에 느끼고 말하고 생각할 수 있다.⁹ 이 차이를 명심하라.

여자는 남자와 감정 처리 과정이 다르다. 여자는 마음이 상했을 때 먼저 그것에 대해 이야기하기 시작한다. 그러면서 자신의 생각을 정리하는 것이다. 그 과정에서 자신의 감정을 스스로 이해하는 경우가 많다. 여자는 자신의 감정으로 시작해서 그것을 이야기한 후에 생각으로 넘어간다.

남자는 자기가 곧바로 이야기할 수 있는 것만 말하고,
새로운 감정이 일어났을 때는
시작점으로 돌아가 그 과정을 반복한다.
남자는 감정을 이야기하기 전에
그러한 자기감정에 대해 먼저 생각해야만 한다.
그러나 여자는 동시에 느끼고 말하고 생각할 수 있다.

궁극적으로 여자는 이 모든 것을 동시에 할 수 있는 존재이다.

느끼기 ——————— **이야기하기** ——————— 생각하기

문제를 놓고 이야기하는 여자의 말을 듣고, 남자는 자신이 문제의 원인이 되었거나 혹은 자기가 그 문제를 해결해야 한다고 생각하기 쉽다. 물론 그녀가 해결을 요청한다면 그렇게 하는 것도 좋다. 하지만 대부분의 아내는 남편이 자신의 이야기를 경청하고 있다는 사실을 확인하고 싶어 할 뿐이다.

남자가 감정을 표현하는 방법은 판이하게 다르다. 감정이 표면에 떠오를 때 대부분 먼저 행동을 취하고 그다음에 생각으로 넘어간다. 속상한 일이 일어났을 때 그는 즉시 뭔가를 한다. 그러면서 생각하는 것이다. 그는 동시에 느끼고 행동하고 생각한다.

느끼기 ─────── **행동하기** ─────── 생각하기

　대화로 문제를 해결해간다는 공식은 남자들에게는 무척 낯선 것이다. 여자에게는 대화가 더 중요하고 남자에게는 행동이 더 중요하다.[10] 여자가 이것을 이해한다면 감정에 대한 남자의 식상한 반응에 그다지 놀랄 이유가 없을 것이다. 남편의 스타일에 어느 정도 맞춰주면서 남편이 반응할 수 있도록 격려하면 된다.

　남자와 여자의 뇌는 또한 해마에서 차이가 난다. 해마는 기억 저장소이자, 뇌의 감정 센터로 가는 신경 통로를 갖고 있다. 이 저장소는 남자보다 여자가 더 크고 신경 통로도 더 넓다. 그래서 감정과 연관된 사건의 경우에 여자가 남자보다 기억하는 것이 더 많다. 만일 자신이 기억하지 못하는 것들을 아내가 기억하고 있다면 나는 그냥 인정하고 받아들이라고 남편들에게 조언한다. 오랫동안 수백 명의 부부와 상담하면서 내린 결론이다.

> **질문으로 마음을 잇다**
>
> 1. 당신의 배우자를 볼 때 앞에서 다룬 내용은 어느 정도까지 들어맞는가?
> 2. 새롭게 알게 된 사실에 기초하여 행동한다면 배우자에게 얼마나 도움이 되겠는가?
> 3. 여자가 남자보다 더 이야기를 많이 하는가? 아니면 그 반대인가?

상대방의 의사소통 방식 배우기

남자와 여자는 마음에 각기 다른 목적을 가지고 대화를 한다. 여자는 친밀함과 연결에 대해 이야기한다면, 남자는 지위와 독립을 말한다.

남자는 보고 형식(report-talk)으로 말한다. 그들은 지식과 기술을 표현하고 주목을 끌고 싶어 하며, 그런 상태를 유지하기 위해 대화한다.

여자의 대화는 공감 형식(rapport-talk)을 취한다. 여자에게 대화는 관계를 발전시키고 어려운 일을 협상하기 위한 최상의 방법이다.[11]

따라서 남녀가 나누는 대화는 같은 언어를 쓰긴 하지만, 방언이 다른 정도의 차이가 아니라 서로 타국의 문화를 접한다고 생각될 정도로 서로 다르다. 남자와 여자가 나누는 말을 따로 '성별 언어'(genderlects)[12]라고 칭하는 사람도 있을 정도다.

이러한 차이는 결혼생활뿐 아니라 직장에서도 일어난다.

남녀의 차이는 현존하는 문화적 차이 중에서 가장 큰 것에 속한다. 만일 그 둘 사이에 다리를 놓아주는 적절한 기술과 태도를 익힐 수만 있다면 상대방이 누구든지, 어떤 일을 만나든지 대화하고 협상하는 법에 능하게 될 것이다.[13]

이런 상황에서 '성별 유연성'(genderflex)이라는 단어가 나왔다. 이 단어는 상대와 연결되고 그들에게 좀 더 영향력을 끼치기 위해 임시로 다른 성의 소통 패턴을 빌려와 사용하는 일을 말한다. 아직 사전에는 없지만 곧 보게 될 것이다.[14]

이렇게 하는 것은 의사소통 방식을 다르게 하여 관계를 개선하고 성과를 향상시키려는 것이지, 성격이나 삶의 방식, 가치관을 바꾸려는 의도는 아니다. 상대방이 어떻게 소통하는지를 이해하는 사람들은 실제로 더욱 유연해지고 대화 수준도 달라진다. 이를 위해서는 다른 성별의 의사소통 스타일과 내용 그리고 구성 방식을 배울 필요가 있다.

표현하는 여자, 해결하는 남자

'성별 언어'를 사용할 줄 아는 사람들은, 여자는 표현하기 위해 남자는 해결하기 위해 언어를 사용한다는 사실을 제대로 이해하고 있다. 예를 들면 여자들은 자기들의 이야기를 확대해가며 말하는 반면 대부분의 남자들은 압축해서 말한다. 즉, 여자들은 자기감정을 포함해서 훨씬 더 자세하게 이야기하는 경향이 있고, 남자들은 사실에 근거한 정보를, 그것도 결과만 이야기하는 경우가 많다. 그러므로 만일 여자가 남자의 표현 방식을 빌리고 싶다면, 개인적인 관계에 대해 이야기할 때조차 감정이나 상세한 내용을 꼬치꼬치 말하기보다는 문제를 확인하고 해결하는 것에 초점을 맞추어 사실에 근거한 설명을 하는 것이 좋다. 그리고 남자는 최종 결론

만 전하지 말고 관계성에 초점을 맞추어 좀 더 자세하게 설명하는 것이 필요하다.[15]

물론 예외도 있다. 어떤 남자들은 구구절절 말을 늘어놓고, 어떤 여자들은 최소한으로 할 말만 한다. 그것은 어쩌면 개성이 다르기 때문인지도 모르겠다.

그런데 남자들이 여자들보다 이야기를 더 많이 한다는 사실을 알고 있는가? 놀랍지만 사실이다. 여자들이 남자들보다 말을 더 많이 한다는 증거를 보여주는 연구는 없지만, 반대로 남자들이 여자들보다 더 많은 말을 한다고 입증한 연구는 많이 있다.[16] 여자들은 사람이나 감정과 관계에 대한 주제라면 남자들보다 더 많이 이야기하지만, 자신이 좋아하는 주제에 대해서는 남자들이 여자들보다 더 많은 말을 한다.

특정 단어들은 여자들의 대화 속에 더 많이 등장한다. '두렵게', '끔찍하게', '매우', '상당히', '너무'와 같은 부사와 '아름다운', '사랑스러운', '감탄할 만한', '멋진', '귀여운' 그리고 '달콤한'과 같은 형용사는 주로 여자들이 사용한다.

여성의 언어에는 또한 색깔에 대한 어휘가 많다. '짙은 회색', '베이지', '엷은 자주', '라벤더', '보라'와 같은 단어는 남자들의 대화에는 거의 등장하지 않는다. 남자들이 콘퍼런스 방에 있는 엷은 자주색 커튼이나 석양에 섞여 있는 라벤더 색 광선을 보면서 미주알고주알 이야기할 것을 기대해서는 안 된다.

남자들이 여자들보다 이야기를 더 많이 한다는 사실을 아는가?
놀랍지만 사실이다. 여자들이 남자들보다 말을 더 많이 한다는
증거를 보여주는 연구는 없지만, 반대로 남자들이 여자들보다
더 많은 말을 한다고 입증된 연구는 많이 있다.

유대감과 정보 교환

많은 남자들이 동성보다는 여성들과 대화하는 것을 더 좋아하는
이유는 대화 상대로는 그들이 제격이기 때문이다. 그들은 잘 들어
준다. 상대가 마음껏 이야기할 수 있도록 격려하고 지지해준다.
가령 이야기를 들으며 눈을 쳐다보고, 고개를 끄덕이고, 미소를
지으며, 상대방과 소통하려는 노력을 아끼지 않는다.

여자들은 기본적으로 사회적인 관계를 형성하고 유지하기 위해
소통한다. 언어를 유대감 형성 수단으로 사용하도록 배우며 자란
다. 그러나 남자들에게 언어는 주로 정보 교환 수단으로 통한다.
대부분의 남자들은 개인적이고 친밀한 대화보다는 공적인 대화
를 더 편하게 느낀다. 대부분의 여자들은 그와는 반대다. 그들이
일대일 대화를 즐기는 이유는 더욱 개인적이고 친밀한 관계를 세
울 수 있기 때문이다. 대부분의 남자들에게 대화는 지위를 얻고,
중재하고, 문제를 해결하고, 주의를 집중시키고, 독립을 유지하는
데 필요한 수단이다.[17]

"예외가 있지 않나요? 선생님이 얘기한 것에 맞지 않는 사람들

을 많이 봤어요." 물론 사실이다. 예를 들면, 약 25퍼센트 정도의 남성은 브릿지 형태의 뇌 구조를 갖고 있다. 마이클 거리언(Michael Gurian)에 따르면 다음 특성들 중에서 세 개 이상에 해당되는 남자는 브릿지 뇌 구조를 가졌다.[18]

- 감정적으로 위험에 빠지는 일을 별로 좋아하지 않는다.
- 유능함을 보여주려는 일에 그다지 관심이 없다.
- 경쟁적인 일이나 경력을 피하려고 한다.
- 성적인 욕구가 그리 높지 않다.
- 인간관계에서는 공격적이고 적극적인 관심보다는, 동정하고 공감하는 관계 맺기 방식을 더 편하게 생각한다.
- 영웅적인 원정 이야기나 모략에 대한 이야기에 큰 관심을 두지 않는다.
- 호전적인 스포츠나 게임을 별로 좋아하지 않는다.
- 어떤 원리나 추상적인 이론보다는 느낌으로 전해지는 것을 더 중요시한다.

당신이 바라는 응답, 이렇게 얻어라

의사소통 과정에서 변화를 경험하려면 뭔가를 요청해야 할 때도 있다. 하지만 요청은 마치 강요처럼 들리기도 한다. 그러므로 요청할 때는 시점이 중요하다. 아내가 다른 일을 하는데 남편이 뭔가를 요청한다면, 즉각적인 응답을 기대하지 말아야 한다. 또한 남편은 그냥 지나가면서 흘린 말인데, 아내는 남편이 즉각적인 응답을 원한다고 해석할 때도 있다. 그러므로 남편은 "지금 당장 해달라는 게 아니라, 혹시 가능할지 알고 싶어요" 혹은 "내일까지 가능하겠어요?" 하고 확인하면 좋겠다.

존 그레이는 여자가 남편에게 무언가를 요구할 때 어떤 부분을 주의해야 하는지 명확히 했다. "할 수 있어요?"(Could you)보다는 "해줄래요?"(Would you)라고 질문해야 한다. "할 수 있어요?"는 그에게 그런 능력이 있는지 묻는 것처럼 들린다. 그러나 "해줄래요?"는 헌신과 결심을 묻는 질문이다. 간접적인 요청과 직접적인 요청의 차이를 좀 더 살펴보자.[19]

간접적인 요청	직접적인 요청
아이들을 데리러 가야 하는데 힘드네요.	아이들을 데리러 가줄래요?
식품이 차에 있어요.	식품을 가져와 주겠어요?
쓰레기통이 꽉 찼어요.	쓰레기통을 비워줄래요?
정원이 정말 엉망이에요.	정원을 좀 청소해줄래요?
몇 주 동안 밖에 나가지 못했어요.	이번 주에 같이 나가서 바람이나 쐴까요?

남자의 마음을 두렵게 하는 표현이 있다. "이야기 좀 해요" 혹은

"당신한테 할 말이 있어요" 하는 식의 말이다. 이런 말을 들으면 남자는 이렇게 해석한다.

- 응급상황이군.
- 뭔가 문제가 생겼구나.
- 완전 뒤집어쓰겠군.

하지만 여자는 이런 말들을 다른 의미로 사용한 것일 수 있다.

- 우리 함께해요.
- 함께 문제를 해결해봐요.
- 당신에게 하고 싶은 말이 많아요.

물론 일이 잘못됐을 때 "이야기 좀 해요" 혹은 "할 말이 있어요" 라고 말하는 여자들도 많다. 그래서 남자들이 이 말을 들을 때 흠 칫흠칫하는 것이다. 평소에 아내가 남편을 칭찬하고 싶을 때 "우리 이야기해요"라고 자주 말한다면 이런 상황에서 도움이 될 것이다.[20]

이런 생각이 들지도 모르겠다. '왜 내가 변해야 하는데? 저 사람이 적게(혹은 많이) 말하면 모든 일이 잘될 텐데 말이야.' 하지만 정직하게 물어보자. '내 방식이 과연 효과가 있었나? 그렇지 않다면, 왜 계속 그런 방식으로 하려는 거지?'

우리에게는 더 좋은 길이 있다.

제3부

서로 다름이라는 축복

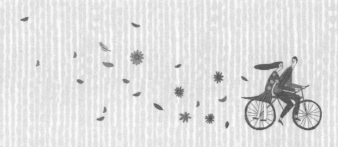

제 9 장

달라도 너무 다른 사람들

하나님께서 우리를 지으신 그 독특한 방식이 있는데도,
이를 거슬러서 뭔가를 하면 안 된다.
우리는 균형을 찾아야 하고, 사람들의 필요를 채울 수 있어야 한다.
외향형의 사교적 능력과 내향형의 안정됨이나 생각의 깊이와 같은
강점이 만나면 둘이 함께 하나님께 영광을 드릴 수 있다.
오히려 그런 차이가 두 사람을 성장시키는 것이다.

배우자가 항상 무엇인가에 사로잡혀 있어서 좌절을 느낀 적이 있는가? 반드시 끝내야 할 일을 몇 가지 정해놓고 야심차게 하루를 시작했지만 이내 집중력이 분산되어 하루가 어떻게 갔는지 허무했던 적은 없었는가?

교회 모임에 가서 친구들과 즐거운 시간을 보낼 생각에 들떠 있었는데, 배우자는 거기 가봐야 피상적인 대화만 주고받을 것이라고 불평하지는 않는가?

마음속으로는 사람들에 대한 깊은 관심이 있고 그들의 필요에도 예민한 편이지만, 주위에서는 당신의 그런 마음을 모르고 있지는 않은가?

좋은 인상을 남겼다고 뿌듯해하면서 모임을 나왔는데, 배우자와 함께 집으로 돌아오는 길에 실수한 것들, 혹은 더 잘할 수 있었던 부분이 떠오른 적은 없었는가?

똑같은 사람은 아무도 없다

인간을 자세히 살펴보면 하나님이 발휘하신 창조성이 얼마나 광

대한지를 인정할 수밖에 없다. 일단, 우리 중 누구도 같은 사람이 없다. 일란성 쌍둥이도 성격이 제각각이다. 각자에게 있는 은사와 재능, 태도, 신념, 필요와 소원은 너무도 다르다. 이런 것들이 인생을 흥미롭게 만든다. 자녀가 둘 이상인 가정을 보면, 같은 유전인자를 갖고 있고, 같은 부모 밑에서 자라고, 이웃도 같고, 같은 음식을 먹고, 같은 학교와 교회를 다니는데도 아이들은 전혀 다른 모습으로 자란다는 사실에 놀란다.

이런 차이는 어디에서 생기는가?

우리 중 누구도 같은 사람이 없다.
각자에게 있는 은사와 재능, 태도, 신념, 필요와 소원은
너무도 다르다. 이런 것들이 인생을 흥미롭게 만든다.

왜 어떤 사람은 몇 시간 동안 혼자 있기를 좋아하고, 어떤 사람은 주위에 사람들이 없으면 어쩔 줄 몰라 하는가? 늘 새로운 아이디어가 떠오르고 새것을 발명하기를 좋아하는 사람이 있는 반면, 항상 하던 일을 그대로 하는 것이 편한 사람도 있다. 왜 어떤 사람은 먼저 말하기를 좋아하는데, 어떤 사람은 스스로 해답을 낸 후에야 입을 여는 걸까? 정신이 또렷한 상태에서 한 시간 동안 한자리에서 책을 읽는 사람이 있는 반면, 10분만 책상 앞에 있어도 온몸이 뒤틀리는 사람도 있다. 왜 어떤 사람들은 깨끗하고 청결하게

사무실을 정리하고 유지하는데 어떤 사람은 마치 핵실험을 한 것처럼 엉망이 될까?

많은 사람들은 이렇게 생각했을 것이다. '남자들이라고 다 같은 게 아닌데. 어떤 남자들은 정말 다르거든. 여자들도 그렇고. 왜 그럴까? 사람들을 새로 만날 때 어떤 식으로 소통해야 제대로 할 수 있을까?'

사람들 사이에서 그와 같은 차이를 가져오는 원인은 주로 성격 유형의 차이에 있다.

성격 유형 이해하기

성격 유형이란 무엇인가? 어떻게 작용하는가? 성격 유형은 인간의 개인적인 발달에 강한 영향을 미치는 타고난 선호도나 성향으로 구성된다. 우리는 다른 존재로부터 자신을 구별해주는 몇몇 유전적 특성의 영향을 받으며 인생을 시작한다. 당신을 부모, 형제, 자매와는 다른 존재로 만드는 것은 무엇인가? 핵심 특성은 태어나면서부터 주어지지만 우리가 어떤 환경에서 성장하는가에 따라 영향을 받으면서 수정된다.

인간의 성격 유형을 설명하는 데는 몇 가지 이론이 있다. 우리가 여기서 사용하려는 것은 MBTI(Myers-Briggs Type Indicator)이다. MBTI는 성격 안에 있는 핵심 차이를 밝히고 해석하여 쉽게 이해할 수 있도록 실제적인 방법을 제공한다.

　MBTI는 서로 대조되는 성격 특성이나 선호도를 네 가지 기준을 따라 구분한다. 즉, 외향과 내향, 감각과 직관, 사고와 감정, 판단과 인식이 그것이다. 이러한 선호도는 한 사람이 어떤 결정을 내릴 것인지에 대한 의식적 혹은 무의식적인 결정과 관련이 있다.

어떻게 에너지를 모으고 환경에 반응하는가

외향(E) _____ (I)내향

어떻게 자료와 정보를 모으는가

감각(S) _____ (N)직관

어떻게 결정하는가: 머리인가 가슴인가

사고(T) _____ (F)감정

어떠한 생활양식을 택하는가

판단(J) _____ (P)인식

성격 유형 이론에 따르면 사람은 여기에 있는 여덟 가지 특성을 모두 사용하지만 각 세트마다 더 선호하는 특성이 있어서 그것을 더 많이 발달시킨다. 마치 우리에게 두 손이 있고 둘 다 사용하지만 한 손을 다른 손보다 더 많이 사용하는 것과 같다. 당신이 좋아하는 손을 쓸 때 주어진 임무를 더 쉽게 처리하고, 시간도 적게 들며, 보통은 결과도 더 좋다.

⁕⁜⁕⁜⁕

MBTI는 어떤 사람에게 선입견을 갖게 하거나
상대를 틀에 가두려는 도구가 아니다. 그것은 마치 우편번호와 같다.
정확한 주소는 아니지만 그들이 사는 지역이 어디인지 정도는 말해준다.

같은 선호 유형 안에서도 차이가 많이 날 수 있다. 가령 0에서 10까지 점수를 매길 때 10점 만점의 완전 외향형도 있지만, 6점 정도에 불과한 사람도 있다. 또 상대 유형의 선호 특성들을 두루 갖춘 경우도 있다. 특별히 강한 특성이 없는 평범한 사람도 상당히 많다.

MBTI는 어떤 사람을 향해 선입견을 갖게 하거나 틀에 가두려는 도구가 아니다. 그것은 마치 우편번호와 같다. 정확한 주소는 아니지만 그들이 사는 지역이 어디인지 정도는 말해준다.

그 결과의 옳고 그름을 판단하지 않는다는 데에 MBTI의 핵심이 있다. 개인마다 상호작용에 대한 접근이 각기 다르기에 어떤 선호가 다른 것보다 더 낫거나 나쁘다고 말할 수 없다. 그러므로 MBTI는 어떤 이상을 정해두고 거기에 맞추기 위하여 행동을 바꾸려는 데 목적이 있지 않다. 자신과 다른 사람의 성격 유형을 이해하기 위한 도구로써 사용해야 한다.

어쩌면 한쪽으로 치우쳐서 다른 쪽 특성이 전혀 보이지 않는 선호 유형도 있을 것이다. 하지만 그렇게 강화된 당신의 강점이 오히려 발목을 잡을 수도 있다. 먹고 마시는 일이나 여타 취미 생활이 그런 것처럼, 뭔가를 지나치게 좋아하면 때로는 문제가 된다. 한 가지 특성이 너무 강하거나 치우친 상태라면, 축복이 아니라 불행이 될 수 있다는 말이다.

질문으로 마음을 잇다

1. 성격 유형을 공부하는 것에 대해 당신은 어떻게 생각하는가?
2. 당신을 잘 묘사해주는 형용사 다섯 개를 공개한다면?
3. 배우자를 잘 묘사하는 형용사 다섯 개는 무엇인가?

짐과 앨리스는 상대방의 성격 유형 차이에 어떻게 적응해갔는지를 자신의 경험을 토대로 이야기했다.

내 이름은 짐입니다. 저에게는 외향적이고 사회성이 뛰어난 아내가 있습니다. 그녀는 결혼하기 전에도 외향적이었고 지금도 그렇습니다. 결혼한 지 2년 후부터 나는 아내를 '입'이라고 부르기 시작했습니다. 그녀는 말을 멈추지 않았습니다. 심지어 자문자답을 하기도 합니다. 나는 그런 아내와는 정반대입니다. 나는 별로 말이 없습니다. 처음 만났을 때는 그녀의 이야기에 끌렸습니다. 하지만 시간이 지나면서 그녀의 많은 말에 지치고 질려버렸습니다.

나는 앨리스가 왜 그렇게 크게 자기 생각을 말하는지를 이해할 수 없었습니다. 마치 온 세상에 이야기하듯이 행동했죠. 아내는 생각하기도 전에 말하기 시작합니다. 그녀의 계속되는 잔소리로 인해서 나만의 공간은 계속 침범당했고, 즉각 응답하지 않는 것에 대해서도 부담을 주었습니다.

심지어는 좀 편안한 마음으로 조용히 있으려고 차고에 가서 한숨을 돌리고 있으면 그곳까지 따라와서 이야기를 꺼내놓습니다. 그리고 내 생각을 말하기도 전에 결론을 내려버립니다. 그러면 나는 멍하니 서서, 그렇게 하려면 왜 나한테 물어본 거지, 하는 생각에 당황하지요. 이러한 것들이 자꾸만 나를 지치게 합니다.

어떤 행사에 가더라도 그녀는 마치 거기 있는 사람을 전부 다 아는 것처럼, 아예 거기서 살 사람처럼 행동합니다. 사교적인 모임에 대한 갈증이 결코 해소되지 않는 것 같아요. 물론 비슷한 남자들도 있습니다. 사람이 어떻게 그렇게 살 수 있는지 저는 늘 궁금합니다. 사교 모임에 참석하면 저는 고갈됩니다. 하지만 아내는 그런 곳에 참석하면 마치 아드레날린 주사를 맞은 사람처럼 변하지요.

지금부터 하는 말이 중요해요. 나는 무심한 남자가 아닙니다.

항상 아내를 칭찬하지는 못했지만 필요할 때는 그렇게 했습니다. 하지만 내가 아무리 애를 써도 앨리스는 만족을 모릅니다. 아내에게는 능력이 있고 재능이 있어요. 그런데도 저나 다른 사람이 확인해주지 않으면 그 사실을 믿지 못합니다. 나는 그녀가 자신이 어떻게 보이는지, 혹은 잘했는지를 왜 나한테 물어보는지 늘 궁금했습니다. 내가 언제나 "좋은데!"라고 말할 것을 알면서도 말이죠.

　이제는 좀 나아졌지만 우리가 이야기할 때 앨리스가 내 말을 중간에 끊는 것이 정말 힘들었어요. 그래서 주제를 파악하고 결론을 내리는 데 시간이 꽤 걸렸지요. 만일 내가 너무 늦게 말하거나 곰곰이 뭔가를 생각할라치면 아내는 내 말을 가로채 할 말을 대신하고 끝내기도 했어요. 이 문제 때문에 다투기도 많이 다퉜지요. 지금은 많이 좋아져서 이제 아내와의 대화를 피하지는 않는 수준이 되었습니다. 나는 우리가 생각하고 말하는 속도가 서로 다르다는 것을 종종 그녀에게 환기시키는데, 그것이 꽤 도움이 됩니다.

　우리에게 어떤 갈등이 있을 때에는 그와 관련해서 많은 말을 하면 안 된다고 생각해요. 나는 그렇죠. 하지만 앨리스는 우리가 더 많은 이야기를 나눠보면 해결되지 못할 문제가 없다고 믿었어요. 해결이라뇨? 좀 더 이야기했다면 나는 도저히 견디지 못했을 거예요. 우리는 점차 생각할 시간을 가질 수 있도록 대화 중간중간에 시간제한을 두기로 했어요. 그런 식으로 아내와 대화를 계속할 준비가 되었지요. 또한 내가 아직 정리되지 못한 상황이더라도 아내에게는 빨리 반응할 수 있도록 노력했어요.

앨리스에게는 가끔 이런 말을 합니다. "여보, 나도 이 문제를 해결했으면 좋겠소. 하지만 지금은 내가 지쳐 있기 때문에 당신 생각을 종이에 써서 주거나 메일로 남겼으면 해요. 그러면 내가 그것을 읽고 대답할 수 있을 것 같은데, 괜찮아요?" 그런 방법이 우리에게 통했고, 앨리스가 더 이상 크게 떠들지 않아도 되어 내가 회피할 필요가 없게 되었지요. 이전에는 "나한테 그렇게 소리 지르면 아무 말도 안 할 거예요"라고 말했습니다. 하지만 이제는 달리 말합니다. "나도 당신 얘기를 듣고 싶어요. 말하고 싶은 것들을 조용히 이야기하고 거기에 대답할 시간을 주면 고맙겠어요."

이런 적도 있었어요. 아내가 어떤 이야기를 시작하길래, "왜 그 이야기를 다시 꺼내는 거예요? 이미 이야기했잖소"라고 한 적이 있었죠. 앨리스는 "아니요. 그 이야기는 처음인데요"라고 했어요. 어느 날 아내가 이렇게 말하더군요. "당신이 마음속으로 그렇게 대화하고는 우리가 이야기했다고 생각하는 건 아닌가요?" 맞았습니다! 내가 그렇게 했던 겁니다. 아내가 그렇게 말해주고 나서야 그 사실을 깨닫게 되었지요. 다행스럽게도 우리는 그렇게 해서 함께 웃는 법을 배웠어요. 때때로 나는 "그래, 내가 머릿속으로 말했잖아" 하고 너스레를 떱니다.

앨리스가 다른 사람들에게 우리의 친밀한 부분까지 이야기할까봐 걱정되긴 합니다. 부부간에 나누는 사랑 말입니다. 아내는 평소에도 그것에 대해 말하기를 좋아하고, 때로는 낭만적인 시간을 보내면서도 그 얘기를 해요. 하지만 나는 그렇지 않죠.

앨리스의 스타일이 잘못된 게 아니라는 사실을 깨닫게 되자 정말 도움이 되더군요. 하나님께서 아내를 그렇게 지으셨다고 생각해요. 아내도 정상이고 나도 정상이에요. 우리는 정말 다르지만 서로 맞추는 법을 배워가고 있어요.

아내는 내가 다른 사람들과 사귈 수 있도록 많이 도와줘요. 참 고맙게 생각해요. 앨리스에게는 사람들과 어울리는 시간이 나보다는 훨씬 많이 필요하죠. 그래서 이제는 아내에게 그런 기회를 주는 것이 기쁩니다. 그녀 혼자서 사람들을 만나러 가더라도 괜찮아요. 나는 집에 있거나 아니면 마음에 맞는 친구 몇 명을 불러 시간을 보낼 수도 있겠지요.

앨리스는 큰 소리로 떠들면서 알아가는 스타일이라는 사실을 이해하면서 많은 도움을 받았습니다. 그렇게 말한 것들을 반드시 행동으로 옮기지는 않지만, 아내는 그런 식으로 생각하는 겁니다.

우리는 완전하지는 않지만 이전보다 서로를 더 깊이 받아들이고 있어요. 창조적인 방식으로 서로에게 다가가는 법을 배웠어요. 그래서 정말 평화로워졌습니다.

❧

"우리는 완전하지는 않지만
이전보다 서로를 더 깊이 받아들이고 있어요.
창조적인 방식으로 서로에게 다가가는 법을 배웠어요.
그래서 정말 평화로워졌습니다."

앨리스도 그녀의 이야기를 들려주었다.

음, 간단히 말할게요(농담이에요!). 저는 외향적이고 말이 많은 사람인데 어떤 이유인지 모르겠지만 조용하고 말수가 적으면서도 생각이 깊은 남자에게 끌렸어요. 우리는 연애할 때 서로 다르다는 것을 알았지만 결혼해서 함께 살기 전까지는 어느 정도로 다른지를 정말 몰랐습니다.

어느 날 저녁, 남편이 나를 피하고 있다는 느낌이 들었을 때는 정말 충격이었어요. 남편의 대답은 점점 더 짧아졌어요. 자기가 적게 말하면 나도 말을 하지 않을 것 같았나 봐요. 결국에는 내가 질려서 사람들과 전화로 수다를 떨면서 풀었기 때문에 그 전략이 통하긴 했죠. 짐과 제대로 이야기를 할 수 없어서 정말로 상처를 많이 받았어요. 남편이 왜 그런지 도무지 알 수 없었지요. 처음에는 남자들은 원래 그런가 보다 생각했어요. 하지만 과거에 만났던 남자들을 떠올려보면 꼭 그렇지는 않았답니다. 실제로 짐과 같은 여자들도 있어요. 그래서 그것은 짐의 성격임을 알았지요.

나는 사람들과 어울리는 것을 좋아해요. 거기서 에너지를 얻어요. 하지만 짐은 파티에 가도 얼마 지나지 않아서 쉽게 지치고 일찍 떠나고 싶어 해요. 그가 한쪽에 혼자 앉아 있거나 다른 방으로 조용히 들어가는 것도 봤어요. 도대체 이 남자는 왜 그럴까 하는 생각이 들기도 했고요. 시간이 지난 후에야, 그러한 조용한 시간과 공간이 있어야 짐이 에너지를 얻는다는 사실을 깨닫기 시작했답니다. 그런 시간과 공간이 내게는 힘을 빼앗아가지만 그에게는 원기를 회복시켜준다는 것도요.

그는 친절하고 소통을 잘해요. 하지만 자기 방식을 벗어나면서까지 사람들과 사귀려 들지는 않아요. 나에게는 많은 친구들이 있지만 그는 두세 명으로도 만족하죠. 그 차이를 아시겠죠! 그리고 나는 말하는 중간에 끼어드는 것을 좋아하는데 그것이 짐을 정말 힘들게 했나 봐요. 남편은 상대방이 그렇게 하겠다고 넌지시 알려줘야 스트레스를 받지 않더라고요.

가장 큰 갈등은 의사소통에 있었어요. 어떤 문제를 해결해야만 할 때 나는 문제의 모든 면을 이야기해요. 하지만 내가 더 많이 이야기할수록 남편은 점점 더 뒷걸음치는 것 같았어요. 계속 다그치면 입을 열 거라고 생각했죠. 하지만 그런 일은 없었어요! 그냥 뒤로 물러서서 입을 다물거나 "모르겠어"라고 말하고는 끝이었죠. 내가 즉답을 원했다는 것은 인정해요. "짐, 지금 당장 말해요. 시간 끌지 말고 말해봐요!"라고 몰아붙이곤 했으니까요. 그러면 남편은 아무 말 없이 그저 침묵을 지켜요. 마치 생각이 마비된 것 같았죠. 나중에야 그 사실을 발견했어요.

짐은 사람들이 흔히 말하는 내성적인 사람이지요. 어디선가 읽었는데, 내 남편은 압박을 느끼지 않는 환경에서 마음속으로 조용히 생각하기를 좋아하는 사람이라고 해요. 그렇게 생각한 후에야 할 말이 많아진다는 사실을 몰랐지요. 이제 그의 견해가 필요하거나 의논할 일이 있으면 그에게 가서 "짐, 당신이 생각해보았으면

하는 게 있어요. 이런저런 것들을 찬찬히 정리해봐요. 그런 다음에 의논해요"라고 합니다. 그는 그것을 고마워하고 시간이 되면 우리는 많은 이야기를 나눌 수 있어요. 내가 한동안 그렇게 하자 남편은 "조용히 생각할 시간을 마련해줘서 고마워"라고 했어요. 기분이 좋았죠.

생각하면서 동시에 말하는 일은 그에게는 편치 않던 거죠. 그것은 내 세상이지 그의 세상은 아니었고요. 멋모르고 그에게 심한 압력을 가하고선 심하게 싸웠던 적이 몇 번 있었어요. 그래서 그를 압박하면 안 된다는 것을 배웠어요. 그가 먼저 생각하도록 놔두는 것이 더 나아요.

내 머릿속에서 바로바로 떠오르는 생각들을 가지고 짐을 방해하지 말아야 한다는 사실도 배웠어요. 내 생각을 정리해서 남편이 관심을 기울일 때에 이야기하면 효과가 크다는 것도요. 남편은 내가 하는 모든 말에 의미를 부여했기 때문에 내 생각을 들으면서 힘들어진 거죠. 그를 힘들게 한 거였어요. 나는 누가 알든지 상관하지 않고 특별한 의미 없이 무엇이든지 이야기하는 스타일이거든요. 이제는 그에게 미리 주의를 줍니다. "짐, 지금은 그냥 내 생각을 가볍게 이야기하는 거예요. 집에 있는 가구를 몽땅 옮기자는 이야기가 아니니까, 마음 편히 들어봐요."

한때는 짐이 조용하게 자기 세계로 들어가는 모습을 보면서 그런 식으로 나에게 앙갚음을 하는 것은 아닌가 생각하기도 했어요. 하지만 그런 게 아니었어요. 하나님은 나와 짐을 각각 독특하게 만드셨어요. 내가 그것을 이해하지 못했을 뿐이지요.

남편을 있는 모습 그대로 살도록 격려하면 오히려 내게 더 많은 유익이 있다는 것도 알았고요. 어느 날엔가는 그가 지쳐 있는 것을 알면서도 입이 근질거렸어요. 보통은 내가 의논할 게 있다며 말문을 열었을 텐데, 그날은 잠언 말씀이 생각났어요. "말이 많으면 허물을 면하기 어려우나 그 입술을 제어하는 자는 지혜가 있느니라"(잠 10:19).

그래서 짐에게 "당신이 충전되는 데 시간이 필요한 것 같아 보여요. 글을 읽든지, 당신이 하고 싶은 것을 하고 나중에 이야기해요"라고 했지요. 그런 후 우리는 상당히 많은 말을 했어요. 그에게 충분한 시간과 공간을 마련해주는 것과 남편이 이야기할 때 끼어들지 않는 법을 배웠어요. 이제는 그가 별말을 하지 않아도 대화를 피한다는 생각은 하지 않아요. 나는 이것저것 흩뜨리는 접근을 하는 반면에 그는 일정한 방식을 정해 접근한다는 점이 다르죠.

∼⚜∼

"내 남편은 압박을 느끼지 않는 환경에서
마음속으로 조용히 생각하기를 좋아하는 사람이라는 것을 알았어요.
그렇게 생각한 후에야 할 말이 많아진다는 사실을 몰랐지요."

짐과 앨리스의 고백이다. 이 둘은 서로 정반대 유형과 결혼했다. 어떤 편이 좋고 나쁜 게 아니다. 각자가 독특한 방식으로 지음을 받았다. 당신은 짐과 앨리스 중에 누구에게 더 공감이 가는가? 당신 안에는 이 둘의 모습이 모두 있는가?

외향적인 사람(E)과 내향적인 사람(I)은 각각 어떤 특성을 갖고 있는지 정리해보자. 이런 특성들은 환경에 어떻게 반응하고 어떻게 에너지를 얻느냐를 기준으로 구분될 수 있다.

외향성: 사람 중심

외향성과 내향성은 에너지를 어떻게 얻느냐에 따라 구분된다. 외향형은 사람들로부터 에너지를 얻는다. 그는 사람 중심이다. 하지만 내향형은 홀로 있을 때 에너지를 얻고, 내면 중심이다.

우리는 배터리와 같다. 배터리가 충전기에 연결되면 에너지는 배터리로 흘러들어간다. 전구를 밝힐 때는 반대로 에너지가 배터리 밖으로 빠져 나온다.

외향형을 보자. 사람들이 주위에 있으면 외향형은 에너지를 얻는다. 그러나 홀로 앉아 조용히 사색을 할 때는 에너지가 밖으로 빠져나간다. 내향형은 이와 반대다. 내성적인 사람의 경우, 조용하게 사색할 때에는 충전이 되지만 사람들과 함께 활동할 때는 에너지가 밖으로 빠져나간다.

외향형은 사회적인 존재다. 사람들이 주는 에너지가 그들을 채운다. 그들은 낯선 사람도 친구처럼 대하며 대화를 주도한다. 함께 6시간을 보낼 생각으로 그들을 초대하면 9시간을 훌쩍 넘겨서도 할 말이 남아 있다. 모임이 끝날 무렵이 되면 그들은 친구들과 함께 카페에 갈 준비가 되어 있다. 누구를 만나더라도 너무나 빨리 내밀한 이야기를 꺼내기 때문에 내향형 배우자는 그 문제로 근심이 될 정도다.

외향형은 잘 들어주지 못한다. 그들은 이목을 끌고 싶기 때문에 듣는 것에 서툴다. 그들은 또한 대화 중간에 끼어드는 경향이 있다.

외향형은 걸어 다니는 입이라는 별명을 듣는다. 생각이 정리되기 전에 먼저 말을 꺼낸다. 심지어는 스스로도 어떤 이야기를 하게 될지를 모른다. 그들은 이야기하면서 생각을 정리하는 스타일이며, 누구든지 그 과정에 들어오는 것을 환영한다. 외향형은 자기 삶에 많은 바운더리를 두지 않으며 더 큰 울타리에서 노는 것을 좋아한다.

외향형은 소음을 즐긴다. 수시로 전화가 울려 자기를 방해하기를 바란다. 전화가 울리지 않으면 그들이 직접 사람들에게 전화할 것이다. 집에 가면 TV나 음악에 집중하지 않으면서도 그냥 틀어놓는다. 그들에게 소음은 마치 배경음악과도 같다.

갈등이 생기면 외향형은 더 크게 빨리 말한다. 여기서 한 마디만 더하면 문제가 해결될 것처럼 적극적이다.

외향형은 배우자가 없을 때 외로워한다. 그래서 가만히 앉아 있지를 못하고 배우자와 함께 뭔가를 하려 한다. 외향형이 다른 사람들과 연결되는 모습을 보면 안정감을 누린다는 생각이 들겠지만, 그들은 사람들로부터(특히 중요한 사람들에게서) 받는 칭찬과 인정에 목말라 있다. 외향형은 다른 사람의 입에서 일을 잘해냈다는 말을 듣기 전에는 잘 믿지 않는다. 그들에게는 인정이 필요하다.

내향성: 내면 중심

내향형은 이야기를 공유하기 전에 그것을 머릿속으로 먼저 정리해야 하는 사람들이다. 즉각적으로 빨리 대답하라는 압박을 받으면 마음을 닫는다. 그들이 주로 쓰는 말은 "생각해볼게요" 혹은 "다음에 이야기해요"이다.

그들은 종종 수줍거나 말이 없어 보인다. 많은 사람을 만나기보다는 마음이 통하는 한두 명이나 소수의 친구들과 함께 보내는 시간을 더 선호한다. 낯선 사람들이 모인 곳에서는 보통 가만히 있는다. 그들은 자신만의 프라이버시를 중시하고 조용한 시간을 좋아한다. 또한 몰입을 중요시하고 바깥 소리를 차단하는 법을 안다.

6시간이 예정된 파티에 간다면 보통은 이렇게 반응한다. "6시간 이요? 농담이시죠. 6시간 동안 뭘 하죠?" 그래서 내성적인 그들은 모임에 늦게 가서 소수의 사람들과만 선별적으로 만나 이야기하고는 일찍 그 자리를 뜬다. 그들에게는 그게 편하다. 주일 오후의 교제 시간이나 교회 봉사에는 솔직히 별 관심이 없다. 부담스럽기 때문이다.

내성적인 사람들은 좋은 경청자이기도 하거니와 이야기할 때 누군가가 방해하는 것을 무척 싫어한다. 그들은 대화할 때도 생각을 집중하고 상대방도 그렇게 해주길 원한다. 새로운 관계를 맺을 때 무척 조심스러워하는 편이다.

내향형은 질문을 받으면 평균 7초 만에 대답한다(평균 2.5초가 지나면서 외향형이 대답하라고 볶아대는 통에 문제가 생긴다). 학교 환경은 외향형 아이들에게 맞추어져 있다. 교사가 질문하면 외향형 아이들은 답을 모르면서도 손을 든다. 교사는 이런 상황에서 어떻게 해야 할까? "여기 질문이 있어요. 20초 동안 생각해봐요. 그런 다음에 물어볼게요." 이렇게 시간의 여유를 주면 말하기 전에 생각을 정리해야 하는 내향형 학생들도 동등한 기회를 얻는다.

～～～

외향성과 내향성은 에너지를 어떻게 얻느냐에 따라 구분된다.
외향형은 사람들로부터 에너지를 얻는다. 그는 사람 중심이다.
하지만 내향형은 홀로 있음으로 에너지를 얻고, 내면 중심이다.

짐의 이야기에 나왔던 것처럼, 내향형은 상대방의 질문과 자신의 답변을 마음속에 담아두면서 곱씹는다. 자기 안에서도 대화가 이루어지는 것이다. 그런 대화가 실제로 있었다고 착각할 정도로 실제적이다.

내향형은 칭찬을 향해 의심의 눈초리를 보낸다. 그들이 남을 별로 칭찬하지 않는 이유이기도 하다. 만일 배우자가 외향형이라면 관계에 어떤 영향이 있을까?

내향형은 결혼 후 배우자의 부재를 잘 견뎌낸다. 그들은 많은 활동이나 소음 없이 배우자와 같이 있는 것을 더 좋아하고 자신이 통제할 수 있을 만큼의 작은 활동 공간에서 더 편안함을 느낀다. 그들에게는 명확한 바운더리 설정이 중요하다. "당신은 내 영역을 침범하지 말아요. 나도 당신 영역에 침범하지 않겠어요." 이것이 그들의 모토다.

외향형과 내향형, 이렇게 조화하라

외향형과 내향형은 서로 조화롭게 살아갈 수 있을까? 극단적인 외향형이나 내향형이 만나면 어떻게 될까? 성향이 같은 사람들끼리 만나야 살기 편하다고 생각할지도 모른다. 하지만 우리의 인격 형성 과정에서는 자신의 개성과 다른 부분들이 꼭 필요하다.

외향형과 내향형이 부부로 만나야 관계 속에서 더 흥미롭고 깊은 사랑을 경험할 수 있다. 물론 서로 맞춰가기 위해서는 더 많은 수고가 필요할 것이다. 결혼 전에 외향형과 내향형이 서로에게 매력적으로 보였던 바로 그 요인이 결혼 후에는 갈등의 주요 원인으로 변한다.

자기와 다른 선호를 가진 사람들과 조화롭게 살아가려면 어떻게 해야 할까? 상대의 다름과 특성을 받아들이고, 자기의 선호에 따라 상대를 바꾸려고 하지 말아야 한다. 외향형의 사교적 능력과 내향형의 안정됨이나 생각의 깊이와 같은 강점이 만나면 둘이 함께 하나님께 영광을 드릴 수 있다.

외향형은 내향형이 피상적인 사교 모임에 참석하면 에너지가 소진될 수 있다는 사실을 알고 있어야 한다. 그들은 편안함을 느끼는 몇 명과 함께 가끔 시간을 보내는 것을 좋아한다. 그러므로 외향형이 주목해야 할 부분은 다음과 같다. 비교적 큰 모임에서 내향형 배우자를 소개하지 않기(여러 번 주의를 집중해야 하기 때문에 그들은 피곤함을 느낀다), 너무 크게 이야기하지 않기, 부부 사이의 사적인 문제를 말하고 다니지 않기, 큰 소리로 기도하라고 하거나 즉각 답을 해야 하는 질문을 하지 않기 등이다. 외향형은 내향형 배우자의 배터리가 고갈되어 충전이 필요하지는 않은지 수시로 확인해야 한다.

내향형은 외향형 배우자가 여러 사람들과 함께 있을 때 힘을 얻는다는 사실을 기억하자. 모임에 갔을 때 배우자에게 더 많은 시간을 보내라고 하면 좋아한다. 무엇보다도 내향형은 자기가 필요하다고 생각하는 것보다 더 많이 배우자를 칭찬해야 한다.

어떤 여성이 외향형이 다수인 집안에 시집을 갔다. 가족 모임에 가서 버틸 수 있는 시간은 한 번에 한 시간 정도였다. 한 시간이 지나면 30분간 홀로 다른 방으로 가서 자기 시간을 가져야 했다. 그게 현실이었고, 그렇게라도 해야만 버틸 수 있었다. 집안 사람들도 이제는 그 차이를 이해한다.

하나님께서 우리를 지으신 그 독특한 방식을 거슬러서 뭔가를 하면 안 된다. 우리는 균형을 찾아야 하고, 사람들의 필요를 채울 수 있어야 한다.

내향형은 외향형이 자기 생각을 자유롭게 말하는 것을 들으면서 그것을 모두 사실로 단정하면서 진지하게 들어서는 안 된다. 그들은 그저 말하면서 정리하는 스타일이기 때문이다. 한편으로 외향형은 그런 일을 하면서 핵심을 설명해주면 좋을 것이다. 그리고 내향형은 자신이 뭔가를 생각하고 있을 때 외향형이 무시당한다는 느낌을 갖지 않도록 말을 해야 한다. 내향형이 아무 말을 하지 않는다면 외향형은 자신이 거절당한다고 생각할 수도 있기 때문이다.

❧❧❧

자기와 다른 선호를 가진 사람들과
조화롭게 살아가려면 어떻게 해야 할까?
상대의 다름과 특성을 받아들이고, 말로 칭찬하고,
자기의 선호에 따라 바꾸려고 시도하지 말아야 한다.

남편은 매우 외향적이고 아내는 내향적인 부부가 있다고 하자. 아내는 모임에 참석해서는 말을 많이 하지 않지만 가까운 친구들을 만나면 오히려 남편보다 더 많은 이야기를 한다. 남편은 매 주일 오후에 집에 사람들을 초청해 시끌벅적하게 지내는 것을 좋아한다. 아내는 1년에 서너 번이면 충분하지만 말이다.

자, 그렇다면 이 부부는 앞으로 어떻게 해야 할까? 그들은 한 달에 한 번, 교회 예배가 끝난 다음에 세 가정 정도를 초청한다. 두 가정은 아내가 잘 알고 편안함을 느끼는 사람들이다. 다른 한 가정은 아내가 새로 만나는 사람들이지만, 소그룹을 통해 얼마든지 그들을 알아갈 수 있다. 이 부부는 그런 식으로 서로 조화롭게 살아가는 법을 배우는 것이다.

당신은 어떠한가? 관계를 성장시키고 서로 온전히 연합되기 위해서 어떤 일을 할 수 있겠는가? 그런 차이가 두 사람을 성장시킨다는 사실을 기억하라.[1]

1. 이번 장의 내용을 다시 살펴보면서 자신의 모습을 잘 묘사하는 특성을 적어보라. (양쪽 모두 해당될 수도 있다.)

2. 부부가 더 조화로운 관계로 나아가려면 각자는 어떤 식으로 다르게 반응해야 할까? 당신과 배우자는 어떤 부분에서 다른 모습을 보여줄 필요가 있을지를 적어보라.

3. 배우자의 특성 중에 당신이 이해하기 가장 어려운 부분은 무엇인가?

제10장

예술가 남편과 변호사 아내, 행복을 배우다

감각형과 직관형은 서로에게 어떻게 끌릴까?
철두철미하고, 착실하고, 책임감 있는 사람은
자유로운 나비와 같은 사람에게 매력을 느낀다.
하지만 서로에게 홀딱 반해 후딱 지나가는 신혼 기간이 끝나면
그러한 다름으로 인해 서로를 벽으로 몰아세우는 일도 종종 일어난다.

지금부터 다룰 선호 유형은 부부 사이의 대화와 친밀감 부분에 특히 지대한 영향을 미치는 요소다. 당신이 어떤 종류의 정보에 더 민감하게 반응하고 그것을 어떻게 얻으며, 모은 정보에 어떤 식으로 관심을 기울이고 그것을 다른 사람과 어떻게 공유하는지는 당신이 감각형(S)인가, 아니면 직관형(N)인가에 따라 확연하게 달라진다.

감각형은 정보를 어떻게 처리하는가?

당신이 감각형(S)이라면 오감을 통하여 받아들이는 정보를 중요하게 생각한다. 현재 상황에서도 팩트와 디테일에 주목한다. 당신은 그렇게 정보를 인식하고, 그것이 진짜라고 믿는다.

극단적인 감각형 친구와 낚시를 간 적이 있었다. 낚시 중에 옆에 있는 사람에게 "미끼 좀 있어?"하고 물을 때에는 미끼를 좀 달라는 말이라는 것 정도는 삼척동자도 알 것이다. 하지만 친구에게 미끼가 있느냐고 물었을 때, 그는 "응, 있어"라고 말하고는 그만이었다. 내가 "미끼 좀 줄래?"라고 요청할 때까지 친구는 가만히 있을 참이었다. 이처럼 감각형은 추측하지 않고 정확한 정보를 달라고 요청한다.

실제 대화에서도 감각형이 어떤 사람인지가 드러난다. 감각형은 질문을 할 때 정확한 대답을 원한다. 감각형 남편이 "몇 시에 만날까?"라고 물었을 때 "4시 정도에 봐요"라고 말하면 안 된다. "4시 '정도'라면 3시 55분, 4시, 4시 5분 중에 언제를 말하는 거죠?"라고 되물을 것이다. 감각형은 그만큼 곧이곧대로 받아들인다.

당신이 감각형이라면
오감을 통하여 받아들이는 정보를 중요하게 생각한다.
현재 상황에서도 팩트와 디테일에 주목한다.
감각형은 자세하고 명백한 것들을 원하기 때문이다.
사람들이 분명한 지침이나 설명을 해주지 않으면
그들은 크게 좌절한다.

어떤 물건을 보고 구입할까 말까 고민하는 감각형에게 배우자가 "가격 괜찮네. 100불도 안 돼요"라고 말해도 별 도움은 되지 않는다. 그는 정확한 값을 원한다(정도가 심할수록 더 그렇다).

또한 감각형은 현재의 일에 집중하는 수준이 높다. 미래는? 때가 되면 길이 열릴 것으로 믿는다. 그들은 앞으로 벌어질 일에 대해 궁금해하면서 시간을 낭비하는 일을 싫어한다.

감각형은 '실행자'다. 뭔가를 생각하면서 마냥 앉아 있는 것과 확실하지는 않아도 나름의 방식대로 임무를 실행하는 것 중에 선택해야 한다면 그들은 후자를 택한다. 눈에 보이는 결과를 얻기 위한 투자를 아끼지 않기 때문이다.

감각형은 실제적이다. 이론은 별 감흥을 주지 못하지만 확실한 사실들 앞에서 그들은 흥분한다. 설교나 강의 스타일도 이런 성향의 영향을 받는다. 다른 사람으로부터 어떤 이야기를 들을 때에도 A, B, C, D 순서대로 설명 듣기를 원한다. 일련의 순서를 벗어나 두서없이 이야기하는 것을 그다지 좋아하지 않는다.

감각형은 상상력과 별로 친하지 않다. 사람들이 왜 애써 예측하고, 추측하고, 상상을 하는지 궁금해한다. 그것이 무슨 유익이 될까를 생각하는 것이다.

감각형은 자세하고 명백한 것들을 원한다. 그래서 사람들이 분명한 지침이나 설명을 해주지 않으면 크게 좌절한다. 막연한 설명을 들으면 그들은 정말 힘들어한다. 직관형에게 "가까운 스타벅스 커피점이 어딘가요?"라고 묻는다면 그들은 이런 식으로 설명한다. "17번가로 간 후, 왼쪽으로 돌아서 두 블록 정도를 가면 오른쪽에 있어요." 하지만 감각형은 이런 식이다. "당신이 들어온 길로 돌아 나가서 왼쪽으로 돌아서 길을 하나 지나면 17번가예요. 거기서 왼쪽으로 돌아서 세 블록 반 정도를 가면 왼쪽에 KFC와 벽돌 건물로 된 세탁소가 보일 텐데요, 그 사이에 있어요."

감각형은 눈앞의 일에 집중하기 때문에 전체 계획을 잘 보지 못한다. 나무는 잘 보지만 숲을 못 보는 것이다.

돈 문제에 있어서 감각형은 매우 정확하다(이것은 갈등의 주된 원인이 될 수 있다). 그들에게 돈은 실제적인 현실이다. 그들은 자신이 가진 만큼만 돈을 쓴다.[1] 감각형은 장밋빛 안경을 벗어버리고 돈을 현실적으로 바라본다.

관계에서의 예측 가능성은 감각형에게 안정감을 주지만 변화는 그들을 두렵게 한다.

직관형이 꿈꾸는 세상

당신이 직관형(N)이라면 오감이나 사실 관계보다는 육감이나 촉을 중요시할 것이다. 디테일과 팩트는 중요한 부분이긴 하지만 직관형은 이런 것들에 쉽게 지루해한다. 그들은 겉으로 드러난 가치를 기준으로 받아들이지 않고 관계에서 숨은 의미를 찾는다. 즉, 가능성을 찾는 것이다. '가능성'은 직관형에게 매우 중요한 단어다. 그들의 초점은 지금, 여기가 아니라 미래에 있기 때문이다.

직관형은 때로는 약간 얼빠진 사람처럼 보이기도 한다. 그들은 동시에 여러 가지를 떠올리기를 잘한다. 그들이 보기에 미래는 여러 흥미로운 가능성으로 가득하기에 현재에 집중하기 어렵다. 그들은 미래를 위하여 산다. 그렇다면 오늘은? 오늘이 존재하는 목적은 내일을 준비하기 위한 것이다! 직관형이 여행을 간다면, 출발하기 몇 주 전부터 이미 여행은 시작된 것이나 다름없다. 준비하는 동안에 모든 경험을 다 하기 때문이다. 감각형은 목적지에 도착할 때까지는 여행이 시작되지 않는다. 그들은 여행지에 도착한 후에야 비로소 여행을 만끽한다.

감각형과 직관형의 차이는 실로 의미심장하다. 직관형은 뭔가를 설명할 때 자신이 실제로 경험한 것처럼 이야기한다. 내가 아는 한 부부도 그랬다. 짐은 직관형이고 세일라는 감각형이었다. 짐은 대학 시절에 여행을 많이 다녔지만 세일라는 결혼할 때까지 네브래스카 주를 떠난 적이 없었다.

결혼한 지 1년이 조금 넘었을 때 짐은 아내에게 다음 여름에는 꿈 같은 휴가를 보내고 싶다고 말했다. 그는 캐나다와 알래스카 주를 탐험하길 원했다. 아내에게는 다른 부부도 함께 갈 '가능성'이 있다는 언질을 주었다. 짐은 샌디에이고에서 밴쿠버까지 차로 운전해서 간 다음, 알래스카 주를 돌면 어떨지를 설명했다. 텐트와 침구를 가지고 가서 캠핑 장소에서 숙박을 하면 비용도 많이 들지 않는다고 덧붙였다. 거기서 경험할 수 있는 야생 환경에 대해서도 장광설을 늘어놓았다. 계획을 말할수록 표현력은 더 늘었고 묘사는 거의 실제처럼 느껴졌다.

이야기를 마친 짐은 아내도 함께 흥분하리라 기대했다. 하지만 그런 일은 일어나지 않았다. 실용적인 데에 강한 세일라가 보기엔 여기저기 문제가 많았기 때문에 남편의 아이디어에 공감할 수가 없었다. 질문은 이어졌다. "우리가 그런 시간을 어떻게 낼 수 있죠?", "만일 차가 퍼져버리면 어떻게 해요?", "캠핑은 정말 안전한가요?", "어디서 먹을 거예요?", "샤워는 어디서 해요?"

짐은 무너져 내렸다. 그는 아내가 자기처럼 기뻐하리라고 예상했다. 그는 아내와 꿈을 나누었던 것이다. 짐은 마치 곧 일어날 일인 양 말했다. 하지만 세일라는 모든 것을 문자 그대로 받아들였고 압박을 느꼈다. 만일 짐이 아내의 소통 방식을 존중하면서, 여행에 대해 보다 사실적으로 이야기했더라면 어땠을까? 가령 그녀의 질문을 예상해보고, 궁금해할 만한 부분에 대해 자세히 대답하면서 자신의 꿈을 이야기했더라면 아내도 좀 더 기분 좋게 반응했을지도 모를 일이다. 하지만 짐은 직관형에게 말하듯이 해버렸다.

❧❧❧

당신이 직관형이라면
오감이나 어떤 사실 관계보다는 육감이나 촉을 중요시할 것이다.
그들을 겉으로 드러난 가치를 기준으로 받아들이지 않고
관계의 숨은 의미를 찾는다. 즉, 가능성을 찾는 것이다.

직관형은 시간을 상대적으로 대한다. 그들에게도 시계는 있지만 시간을 지키는 것과는 무관하다. 가령 행사가 시작되지 않으면 지각이 아니라고 생각한다. 그들은 또한 한꺼번에 많은 일을 처리하다가 모임에 늦는 경우도 있다. 다섯 가지를 처리한 후에 모임에 가도 충분하다고 생각하다가, 모임에 갈 시간이 다 되어서야 두 번째 일을 반쯤 끝내고 헐레벌떡 일어서는 식이다.

감각형과 직관형, 이렇게 다르다

감각형과 직관형은 서로에게 어떻게 끌릴까? 철두철미하고 착실하고 책임감 있는 사람은 자유로운 나비와 같은 사람에게 매력을 느끼는 법이다. 하지만 서로에게 홀딱 반해 후딱 지나가는 신혼 기간이 끝나면 그러한 다름으로 인해 서로를 벽으로 몰아세우는 일도 종종 일어난다.

감각형은 바위처럼 견고하다면, 직관형은 창조적이다. 직관형은 항상 역동적이고 재미있는 일을 찾는다. 만일 감각형이 캔버스에 그림을 그린다면 노먼 록웰(Norman Rockwell)이 그린 그림과 흡사할 것이고, 직관형은 피카소의 그림을 닮았을 것이다.

감각형과 직관형의 차이를 자세히 살펴보기 위하여 각 그룹을 따로 모이게 했다. 각 그룹에게는 건물을 만들어보라는 설명만 전달했다.

감각형이 만든 건물은 명확했고, 8.0의 지진에도 견딜 수 있을 만큼 견고했다. 하지만 미적 감각이나 창조성은 부족했다. 직관형이 보기에 그 건물은 너무나 기능적이었고 지루했다.

직관형이 지은 건물은 예술 작품이었다. 독창적이면서 어떤 도시가 연상되어 멋졌다. 그러나 큰 문제가 있었다. 구조가 견고하지 못해 외부의 위험을 맞닥뜨리면 한 방에 날아갈 수 있었다.

그러므로 아름다움과 견고함, 둘 다를 갖춘 건물을 지으려면 감각형과 직관형이 함께 일해야 한다.

관찰 스타일

감각형은 현재, 여기에 있는 사람이다. 데이비드 스툽과 잔 스툽(Dr. David Stoop and Jan Stoop)은 감각형과 직관형이 삶의 방식에서 어떻게 다른지 설명한다.

> 직관형은 일을 빨리 끝낸다. 그들은 언덕을 내려간 지 얼마 지나지 않아서 스키 점프대를 발견한다. 그들은 공중을 날아서 언덕 아래에 착륙한다. 1분도 지나지 않아서 거기 도착하고는 앉아서 감각형 배우자를 기다린다. 드디어 배우자가 도착할 때 직관형은 질문을 던진다. "도대체 왜 이렇게 오래 걸렸소?"
>
> 반면 감각형은 내려오면서 보았던 모든 것들을 의미 있게 생각하며 만끽하려 한다. 도착한 후 직관형에게 "당신은 어떻게 여기에 왔어요?" 하고 묻는다. 직관형은 "어떻게 왔는지는 잘 모르지만, 아무튼 여기에 있잖소"라고 말할 뿐이다. 감각형은 말한다. "여기 오기까지 오래 걸렸지만 적어도 어떻게 온 줄은 알아요." 감각형은 많은 것들을 자세하게 보지만, 직관형은 너무 빨리 결론에 도달하는 나머지 자세한 것을 보지 못하고 때로는 순간의 즐거움을 놓치기도 한다.[2]

직관형은 액면 그대로를 받아들이지 않고 항상 "왜 그렇지?"라고 질문하면서 더 깊은 것을 탐사한다. 그들은 꼬치꼬치 캐묻기를 좋아하고 모험적인 본성으로 인해 감각형을 자주 힘들게 한다. 또한 직관형은 구체적인 질문에도 일반적으로 대답한다. 직관형의 안내나 설명은 모호하기 때문에 사람들이 이해하기 힘든 경우가 많다.

직관형은 개별적인 나무보다는 숲 전체를 보려는 경향이 있다. 그래서 상세한 특성은 지나칠 수 있다. 한편 그들은 앉아서 숲을 보면서도 마음이 다른 곳에 가 있기 때문에 눈앞의 숲도 못 볼 때가 있다.

TV를 볼 때도 다르다. 감각형이 방금 전에 본 것을 이야기하면 직관형은 "그게 뭐였지?"라고 할 때가 있다. 방금 함께 봤던 것인데도 말이다. 직관형은 거기에 대해 꼬리에 꼬리를 물고 생각하다가 그 주제에서 벗어나 마음에 떠오르는 다른 것을 숙고하기도 한다. 감각형과 직관형이 이야기할 때 종종 벌어지는 일이다. 이렇게 되면 감각형은 직관형 배우자가 자기 이야기를 듣지 않고 있다고 생각한다.

재정 관리 스타일

재정 관리에 있어서도 분명한 차이가 있다. 직관형이 재정을 관리한다고? 맙소사! 그들은 다음 달 월급을 어떻게 쓸 것인지 생각하기를 더 좋아한다. 돈을 사용하면서 새로운 가능성의 문이 열리기를 기대하는 것이다. 직관형은 돈의 가치를 '가능성'이라는 측면에서 평가한다. 그들은 위험 요소는 무시하고 돈을 많이 벌 수 있다는 가능성을 주로 보기 때문에 새로운 투자 기회를 들으면 귀가 솔깃해진다.

관계를 이끌어가는 스타일

직관형은 대체로 관계를 긍정적으로 본다. 때로는 비현실적으로까지 보일 정도다. 선물이나 카드를 주고받거나 특별한 날에 작은 성의 표시를 함으로써 관계가 계속 발전하는 것을 중요하게 생각한다. 관계에서는 변화와 변주(變奏)가 매우 중요하다. 직관형은 역할과 기대 수준을 맞추어가는 부분에서는 변화 가능성을 열어둔다.[3]

직관형과 감각형이 데이트를 할 때 어떤 차이를 보이는지 살펴보면 무척 흥미롭다. 감각형에게 데이트는 함께 있을 때부터 시작된다. 그러나 직관형은 그렇지 않다. 그에게 데이트는 약속을 한 날부터 시작된다. 그는 그때부터 데이트에 대해 생각하고 공상을 한다. 데이트를 마친 후에는 그 경험을 복기하지 않고 다음 데이트를 미리 생각한다. 사실, 직관형의 상상 속에서 일어나는 일이 실제보다 더 나을 때도 있다. 두 번째 데이트에서 직관형이 이전의 데이트를 묘사한 것을 들어보면 과연 시간을 함께 보낸 게 맞는지 싶을 정도로 다르다. 때로는 직관형의 상상에 의해 실상이 조금 왜곡되기도 한다.[4]

1. 앞에서 설명한 특성 중에 당신과 배우자에게 해당되는 부분은 어떤 것인가?
2. 부부의 선호 방식의 차이로 인해 대화하는 것이 힘들었을 때는 언제인가?

설명하는 스타일

감각형과 직관형은 지시하는 방식이 매우 다르다. 예를 들어, 요리 방법을 가르친다고 했을 때 어떠한 차이를 보이는지 살펴보자. 다음은 단호박 스프를 만들기 위한 음식 재료를 나열한 것이다.

썰어놓은 양송이 230그램	카레 가루 한 스푼
우유 한 컵	양파 썬 것 0.5컵
익힌 단호박 1파운드	소량의 넛맥
버터 한 스푼	소금과 후추
야채나 닭 국물 세 컵	밀가루 한 스푼
꿀 한 스푼	

감각형은 이렇게 설명한다.

무거운 냄비, 칼, 캘리퍼스(이게 뭔지 모르겠거든 사전을 찾아보세요), 온도계, 스푼, 수평기, 계량컵 등을 포함한 도구를 준비합니다.

재료를 꼼꼼히 점검해야 합니다. 단호박 스프를 만드는 데 소금과 후추는 얼마나 들어가야 하는지, 넛맥은 어느 정도 넣을 것인지 요리책을 보거나 친구에게 물어서 확인하십시오.

양송이와 양파는 썰어놓으세요(5미리미터 두께가 적당. 이때 캘리퍼스가 필요함). 양송이와 양파를 버터에 볶으십시오. 그러고는 밀가루를 한 스푼 넣으세요. 국물을 넣기 전에 소스를 좀 진하게 해야 스프가 묽어지지 않습니다. 양송이는 칼로 자르려 할 때 약간 튕기는 감이 있으면 익은 겁니다. 양파는 칼이 잘 들어가면 익은 거고요.

밀가루를 넣고, 국물을 넣어요(계량컵을 사용할 때 수평면을 잘 맞추세요. 이때 수평기가 필요해요). 그리고 우유를 제외한 다른 재료를 전부 넣으세요. 그런 다음 우유를 넣는데, 우유는 끓이지 말고 데워야 해요(온도계를 사용해서 93도 이하로 데우세요). 보기 좋은 그릇에 담아 신선한 파슬리로 장식하세요.

이에 반해, 직관형은 어떻게 설명하는지 보자.

스프를 창조적으로 만들 수 있는 방법은 참으로 많습니다. 맛있고 영양분이 풍부한 단호박 스프는 동시에 여러 요리에도 사용됩니다. 냉장고를 열고, 상상력을 펼쳐보세요. 밤, 올리브, 겨자, 닭… 무엇이든지. 이것을 단호박 스프로 부르고 싶다면 단호박을 넣어야 하겠지만, 대신에 으깬 당근이나 애호박, 고구마를 넣어도 크게 상관은 없습니다. 자, 이제 재료를 볶기 시작하세요. 그리고 나머지 재료를 넣고 적당할 때 맛보세요.

스프가 데워지는 동안에(우유를 넣는다면 끓이지 않는 것이 나아요) 그 스프에 어울리는 빵을 만들고 싶겠죠. 다음 주에 할 예정이던 햄버거 요리를 시작하는 것도 좋겠군요.

스토브에서 익어가는 맛있는 스프에 대해 생각하면서 스프 시식 행사를 위한 계획도 세울 수 있을 겁니다. 어떤 것이든지 깨끗한 그릇에 스프를 담아서 놓으면 됩니다.

두 가지 선호 유형이 얼마나 다른지를 보았는가? 통계적으로 확인된 바에 의하면, 인구의 70퍼센트 정도가 감각형이고 30퍼센트는 직관형이다.

꽃무늬장식

성경 공부 모임에서 감각형은
정확하게 질문하고 답이 분명하게 나와 있는 것을 좋아한다.
그러나 직관형은 여러 영역에서 다양한 방식으로
하나님의 말씀을 적용할 수는 없는지 알고 싶어 한다.

언어 표현 스타일

직관형은 자신의 꿈과 아이디어에 대해 감각형이 별 반응을 보이지 않으면 좌절한다. 만일 직관형이 단순하고 실제적인 방식으로 아이디어를 내고 감각형에게 고려해달라고 부탁하면 감각형의 열정도 이끌어낼 수 있다. 감각형의 반응을 얻으려면 대화도 그렇게 해야 한다. 감각형은 직관형이 간과하기 쉬운 섬세한 것들을 놓치지 않고 살필 것이다. 직관형은 그것에 대해 고마워해야 한다.[5]

직관형은 감각형이 자기 얘기를 곧이곧대로 듣는다는 사실을 알아야 한다. 감각형은 문자 그대로 받아들인다. 그러므로 직관형은 사실 관계를 잘 점검하고 이야기해야 한다. 당신이 말한 것을 상대방이 이해했다고 넘겨짚지 말라. 감각형은 사실(당신이 말한 것)과 당신이 실제로 뜻한 것 사이의 차이를 구분하지 못한다.

감각형은 말할 때 완성된 문장을 사용한다. 그들은 문장을 말하고 마침표를 정확히 찍는다. 분명하고 정확하다. 하지만 직관형은 상대방이 알아서 잘 알아들을 것으로 여기면서 꼭 필요한 정보도 빼놓고 말할 때가 많다. 갑자기 문장을 끝내기도 한다. 말뜻이 불확실하다. 두 유형이 서로 이야기하면 어떤 일이 일어날까? 그들은 자기 관점에서 상대의 말을 들으면서 배우자도 같은 방식으로 이야기한다고 추측한다.

감각형 남편이 직관형 아내에게 주말에 산에 가고 싶은지를 묻는다고 하자. 아내는 "응, 글쎄요. 아닐걸요"라고 말한다. 남편은 그녀가 아니라고 했기 때문에 원하지 않는다고 단정하고 종지부를 찍는다. 하지만 실제로는 그게 아니다. 금요일이 되면 남편에게 넌지시 묻는다. "이번 주말에 산에는 언제 가나요?"

그는 놀라며 반문한다. "무슨 말이오? 아니라고 했잖소!"

"그렇게 말하긴 했지만, 원래는 그런 뜻이 아니라는 걸 알아야죠. 몇 가지 점검할 일이 있었는데, 이제는 해결됐어요."

데이비드 스툽과 잔 스툽은 직관형의 마음은 양면으로 되어 있다고 설명한다. 직관형은 그 양면을 함께 인식하지만 현실적으로 두 가지를 동시에 표현할 수는 없다. 10퍼센트만 수면 위에 있고 나머지 90퍼센트는 수면 아래에 있는 빙산과 같다. 다른 사람들이 명확히 표현하기 전까지는 그런 부분이 표면으로 나오지를 못한다. 스툽은 이렇게 말한다.

직관형에게 좀 더 자세히 말해달라고 하는 것보다는 감각형인 당신이 대신 풀어서 설명하는 편이 더 낫다. 그런 다음 직관형이 그 설명에 대해 덧붙일 수 있도록 하는 것이다. 직관형이 "맞아요. 내가 말하려던 거네요"라고 할 때까지 계속 풀어서 설명할 필요가 있다.

직관형은 노트나 종이에 먼저 써놓은 것을 보면서 행 사이나 여백에 화살표를 그어서 새로운 생각을 덧붙이는 방식을 곧잘 사용한다. 수면 밑에 있던 빙산을 어느 정도 볼 수 있게 되었기 때문에 그들은 그렇게 한다.[6]

감각형과 직관형 모두 상대가 어느 정도 자기 마음을 읽을 수 있으리라고 기대한다. 하지만 추측하기를 그만두고 확실한 것이 무엇인지 묻지 않는다면 심각한 갈등을 겪게 될 수도 있다.

감각형은 주제를 정하고, 지속적으로 사실에 근거해서 그 논의를 펼쳐간다. 직관형이 보기에 그렇게 하는 것은 상상력이 없어

보인다. 직관형은 주제를 정하지 않고 이야기를 시작하고, 서너 문장으로 배경을 설명한 다음에 그 주위를 두 번 돈다. 그들의 생각은 자꾸 옆길로 새지만, 그러다가 결국 주제에 도달한다. 그러는 동안 감각형은 어떻게 할지 상상이 되는가?

직관형 두 명이 이야기하는 것을 당신이 옆에서 엿듣고 있다고 하자. 둘 다 분명한 문장으로 끝내지 않아도 서로 무슨 이야기를 하는지 정확하게 알아듣고 있다는 사실이 신기할 정도다.

당신이 감각형이라면 직관형의 상상력을 존중해줌으로써 대화를 보다 잘 풀어갈 수 있다. 그들의 가능성에 초점을 맞추거나 적절한 질문을 던지면 된다. 처음에는 잠자코 있으라. 예를 들면, 직관형이 말하는 주제가 명확하지 않다면 귀를 닫지 말고 먼저 배경 지식을 얻는 과정이라고 생각하라. 주제가 명료해지면 전체 그림이 보인다. 비록 당신이 좋아하는 방식이 아니어도 괜찮다. 직관형이 소통하는 방식을 배운다면 당신은 좀 더 유연해진다.

한편, 직관형은 배우자에게 미리 주제를 확인해주어 자신이 무슨 말을 할 것인지 알게 하라. 당신이 직관형이면서 감각형에게 이야기해야 한다면, 우선 자세한 것부터 시작한 다음에 큰 그림을 말하라. 두서없이 이야기하지 말고, 가능하면 사실적이고 구체적으로 제시해야 한다.

짐은 감각형이었고 아내 메리는 직관형이었다. 이전부터 지금까지 메리는 짐에게 가서 그의 눈을 보고 말한다. "좋아요. 짐, 이것이 결론이에요." 그녀는 그에게 두 줄 정도로 사실 요약을 해준다. 그리고 그들은 함께 웃는다. 이전에는 주제를 정하지 않고 말하기 시작하여 서너 가지로 배경을 설명하고 나서야 겨우 주제가 드러날 정도였다. 짐은 순서는 달라도 결국 같은 정보를 얻는다는 것을 알았기에 기다리는 법을 배웠다.

영적인 영역에서의 스타일

영적인 영역에서 감각형과 직관형이 얼마나 다르게 반응하는지를 보자.

감각형은 기도할 때 구체적인 기도 목록을 좋아한다. 반면 직관형은 그런 목록은 기도를 제한한다고 생각한다. 그들은 한 가지 제목으로 기도를 시작하지만, 다른 주제로 계속 옮겨간다. 종종 그들의 기도 생활은 그런 식으로 매우 풍부하고 넓어진다.

직관형은 좌뇌에만 호소하는 게 아니라 우뇌를 활용하면서 예배를 경험하고 싶어 한다. 가르침도 좋지만 영감이 더 낫다고 생각한다.

감각형이 예배를 드릴 때 직관형 목회자가 설교한다면 그들은 어떻게 반응하겠는가? 반대로 직관형이 감각형 설교자의 설교를 듣는다면? 또한 두 유형이 자기와 비슷한 사람의 설교를 듣는다면?

성경 공부에서도 감각형과 직관형의 차이는 뚜렷하다. 감각형의 기본적인 접근 방식은 "성경을 읽고, 그것을 믿고, 그대로 행한다"이다. 그러므로 감각형은 성경에 어떤 비밀이 있다거나 기록된 말씀 뒤에 하나님이 실제로 의도하신 바가 있으니 그것을 찾아야 한다는 견해를 별로 좋아하지 않는다. 반대로 직관형은 실제로 아무것도 없는 곳에서도 비밀스러운 의미와 상징을 찾고 싶어 한다.

성경 공부 모임에서 감각형은 답을 분명하게 이끌어낼 수 있는 정확한 질문을 좋아한다. 그러나 직관형은 여러 영역에서 다양한 방식으로 하나님의 말씀을 적용할 수는 없는지 알고 싶어 한다.

당신과 배우자의 선호 유형이 같다면 더욱 다양한 소통 방식을 경험하기 위해 다른 선호 유형의 사람들과도 친해질 필요가 있다.

상대방이 바뀌기를 기다리지 말고 솔선수범해야 한다.
상대방의 독특함을 존중하고 받아들이기를 배워야 한다.
배우자가 당신과 다를 것을 하나님께 감사하라.
서로의 차이를 유연하게 받아들이고
있는 그대로의 모습으로 살아가도록 상대방을 격려해야 한다.

서로 달라야 성장한다

감각형은 직관형에게 좀 더 감각형처럼 반응하기를 원하고, 직관형은 감각형에게 좀 더 직관형처럼 반응해주기를 원한다는 사실을 기억하라. 그러므로 상대방이 바뀌기를 기다리지 말고 솔선수범해야 한다. 상대방의 독특함을 존중하고 받아들이기를 배우라.

만일 당신이 감각형이고 배우자가 직관형이라면, 배우자는 당신이 결코 생각해보지 못했던 일에서 그 가능성을 보고 도전할 것이다. 그럴 때 그 자리에서 부정적으로 말하지 말고 한 번 더 생각해보라.

때때로 직관형은 당신의 수고나 섬김, 혹은 새 옷이나 바뀐 가구를 앞에 놓고서도 알아채지 못한다. 그들이 꼭 알아주었으면 하는 것이 있다면 메모를 남기거나 언질을 주어야 한다. 당신이 직관형이라면 잊지 않기 위해서라도 그렇게 해야 할지도 모른다.

당신이 감각형이라면 직관형의 불안과 불만에 대해 책임감을 느끼지 않아도 된다. 당신이 그런 것도 아니고, 또 해결책도 찾기 힘들기 때문이다.

배우자가 당신과 다른 것을 하나님께 감사하라. 서로의 차이를 유연하게 받아들이고 또한 있는 그대로의 모습으로 살아가도록 상대방을 격려해야 한다.

1. 이번 장의 앞부분으로 돌아가서 당신을 잘 묘사하고 있는 특징들을 적어보라.

2. 당신은 지금까지와는 달리 어떻게 반응할 것인지, 또한 배우자는 어떻게 반응했으면 좋겠는지를 적어보라.

3. 배우자의 특성 중에 당신이 가장 이해하기 어려운 것은 무엇인가?

제11장

머리로 결정하는가, 가슴으로 결정하는가

우리는 주위에서 사고형 남편과 감정형 아내의 조합을 흔히 본다.
이 관계는 장기적으로 볼 때 어려워질 가능성이 크다.
사고형들은 상대의 감정을 분석하려 든다.
그들은 감정을 통제하고 숨기려 하는데, 이런 행동은 결혼의 친밀함을 제한한다.
그들은 친밀함을 경험하는 대신 '이해'하고 싶어 한다.
반면에 감정형은 친밀함을 나누고 '경험'하기를 원한다.

당신은 결정할 때 갈등을 많이 하는 편인가? 당신이 결정하는 방식과 배우자가 결정하는 방식은 어떻게 다른가? 왜 그런지 궁금하지 않은가? 이러한 차이가 나는 데에는 다 이유가 있다.

속히 결정을 내리는 사람이 있는 반면, 뭐 하나를 결정하는 데한이 없는 사람도 있다. 사고형(T)은 명확하고 분명하고 확고하게 소통하는 경향이 있지만, 감정형(F)은 주의 깊고 부드럽고 꼼꼼히 따지고 선택권을 중요시한다.

MBTI의 세 번째 선호 유형인 사고(T)와 감정(F) 유형은 당신이나 배우자가 어떤 일을 결정할 때 개인적으로 무엇을 더 선호하는지를 보여준다. 이러한 차이는 대화 과정에서 분명하게 드러난다. 데이비드와 잔 스툽은 두 가지 성격 유형을 이렇게 설명한다.

사고형은 한 발짝 뒤로 물러서서 상황을 바라본다. 그들은 상황을 외부적인 관점에서 해석함으로써 되도록 객관적인 시각으로 결정하려고 한다. 또한 데이터를 충분히 모을수록 진실에 가까워진다고 믿는다. 절대적으로 존재하는 진리가 있다고 믿으며 그런 진리를 찾아 헤맨다. 이들은 사물을 흑백으로 구분하는 것을 좋아한다. 답이 회색지대에 있는 것 같다면, 사고형은 아직 자료가 충분하지 못해서 그렇다고 믿는다. 더 멀리 볼 수만 있다면 진리를 발견하게 되리라 생각한다.

한편, 감정형은 상황에 자신을 대입시켜서 결정을 내린다. 두 개의 진실이 공존하는 일이 그들에게는 가능하다. 상황을 주관적으로 보기 때문이다.

사고형과 감정형이 자동차를 구매하는 과정을 보면 분명한 차이를 알 수 있다. 사고형은 먼저 구매자들의 반응을 보고 여러 종류의 차를 조사한다. 그리고 구체적인 질문을 던진다. '성능이 가장 좋은 것은? 가장 안전한 것은?' 그들은 중요한 기준을 정한 뒤 거기 따라서 결정한다. 실제 매장에 가서도 자기가 무엇을 원하는지를 정확히 알고 있다. 그래서 아무리 능력 있는 판매원이라도 다른 차를 구매하도록 설득하는 일이 쉽지 않다.

감정형은 길에서 만나는 모든 차들을 유심히 살펴보는 것부터 시작한다. 그들이 던지는 질문은 사고형과 사뭇 다르다. '내가 운전하고 싶은 차는 뭘까? 어떤 색이 좋을까? 어떤 브랜드? 스타일은?' 감정형은 파란색 혼다 쿠페를 사려는 마음으로 매장에 갔다가도, 한동안 매장을 둘러본 후에는 초록색 혼다 어코드에 반할 수도 있다. 값이 더 비싸더라도 그 차를 살 것이다.

우리가 던져야 하는 질문은 이것이다. 나는 결정을 내릴 때 머릿속 생각에 귀를 기울이는가, 아니면 가슴의 느낌에 귀를 기울이는가?[1]

～⁂～

사고형은 한 발짝 뒤로 물러서서 상황을 바라본다.
그들은 상황을 외부적인 관점에서 해석함으로써
되도록 객관적인 시각으로 결정한다.
감정형은 상황에 자신을 대입시켜서 결정을 내린다.
두 개의 진실이 공존하는 일이 그들에게는 가능하다.

당신은 어떠한가? 어떤 결정을 내릴 때 어디에 귀를 기울이는
가? 머리인가, 가슴인가? 배우자는 어떠한가?

어떻게 결정할 것인가?

생각이나 감정과 관련된 선호 유형은 당신이 감정을 어떻게 다루
는가를 드러내준다. 그것이 실제로는 감정과는 별 상관이 없을지
라도 말이다. 사고형(T)은 자기감정을 이야기하는 것이 자못 불편
하다. 미학이나 관계에 대한 이야기를 할 때도 마찬가지다. 사실
은 무척 섬세하고 감성적임에도 불구하고 사람들은 그들이 차갑
고 쌀쌀맞다고 생각한다.

감정형(F)은 감정을 통한 교류를 편안해한다. 자기의 감정 상태
를 잘 알고, 다른 사람들의 느낌에도 익숙하다. 결정의 기로에 섰
을 때 자신뿐만 아니라 다른 사람에게 어떤 영향을 줄 것인지에

대해 관심이 많다.

만일 사고형이 배심원으로 참여한다면, 그는 정의와 공정함에 주로 관심을 기울일 것이다. 사실을 살피고 진실이 무엇인지 찾아 결정을 내린다. 하지만 감정형 배심원은 긍휼에 관심이 높다. 사실도 알아야 하겠지만 당시 상황은 어땠는가, 그가 왜 그렇게 했는가를 중시한다. 감정형은 선의로 해석하려고 한다.[2]

당신은 어디에 해당되는가? 배우자는? 서로에 대해 편안한 마음인가? 부부가 서로 소통할 때 그런 특성은 어떠한 영향을 끼치는가?

자기 통제감을 유지하려는 사고형

당신이 사고형이라면 모두가 화를 내는 상황에서도 차분하고 침착할 수 있다. 정신을 똑바로 차리려고 애쓴다. 결정할 때는 공정성을 최고로 친다. 하지만 그것이 다른 사람을 행복하게 하는지에 대해서는 별 관심이 없다. 당신은 확고한 기준에 의해 판단하고 싶다. 다른 사람들이 좋아하든 말든 상관없이 당신의 태도를 분명히 하고 싶어 한다. 다른 사람들이 옳다고 생각하는 것보다는 자신의 신념이 무엇인지가 더 중요하다.

사람들이 그런 나를 좋아하든 말든 별로 신경 쓰지 않는다. 중요한 것은 바른 쪽에 서는 일이다. 따가운 눈총을 받더라도 배짱이 있어서 잘 견딜 수 있다.[3] 논쟁이 붙으면 오히려 재미를 느낀다. 다른 사람들이 당신을 오해하더라도 객관적인 게 중요하다.

당신이 사고형이면서 외향형이라면 논쟁은 어떻게 되겠는가? (외향형은 더 많은 이야기를 할수록 상황 판단이 더 분명해지리라고 믿는다.)

남들에게는 어려워 보이는 결정인데도 사고형은 그리 힘들어하지 않는다. 사람들이 그렇게 힘들어하는 이유를 잘 모른다. 그들은 논리적이거나 과학적인 것에 감명을 받고 거기에 끌린다.

사고형은 배우자조차도 비판적으로 바라본다. 그래서 상대를 교정하고 평가하는 일을 자주 한다. 그런 것들이 언어나 비언어를 통해서 표현된다. 평소에도 사랑을 잘 표현하지 않으며 설령 표현하더라도 냉담해 보인다. 이 모든 것들은 자기 통제감을 유지하고 싶기 때문이다. 사고형은 대화에서 감정을 배제시킨다. 그의 관계에는 섬세함이 부족하다.[4]

모든 사람과 잘 지내고 싶은 감정형

감정형인 당신 안에는 사람들의 느낌과 감정을 민감하게 인식하는 '안테나'가 내장되어 있다. 어느 정도의 희생을 감수하면서도 사람들의 필요를 채우기 위해서 자신을 내어놓는 편이다. 때로는 사람들이 당신을 편하게 대하도록 그냥 두기도 한다.

배우자의 강점을 잘 보고 사랑 표현을 아끼지 않으며, 말이나 카드, 행동을 통해 개인적인 방식으로 관심을 표현한다. 사람들의 이야기를 계속 경청한다. 부정적이지만 않다면 그러한 감정 반응을 즐겨 듣는다. 관계성을 해치는 일은 그 무엇이라도 원하지 않는다.

결정을 내릴 때는 그것이 타인에게 어떤 영향을 미치게 될까를 늘 자문한다. 당신이 했던 말이 다른 사람의 기분을 상하게 하는 것 같으면 말을 바꾸기도 한다. 그래서 사람을 돕는 것을 좋아하면서도, 때때로 지나치게 긴장하는 모습도 보인다. 어쩌면 사람들이 당신의 그런 점을 이용하고 있어서 자신의 필요는 채워지지 않고 있다는 생각이 들 수도 있다.

사람들은 감정형인 당신을 좋아한다. 모든 사람들과 화평하기 때문이다. "모두 함께 잘 지내자"가 당신의 모토이다. 당신은 대인관계가 왜 그리 중요한지 잘 알고 있다.

질문으로 마음을 잇다

1. 사고형의 특성 중에 당신에게 적용되는 것을 적어보라.
2. 감정형의 특성 중에 당신에게 적용되는 것을 적어보라.
3. 당신과 배우자가 정반대의 선호 유형을 지녔다면 그것이 현재의 결혼생활에 어떤 영향을 미치고 있는지 말해보라.

여러 성격 유형 중에 유일하게 성별에 따른 차이가 나타나는 유형이 바로 사고형/감정형 분류이다. 남자의 60퍼센트가 사고형이고 40퍼센트가 감정형인 반면, 여자는 반대이다. 60퍼센트가 감정형이고 40퍼센트가 사고형이다.

감정형은 너무 주관적으로 치우치지 않도록 노력하면서,
모든 사람의 감정을 책임지지 않아도 된다는 사실에 안심할 필요가 있다.
모든 일에 하나하나 대응하지 말고
때로는 거절해야만 하는 상황도 직면해야 한다.

어떤 작가는 사고형과 감정형의 차이를 이렇게 설명했다. 그는 콘퍼런스에 참석하고 있었다. 쉬는 시간에 어느 참석자가 데리고 있던 아기가 어찌 된 일인지 옷장에 갇히게 되었다. 거기에 있던 사고형들은 괴로워하는 아기 엄마의 감정에는 공감하지 못하고 일 중심으로 반응했다. "문제가 생겼어요. 아기가 옷장에 갇혔습니다. 아기를 꺼낼 수 있는 방법을 찾아봅시다."

하지만 감정형들은 엄마의 애타는 감정을 다독여주고 그녀를 안심시키려고 노력했다. 그들은 최선을 다해 엄마가 상처 입지 않도록 했다. 심지어 엄마에게 너무 집중하느라 아기를 옷장에서 꺼내야 한다는 사실도 잊어버린 듯했다.[5]

사고형은 자신이 왜 그런 결정을 내렸는지 확실히 말하기 때문에 종종 감정형을 힘들게 한다. 감정형도 자기가 옳다고 믿는 바가 있지만 차마 이유를 대지는 못한다. 일부 사고형은 지나치게 자기 생각이 분명해서 새로운 것을 잘 시도하지 않는다.

우리는 주위에서 사고형 남편과 감정형 아내의 조합을 흔히 본다. 이 관계는 장기적으로 볼 때 어려워질 가능성이 크다. 사고형은 상대의 감정을 분석하려 든다. 그들은 감정을 통제하고 숨기려 하는데, 이런 행동은 결혼의 친밀함을 제한한다. 친밀함을 경험하는 대신 '이해'하고 싶어 한다. 반면에 감정형은 친밀함을 나누고 '경험'하기를 원한다.

결혼을 단단히 묶어주는 것은 감정적 친밀감이다. 감정형은 따뜻함을 원하고, 나눔과 친밀함을 갈망하기 때문에 그것이 없으면 외로움을 느낀다. 그들은 사고형의 내적 강인함과 안정감을 좋아하지만 공허함은 싫어한다. 부부가 감정적으로 연결되어 있지 않으면 외도나 이혼으로 이어질 위험성이 있다.

누군가에게는 불공평한 소리로 들리겠지만, 조화를 위해서는 사고형이 감정형보다 더 힘쓸 필요가 있다. 그들은 친밀함을 표현하는 단어나 감정을 묘사하는 법을 배워야 한다. 사고형과 감정형은 서로의 차이 때문에 매력을 느끼면서도 동시에 바로 그 이유로 힘들어한다. 사고형도 친밀함을 바라지만 그것 이상으로 감정 표현을 두려워하기 때문일 수도 있다.[6]

감정형은 너무 주관적으로 치우치지 않도록 노력하면서, 모든 사람의 감정을 책임지지 않아도 된다는 사실을 받아들이고 안심할 필요가 있다. 모든 일에 하나하나 대응하지 말고 때로는 거절해야 하는 상황도 직면해야 한다. "미안해요", "내 잘못이에요"라는 말을 멈춰야 할 때도 있다.

1. 당신은 자신과 다른 선호 유형에 어떻게 접근하는가? 부부 중 한 명이 사고형이고 다른 한 명은 감정형이라면 의사소통을 발전시키기 위하여 어떻게 하는 것이 좋을까?

두 성향이 조화롭게 살아가려면

사고형은 일에 관심을 두고, 감정형은 사람에게 관심이 있다.

사고형은 조직에 신경을 쓰고, 감정형은 사랑과 조화에 관심이 있다.

사고형은 관계에서 감정을 통제하지만, 감정형은 감정에 에너지를 실어준다.

사고형은 체계를 세우고, 감정형은 양육을 한다.

사고형은 감정형이 좀 더 분석적이고 효율적이 되고 빨라지기를 원하고, 감정형은 사고형이 좀 더 솔직하게 감정을 표현하고 사회성을 갖추기를 바랄 것이다. 사고형과 감정형이 만나 서로 조화롭게 살아가려면 지속적인 수고가 필요하다. 상대방이 결코 자기처럼 될 수 없음을 깨닫고, 상대방을 자기 방식대로 판단하지 말아야 한다. 그러한 시도 때문에 관계에는 긴장이 생기고 좌절감이 커진다.

배우자의 독특함을 선물로, 플러스 요인으로 보아야 한다. 사실 부부는 상대방 없이는 완성되지 못한다. 그러므로 당신은 상대방에게 선물이다.

당신이 사고형이라면 삶을 확장하여 감정형 배우자가 제공하는 사회생활을 경험해보아야 한다. 감정형이 어떻게 사람을 대하는지를 보고 그들의 이야기를 들어보라. 그리고 감정형과 이야기할 때는 좀 더 감정이 담긴 단어를 사용하고 표현하도록 노력하라. 그러면 더 많은 친구들을 얻을 수 있다. 감정형 배우자가 이야기하는 방식을 받아들이라.

물론 감정형 배우자의 필요를 모두 채울 수는 없다. 그렇지만 아내가 전화로 오랫동안 수다 떠는 것 정도는 이해하고 지지해주어야 한다.

당신이 감정형이라면 사고형 배우자의 특성을 이해하면서 그것을 어떻게 활용할지를 생각해보라. 당신에게는 그의 문제해결 능력이 필요하다. 당신이 감정형이라면 사고형 배우자와 이렇게 소통해야 한다.

- 분명하게, 논리적으로 그리고 간결하게 설명하라. 사고형은 종종 이유를 알고 싶어 한다. 그들이 묻기 전에 이유를 말해주면 좋다.
- 당신의 말에 정의를 내려야 한다. 감정형은 "사랑해"라는 말에 어떤 정의도 필요치 않다. 하지만 사고형은 동일한 말을 듣더라도 여러 의미로 생각한다.

당신이 사고형이라면 감정형 배우자와 이야기할 때 이런 부분에 주의하라.

- 말로 칭찬을 많이 하라. 대부분의 감정형은 칭찬과 격려를 좋아한다.
- 잡담의 가치를 과소평가하지 말라. 대부분의 감정형에게는 잡담이라고 할 만한 것이 따로 없다. 그냥 자기 자신을 보여주면 되기 때문이다.
- 감정형이 이야기할 때 말에서 논리성을 따지지 말고 그들이 무엇을 느끼고 있는지에 귀를 기울이라. 감정을 이끌어내는 질문을 하라.

❧❦❧

당신이 사고형이라면 삶을 확장하여
감정형 배우자가 제공하는 사회생활을 경험해보아야 한다.
감정형이 어떻게 사람을 대하는지를 보고 그들의 이야기를 들어보라.
그리고 감정형과 이야기할 때
좀 더 감정이 담긴 단어를 사용하고 표현하도록 노력하라.

감정형은 사고형이 관계에서의 필요를 충분히 채워주지 못한다는 사실을 알고 있어야 한다. 그의 냉철한 반응을 개인적 거절로 받아들이지 말고 성격적인 특성이라고 생각하라. 당신에게 상처가 되었을지라도 그들에게는 전혀 그럴 의도가 없었을 것이다. 사고형이 새로운 방식으로 감정을 표현할 수 있도록 이끌어주어도 된다. 모든 관계 속에서 우리는 성장을 추구해야 한다.[7]

우리 모두에게는 사고형과 감정형 성향이 일정하게 섞여 있다. 대부분은 어떤 한 가지 특성이 우세하기 때문에 자신에게 부족한 부분은 적극 키워줄 필요가 있다.

당신이 배우자를 위해 기도할 때, 그가(그녀가) 사고형 혹은 감정형이라는 사실에 감사하는가? 사고형이 기도할 때는 아마도 하나님의 속성에 대해 많이 묵상할 것이다. 그들에게 있어 성경공부는 교리나 진리를 탐구하는 시간이 된다. 그러나 감정형은 하늘에 계신 친구와 더 많은 시간을 보낸다. 하나님을 지적으로 깨닫는 것도 좋아하지만 인격적인 사귐을 더 중요하게 생각하기 때문이다. 그들은 성경공부를 통해 정서적인 부분에서 감동받고 싶어 한다.

> **질문으로 마음을 잇다**
>
> 1. 당신의 선호 유형이 신앙과 기도 생활 및 예배 스타일에서 어떻게 나타나는지를 말해보라.

어떤 방식으로 인생을 살고 싶은가?

MBTI의 마지막 선호 유형은 판단(J)과 인식(P)이다. 각각의 시각을 잘 보여주는 이야기를 통해 구체적으로 살펴보자.

계획대로 살아가는 것이 중요한 판단형

당신이 식당에서 저녁을 먹는데 옆에 어떤 커플이 앉아 있었다. 웨이터가 주문을 받으려고 하자 여자는 "립 아이 스테이크를 중간 익힌 것으로 하고, 구운 감자는 버터를 곁들여서, 그리고 샐러드 드레싱은 옆에 놓아주세요"라고 말했다. "드레싱은 어떤 것으로 할까요? 프렌치, 블루치즈, 허니 머스터드, 이탈리안 그리고 랜치가 있습니다." "랜치로 해주세요."

웨이터는 남자를 향한다. 남편은 스테이크 종류와 차이점을 알아보기 위해 질문 몇 개를 더 던진다(부부가 자주 식사하는 곳인데도). 그는 주위 테이블을 살펴며 다른 사람들은 무엇을 먹는지를 본다. 그런 후 식사 선택을 위한 충분한 정보를 얻었다는 생각이 들자 생선을 주문한다. 그런 다음 어떤 샐러드 드레싱이 있는지를 물어본다(아내가 주문할 때 이미 들었는데도 말이다). 웨이터가 가려고 할 때 그는 마음을 바꾸어 스테이크를 주문한다. 이런 커플을 본 적이 있는가? 어쩌면 당신 부부가 그럴지도 모르겠다.

MBTI의 마지막 선호 유형 범주는 판단 또는 인식인데, "어떤 방식으로 인생을 살고 싶은가"가 둘을 구분하는 기준이 된다. 당신은 조직이나 체계를 좋아하는가, 아니면 자유롭고 즉흥적으로 살아가는 것을 좋아하는가? 체계를 좋아하는 사람은 판단형이고, 자유로운 스타일을 원하면 인식형이다.

당신이 대화할 때 어떤 것을 공유할지는 대부분 이 선호 유형에 의해 판가름 나기 때문에 참으로 중요하다. 배우자가 서로 다른 유형일 때 어떻게 조화를 이룰 수 있는지 살펴보자.

판단형은 시간과 스케줄에 매우 예민하다. 마치 자기 안에 시계가 하나 내장되어 있는 것 같다. 시간 개념이 분명치 않은 사람들을 기다리는 일이 인생의 가장 큰 낭비라고 생각한다. 당신이 감각형이면서 판단형이라면(SJ) 그 괴로움이 더욱 클 것이다.

당신은 또한 리스트를 중요시한다. 그리고 시간표대로 살아가려고 할 것이다. 일정을 소화한 후 하나씩 지워가는 재미가 참으로 쏠쏠하다. 당신은 일어나는 시간부터 잠자는 시간까지 면밀하게 하루를 계획한다. 계획에 차질이 생기면 화가 난다.

학교나 직장에서는 주어진 일을 미리 끝내는 성격이다. 질서를 좋아해서 사물함에 물건을 반듯하게 배열하고 옷장에는 정확한 간격으로 옷을 걸어놓는다. 당신의 모토는 "먼저 일을 끝내고 그 다음에 논다"이다. 할 일이 있으면 끝을 볼 때까지 계속한다. 때로는 잠시 멈추는 편이 일 처리에 더 좋은데도 말이다.

판단형은 온갖 방햇거리와 갑작스럽게 생기는 일들을 다 쓸데없는 것으로 여긴다. 그들을 자발적으로 만들려면 미리 계획을 세워야 한다. "일주일 후에 오후 1시에서 5시까지 시간을 비워놓으세요." 판단형은 많은 말을 하지 않는다. 어떤 일을 결정하면서도 이를 뒷받침할 만한 충분한 자료를 제공하는 일이 드물다. 판단형의 일상 행동을 바꾸려면 시스템에서 벗어나 자유롭게 떠들 수 있도록 약간의 시간을 주고 나서, 다시 화제로 돌아와 의논하게 하는 것이 좋다.

만일 당신이 감각형이고 사고형이면서 판단형(STJ)이라면 어떻겠는가? 이와 같은 특성이 한데 모이면 어떻게 나타나는지를 이해할 필요가 있다(이번 장의 결론부에 참고 도서를 소개했다).

판단형은 돈이 안정감을 준다고 생각한다. 돈은 그들의 성공과 발전을 가늠하는 중요한 기준 중 하나이다. 그러므로 판단형은 돈을 잘 모으는 스타일이다. 지혜롭게 투자하고, 예산을 세우고, 쓸데없는 데에 사용하지 않도록 주의하고, 우선순위를 정하며, 자녀 대학 자금과 은퇴 후 노후 자금을 위해서도 따로 떼어놓는다. 이런 특성이 결혼생활과 부부의 대화에 어떠한 영향을 미치겠는가?

판단형은 실제로 시간을 정해 관계에 공을 들이기 위해 노력하는 스타일이다. 즐거움의 측면을 어느 정도 희생하는 한이 있더라도 그렇게 한다. 관계를 든든히 하려면 부부가 함께 노력해야 한다는 사실도 잘 알고 있다. 전통적으로 해오던 대로, 규칙대로 해야 편안함을 느낀다.

인식형은 탄력적으로 집중력을 발휘한다.
달리 말하면, 주의력이 쉽게 분산된다.
그들에게는 재미있는 일이 있어야 한다.
어떤 프로젝트가 재미있으면 긍정적으로 반응한다.
직관형이 가능성을 중요시하는 것처럼,
인식형은 재미를 상당히 중요하게 생각한다.

흥미를 느껴야 비로소 움직이는 인식형

판단형은 종종 인식형(P)에게 매력을 느낀다. 인식형은 계획성과는 거리가 멀다. 계획은 인식형의 삶을 너무 제한한다. 인식형은 모험을 좋아해서 집에 갈 때에도 새로운 길은 없는지 찾아본다. 새로운 것을 탐구하는 일이 즐겁다.

인식형은 정리를 잘 못하는 사람처럼 보이지만, 그들에게는 그것이 중요한 게 아니다. 단정함은 인식형에게 별다른 매력을 주지 못한다. 물론 정돈된 모습도 좋아 보이지만, 창조적이고 자발적이고 민감하게 반응하는 것만큼 중요하지는 않다. 종이가 쌓여 있는 모습이 판단형에게는 정리가 필요한 서류뭉치에 불과하지만, 인식형은 그것을 '퇴비'라고 생각한다. 충분히 오래 두면 좋은 일이 생긴다는 관점이다. 판단형은 이러한 모습을 신기해하면서도 좌절을 느낀다.

인식형은 초조하게 시간을 재거나 제한받는 것을 싫어한다. 그들은 마감 시간이 다 되어서야 움직이기 시작한다. 겨우 일을 끝내기는 하지만 그 과정에서 많은 사람들이 골치를 썩는다. 학교에서는 시험 전날이 되어서야 과제를 준비하거나 벼락치기로 공부하느라 자주 밤을 샌다.

인식형은 탄력적으로 집중력을 발휘한다. 달리 말하면, 주의력이 쉽게 분산된다. 그들은 재미가 있어야 움직인다. 어떤 프로젝트가 재미있으면 긍정적으로 반응한다. 직관형이 가능성을 중요시하는 것처럼, 인식형은 재미를 상당히 중요하게 생각한다.

인식형은 어떤 일에 대해 쉽게 결정을 내리지 못한다. 결정한 다음에 더 좋은 일이 생길지도 모를까 봐 그렇다. 그래서 결단력이 없거나 우유부단한 사람처럼 보인다.

한 가게에서 옷을 사서 집에 왔지만 다른 곳에서 더 마음에 드는 옷을 발견하면 다음 날에 반품을 할 수도 있다. 정해진 방식대로 행동하는 것은 그들과 맞지 않는다. 특정한 방식을 고집함으로써 다른 것을 배제시키고 싶지 않기 때문이다.

인식형은 "어떻게든 알게 되겠지", "여기 이 정도쯤일 텐데" 하는 식으로 확실치 않고 모호하게 대화를 이끌어간다(여기서 '횡설수설'이란 단어가 떠오른다). 인식형은 한 주제에서 다른 주제로 갑자기 건너뛰기도 하는데, 최근에 TV에서 보았던 장면들이 갑자기 화제로 끼어들기도 한다.

인식형은 민첩하고 유연하게 소통한다. 틀을 정해두지 않고 여러 방식으로 말하기도 한다. 한 주제를 서너 번 논의하면서도 바로 결정을 내릴 필요는 없다는 마음이다. 하지만 때로는 너무나 불확실하여 그들의 생각을 따라가기 힘들 때가 있다. 당신이 인식형이면서 외향적이라면 한창 대화하는 중에 생각이 바뀌거나 심지어는 자기가 한 말을 중간에 수정하는 경우도 있다.

인식형이 다른 인식형과 이야기하는 모습을 보면 대화가 어떤 방향으로도 튈 수 있다는 사실을 알게 된다. 문장을 다 끝맺기 전에 다른 주제로 옮겨 가더라도 다른 인식형은 그것을 잘 따라간다(판단형은 그렇게 할 수 없다). 당신이 인식형이면서 직관형이라면,

어떤 모습이 될지 생각해보라. 얼마나 재미있을까!

여윳돈이 생겼을 때 어떻게 할지를 인식형에게 물어보면 "있을 때 즐겨야지", "충동적으로 여행을 가도 좋아요", "크루즈에 친구를 데려가라" 등의 이야기를 할 것이다.[8] 그들에게는 돈이 인생을 최상으로 즐길 수 있게 하는 수단이다.

헌신해야 한다는 말을 들으면 인식형은 약간의 긴장을 느낀다. 인생의 선택권이 줄어드는 것을 원하지 않기 때문에 주저하는 것이다. 헌신할 때조차 재고의 여지를 남겨둔다.

판단형은 안정감을 원하는 반면에 인식형은 자유를 원한다. 이러한 성향은 달력에 있는 행사를 대하는 태도에서도 잘 나타난다. 판단형은 약속을 잘 지키려고 하는 반면, 인식형은 "가긴 하겠지만, 더 신나는 일이 생기면 어떻게 될지 모르겠어요" 하고 말한다.

관계 사이에서 해결해야 할 일이 있다면 인식형은 기다리다가 실제로 문제가 일어났을 때 궁리를 시작한다. 그들은 일과 놀이를 결합하는 방법을 찾고 있다. 인식형은 창조적인 것을 선호하고, 그것이 물 흐르듯 진행되는 것을 지켜보고 싶어 한다.[9]

질문으로 마음을 잇다

1. 주위에서 판단형과 인식형을 찾아보고, 이번 장에서 묘사하는 부분과 어느 정도로 일치하는지 이야기해보라.
2. 판단형과 인식형 부부에게 벌어질 수 있는 가장 흔한 갈등은 무엇인가?
3. 두 사람이 판단형(혹은 인식형)이라면 어떤 갈등이 예상되는가?

판단형과 인식형 부부는 이렇게 하나가 된다

인식형과 결혼한 판단형은 둘 사이의 관계를 어떻게 조화시켜야 할까? 데이비드 스툽과 잔 스툽은 이렇게 말한다.

판단형과 인식형은 서로의 스타일을 칭찬한다. 때로는 조직적이고 체계화된 세상에서 사는 것에 지친 판단형은 자유롭게 살기를 원한다. 인식형이 세상을 즐기며 살아가는 모습을 보면서 저렇게 사는 법도 있구나, 하며 부러워한다. 관계를 맺어가는 초기에 그들은 종종 인식형처럼 행동한다. 자신의 모습을 잊고 즐길 것이다.

반대로 인식형은 항상 정리할 생각은 갖고 있는데 실제로는 그렇게 되지 않아 늘 좌절한다. 때로는 자기 삶에 체계를 세우고 결단력 있게 살고 싶다. 그들은 판단형의 조직적인 삶을 보며 신선한 자극을 받는다.

판단형은 자유롭게 되고 싶지만 실제로는 그렇게 많은 자유를 원하지는 않는다. 삶이 너무 느슨해지면, 인생을 통제할 수 없다고 느껴서 느슨해진 부분을 스스로 다시 조이게 된다.

인식형은 체계를 세우기 위해 배우자의 도움을 받으려 하겠지만, 할 일이 끝없이 보이면 조금씩 풀어지기 시작한다.

인식형 아내의 활달한 영혼에 매력을 느껴 결혼했던 한 판단형 남편은 아내의 살림 정리를 도와주고 싶었다. 어느 주말에 아내가 친구 집에 갔을 때 그는 부엌을 정리하기로 했다. 남편은 찬장의 그릇을 모두 꺼내 깨끗이 씻은 뒤에 하얀 종이 위에 올려놓았다. 모든 그릇을 정리한 후에 다시 찬장에 올려놓고 펜을 가져다가 선반의 종이 위에 "땅콩버터", "시리얼" 등으로 글씨를 썼다. 그는 아내가 감사해하는 모습을 빨리 보고 싶었다.

결과는 어떻게 됐을까? 남편은 아내의 그런 격렬한 반응은 전혀 예상하지 못했다. 아내는 격노했다. 남편이 자기 스타일을 인정하지 않고 이제는 부엌일까지 간섭하려는 것처럼 보였다.

그는 뒤늦게야 아내에게 있는 순발력, 한 번에 여러 가지를 해내는 능력, 분위기를 재미있게 띄워주는 재주가 얼마나 놀라운 것인지 떠올렸다. 자신과 다른 아내의 모습에 반했던 그 마음을 잃어버린 것이었다.

판단형 사람들만이 완벽주의자인 것 같지만 사실은 두 유형 모두 완벽주의와 씨름한다. 인식형은 자신이 정리를 꽤 잘한다고 생각하지만 막상 그들에게 파일 정리는 잘되는지 물어보면 고개를 절레절레 흔든다. 그는 항상 다른 것을 서둘러서 하기에 일을 정리하지 못한다. 판단형이나 인식형이나 실천적인 의미에서는 둘 다 완벽주의자이다.[10]

～～～

부부는 더 많은 시간을 들여 서로가 무슨 말을 하는지 들어야 한다.
곧바로 상대방이 틀렸다고 생각하거나
자기 기준에 옳은 바를 배우자에게 강요하지 말아야 한다.
상대에게 어떤 낙인을 찍지 말라.

판단형은 자주 이렇게 말한다. "인식형은 질문을 받았으면 답을 해야 하는데, 다시 다른 질문을 해요." 인식형은 "글쎄요. 그게 잘못된 건가요?"라고 응수한다.

반대 성향과 가까워지려고 애쓰는 중이라면 그 관계에 자신이 어떤 도움을 주고 있는지를 생각해보라. 인식형은 어떤 결정을 하기 전에 여러 가지 정보와 대안을 제공한다. 그중 어떤 것은 판단형 배우자가 생각하는 것보다 더 나을 수 있다. 반면 판단형은 확실한 결론에 도달하고, 결정한 바를 실행할 로드맵을 그린다.

부부는 더 많은 시간을 들여 서로가 무슨 말을 하는지 잘 들어야 한다. 곧바로 상대방이 틀렸다고 생각하거나 자기 기준에 옳은 바를 배우자에게 강요하지 말아야 한다. 상대에게 어떤 낙인을 찍지 말라(가령 인식형은 판단형을 마음이 닫혀 있고 완고하고 고집이 세다고 하는 반면, 판단형은 인식형을 자유분방하고 예측할 수 없는 존재라고 단정한다).

판단형은 인식형이 대안을 생각하고 발상을 전환하는 일에 더 시간을 쓰도록 격려하면 좋겠다. 대화 중에 '재미'라는 단어를 자주 사용하면 도움이 된다. 단정적인 문장이나 강조형 문장을 덜 사용할 수도 있다. 또한 상대방에게 충고를 하거나 결론을 맺는 식으로 말하지 않고 먼저 질문을 던져보아도 좋겠다.

판단형은 계획과 결정 과정에서 인식형 배우자와 그 책임을 나누어 질 수 있다. 인식형 배우자가 판단형 배우자의 결정을 즉각 받아들일 것이라고 기대하지 말라. 그에게는 탐색할 시간이 필요하다. 답과 해결책을 정해놓은 채로 인식형을 궁지로 몰아선 안 된다. 판단형은 결정을 빨리 못 내리고, 질문에 답이 없고, 통제가 되지 않는 사람과 함께 살아가는 일에 익숙해져야 한다.

당신이 판단형이라면 인생에 답이 하나만 있지는 않다는 사실을 명심하라. 인식형을 겉으로만 보고 헌신이 부족하다고 판단하지 말고 인격적으로 지지해주어야 한다. 인식형에게 맞는 시간표와 몰입 대상은 따로 있다. "어떻게든 되겠지"가 그들의 모토라는 점을 기억하라. 이것마저도 확정적으로 말하는 법이 없다.

두 유형 모두 의도적으로 상대방이 일하는 방식대로 해봐야 한다. 그래야 서로 융통성이 생긴다. 그러면서 놀라운 일이 많이 생길 것이다.[11]

상대방의 소통 방식 존중하기

자신의 타고난 성향에 감사하라. 여러 차이점 때문에 힘든 면도 있겠지만 당신에게는 상대방이 필요하다.

당신이 인식형이라면 판단형 배우자와 시간 약속을 했을 때 잘 지키려고 노력해야 한다. 필요하다면 눈에 자주 띄는 곳에 그 내용을 붙여놓아 잊지 않도록 하라.

때때로 인식형은 약속 장소로 떠나기 전에 지금 하는 일들을 다 마칠 수 있다고 생각하는 바람에 종종 약속에 늦는다. 이것을 극복하려면 당신이 계획한 일 중에서 한두 가지만 하라. 그렇게 하

면 최소한 그 일은 끝냈다는 성취감도 느끼면서 약속 시간도 지킬
수가 있다.

당신은 대화 주제를 벗어나서 떠도는 경우가 많은데, 배우자가
그것을 상기시켜주면 고마워하라. 당신에게는 그런 사람이 필요
하다.[12]

판단형 배우자가 맺고 끊는 것이 분명해 보이더라도, 당신을 조
종해보겠다는 심산으로 그러는 것이 아니다. 그들은 원래 그렇게
태어났을 뿐이다.

⛆⛆⛆

> 배우자와 선호 유형이 같다면 상보하는 유익은 있겠지만
> 다른 유형을 통해 얻을 수 있는 유익에 대해서는 감이 없을 것이다.
> 부부에게 한쪽의 선호 유형만 있다면
> 반대편으로부터 얻을 수 있는 경험이나 생각과는 친해질 수 없다.

어떤 부부는 MBTI 검사에서 선호가 비슷하기 때문에 자기들의
관계가 이상적이라고 믿는다. 하지만 아닐 수도 있다. 당신에게
해당되지 않는 선호 유형도 관계의 질을 결정하는 데 영향을 미치
기 때문이다. 배우자와 선호 유형이 같다면 상보하는 유익은 있겠
지만 다른 유형을 통해 얻을 수 있는 유익에 대해서는 감이 없을
것이다. 부부에게 한쪽의 선호 유형만 있다면 반대편으로부터 얻
을 수 있는 경험이나 생각과는 친해질 수 없다. 성격 유형 전체

를 즐기려면 비선호 유형에 접근하려는 노력과 함께 그것을 활용하는 법도 배워야 한다. 그러므로 놓치고 있는 선호 유형에 대해서도 알아두고, 당신에게 없는 것을 보충하는 법을 배울 필요가 있다.

우리는 배우자의 성격을 변화시킬 수 없다. 다만 거기에 적응하는 법을 배울 수 있을 뿐이다. '잘못된' 성격 유형이란 없다. 그것은 하나님이 각 사람에게 주신 선물이다. 하지만 배우자와 더 나은 소통을 하려면 그 만남 사이에 재조정되어야 할 부분이 있다.

다음의 선언문을 종이에 적어보고 매일 여러 번 읽어보라(고전 6:19-20; 벧전 1:18-19; 계 5:9 참고).

1. 내 성격은 하나님이 주신 선물이다.
2. 나는 하나님의 형상으로 지음받았다.
3. 하나님은 나를 무척 사랑하신다.
4. 나는 예수님의 보혈만큼의 가치가 있고, 배우자도 마찬가지다.

하나님께서 두 사람을 어떻게 보시는지를 잊지 말라.

※ 성격 유형에 대해 더 참고하려면 오토 크로거(Otto Kroeger)와 재닛 투센(Janet M. Thuesen)이 쓴 《유형별 대화법》(Type Talk)과 마크 피어슨이 쓴 《나는 왜 이럴까?》(죠이선교회, 2004)를 보라.

1. 이번 장의 앞부분으로 돌아가서 당신을 묘사하는 특성을 찾아 적어보라. (두 유
   형에서 해당 사항을 발견할 수 있을지도 모른다.)

2. 당신은 다르게 반응하겠는가? 배우자는 어떻게 했으면 좋겠는가?

3. 배우자의 특성 중에 가장 이해하기 힘든 부분은 무엇인가?

4. 이제까지 살아오면서 부부의 대화 스타일에 대해 배운 것을 적어보라.

5. 당신은 지금 배우자의 소통 방식대로 이야기하고 있는가? 0부터 10 중에 표현
   한다면 어느 정도에 해당되는가?

0	5	10
전혀	보통	많이

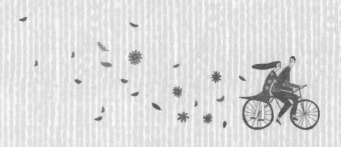

제12장

분노 뒤의 진짜 감정을 보라

배우자가 당신에게 화를 낼 수도 있음을 마음으로 받아들이라.
화를 내도 괜찮다. 그렇다고 세상이 끝난 것이 아니다.
거기에 똑같이 반응하지 않고도 이 문제를 다룰 수 있다.
자기 자신에게 이렇게 말하라.
"화가 날 수도 있지. 난, 이 문제를 잘 해결할 수 있어."

그 대화는 상당히 단순하게 시작되었다. 그들은 토요일 아침, 부엌 식탁에 앉아서 커피를 마시면서 쉬고 있었다. 어떤 계획도, 부담감도 없는 날이었다. 가끔씩 웃으면서 다음 달에 있을 휴가 계획을 이야기하고 있었다. 분위기는 밝고 유쾌했다.

그렇지만 한 시간 후에 둘의 목소리는 날카롭게 치솟기 시작했다. 눈은 분노로 이글거렸다. 입에서 나온 단어는 마치 서로를 잡아먹을 듯이 덤벼들었다.

무슨 일이 있었던 것일까? 평화롭던 분위기가 왜 갑자기 달라졌을까? 휴가 계획을 세우다가 작은 견해 차이가 생긴 것이 발단이었다. 어쩌면 쉽게 해결될 수도 있었던 문제에 분노의 스파크가 튀자 불똥은 서로에게 옮겨 붙었다. 커피 맛은 형편없어졌고 그날 기분은 완전히 망쳤으며 휴가 계획은 엉망이 되었다.

분노는 우리를 좌절시키는 감정이다. 비록 하나님이 허락하신 것이긴 하지만, 마구잡이로 화를 내면 우리는 대부분 부정적인 결과를 맞는다. 미국에서 일어나는 자동차 사고의 두 번째 원인은 바로 분노이다. 이 분노를 제대로 통제하지 않으면 직접적인 결혼 실패로 이어진다. 갈등이나 의논 과정에서 분노가 끼어들면 해결은 난망하다.

분노를 묻어두지 말라

당신은 분노를 정의할 수 있는가? 어떤 느낌인지는 익숙하겠지만, 정의하는 것은 또 다른 문제다. 간단히 말해서 분노는 불쾌함과 짜증이 합쳐진 강한 감정이다. 이 분노는 곧바로 격분, 격노, 심지어 진노와 같은 다양한 감정으로 미끄러져 내려갈 수 있다. 진노(wrath)는 복수하고 싶은 마음에서 나오는 격한 분노다. 격분(rage)은 하도 강렬해서 화를 참을 수 없어 폭발하며 나오는 반응이다.

당신이 어떤 사람에게 분노를 품으면 그를 보는 새로운 필터가 생긴다. 그래서 배우자의 흠을 계속 찾게 되고 비난은 상시 반응으로 굳어진다. 종종 이런 원망의 감정으로 인해 부부 사이는 치고 빠지는 게릴라전으로 변한다.

분노가 다툼으로 커지면서 해결되지 않으면 격분과 원망이 나타나기 시작한다. 격분은 한 사람을 파괴하고 복수를 하도록 몰아간다. 이로써 전쟁이 시작된다. 원망은 쓴 뿌리를 낳고 종종 수동 공격성 반응을 야기한다. 모멸감이나 상해, 학대받은 감정에 대항하여 생기는 성난 불쾌감이 여기에서 발생한다.

결혼생활에서 만나는 갈등을 해결하고 화목을 세우는 과정에서 격분이나 원망이 무엇인지 제대로 알아야 하는 이유는 분명하다. 리처드 월터스는 이렇게 말한다. "분노는 사람들을 서로 연결하던 다리를 날려버리고, 원망은 사람들이 자신을 숨긴 채 간접적으로 서로 상처를 주도록 만든다."[1]

사람들은 분노에 담긴 잠재적인 위험을 알기에 여러 방법으로 이것을 다루려고 애써왔다. 어떤 사람은 분노가 없는 것처럼 행동하고 깊숙이 묻어버린다. 하지만 그런 것들은 때때로 살아나서 위궤양, 우울증, 심지어는 뇌졸중이 되어 그들의 삶을 강타한다. 해결하지 않고 가만히 묻어놓은 분노는 여전히 마음 한구석을 차지하고 있기 때문이다.

어떤 사람들은 분노를 밖으로 표출한다. 그렇게 해야 건강하다는 것이다. 하지만 이런 잘못된 정보로 인해 배우자, 직장 동료와 친구들과의 사이는 더욱 멀어져 결국 그들 주위에는 아무도 남지 않게 된다. 대부분의 사람들은 화를 낸 후에 더욱 예민하고 우울하고 초조해지며, 적대감과 신경과민 그리고 불행감에 시달린다. 또한 자신에게 화를 내다가 자존감, 정체성이 흔들리는 사람도 있다.

분노가 과잉반응이나 무반응, 이렇게 두 가지 극단으로 치우치면 문제가 된다. 아무 반응도 하지 않는다면 우리는 깨닫지 못하는 사이에 분노를 억압하는 쪽으로 살아간다. 그렇게 하면 우리는 자신이나 주위 사람들에게 솔직해지지 못한다.

～～❦❦❦～～

분노는 우리를 좌절시키는 감정이다.
비록 하나님이 허락하신 것이긴 하지만,
마구잡이로 화를 내면 우리는 대부분 부정적인 결과를 맞는다.
이 분노를 제대로 통제하지 않으면 직접적인 결혼 실패로 이어진다.

과잉반응을 하면 분노를 통제할 수 없다. 그래서 격분은 폭력으로 쉽게 이어진다. 얼굴에는 시퍼렇게 멍든 자국도 남게 되고, 상처 부위가 어딘가에 닿을 때면 아파서 저절로 움찔거릴 때도 있다. 그렇지만 내면에는 훨씬 큰 고통이 남는다. 피부에 생긴 상처는 시간이 지나면 아물지만 내면에 생긴 멍은 훨씬 더 오래간다.

분노는 하나의 증상일 뿐이다

분노와 관련해서 염두에 두어야 할 몇 가지 진실이 있다.

- 분노 자체는 문제도 아니고 핵심 감정도 아니다. 그것은 하나의 증상일 뿐이다.
- 배우자에게 분노를 표현하면 분노가 줄어들기는커녕 더욱 늘어나는 경우가 많다.
- 분노 사용법을 배워야 한다. 그래야 분노를 조절할 수 있다.
- 당신을 화나게 만든 일에 대한 책임은 배우자가 아닌 당신에게 있다.

어떤 느낌이 드는가? 혼란스러운가? 놀랐는가? 지금껏 당신이 믿어왔던 것과 정반대로 들릴지도 모르겠다. 방금 읽은 것을 곰곰이 생각해보자.

분노는 사실 부차적인 감정이다. 이는 내면에서 어떤 일이 생겼다고 메시지를 보내는 것과 같다. 분노는 두려움, 상처 혹은 좌절에서 뻗어 나오는 가지와도 같다. 분노를 더듬어가다 보면 두려움, 상처 그리고 좌절이라는 뿌리를 만나게 된다.

분노의 뿌리 1: 두려움

당신이 화를 내는 이유는 사실 상대방이 당신을 짓밟고, 조종하고, 고함지르고, 불합리하게 행동하고, 원하는 것을 주지 않고, 말로 공격하고, 회피하고, 무시할까 봐 두려워서 그러는 것이다. 이러한 두려움에서 자신을 지키려면 이제부터 화를 내는 대신에 당신이 느끼는 그 두려움을 공격해야 한다.

분노가 느껴질 때마다 자문해보라. "내가 지금 뭘 두려워하는 거지? 내가 느끼는 이 감정은 뭐지?" 그 순간 원인이 보인다. 그렇다면 배우자에게 말할 수 있다. "지금 내게 두렵게 느껴지는 게 있어. 그것을 함께 이야기해보면 어때? 화를 내기보다 그렇게 하는 게 낫겠어." 분위기가 확 달라질 것이다.

분노의 뿌리 2: 상처

상처받는 이유는 참으로 다양하다. 정성껏 요리를 했는데 무심하게 지나칠 때, 집에 페인트칠을 했는데 별 반응이 없을 때, 모멸감을 느낄 때, 배우자의 불륜, 날카로운 말 등등 원인은 다양하다. 우리는 이런 상처를 받으면 스트레스를 해소하기 위해 화를 낸다.

다른 사람도 그 대가를 치러야 한다고 생각한다. 자기가 받은 상처 이상으로 분노의 감정을 발하여 그 상처를 보상받고 싶어 한다.

화났을 때 스스로에게 물어보라. "내가 지금 상처를 받아 이렇게 화가 나는 건가? 이런 상처는 어디에서 비롯된 걸까?" 배우자에게는 이렇게 말하면 어떨까? "지금 정말 상처가 되었어요. 이 문제를 함께 얘기했으면 해요. 분노로 변하지 않도록 말이에요."

~෨෨෨෨෨~

> 분노는 사실 부차적인 감정이다.
> 이는 내면에서 어떤 일이 생겼다고 메시지를 보내는 것과 같다.
> 분노는 두려움, 상처 혹은 좌절에서 뻗어 나오는 가지와도 같다.

분노의 뿌리 3: 좌절

우리가 느끼는 분노의 중심에는 좌절감이 있다. '좌절'(frustration)이라는 단어는 '헛되다'라는 의미의 라틴어 '프루스트라'(*frustra*)에서 왔다. 문제에 직면했지만 해결책을 찾을 수 없을 때 우리는 좌절한다. 좌절은 막다른 골목으로 걸어가고 있음을 알지만 더 이상 갈 곳이 없을 때의 경험이기도 하다.

좌절감은 항상 우리 속을 뒤집어놓는 것처럼 보인다. 하지만 꼭 그런 것만은 아니다. 배우자가 나를 힘들게 하더라도 좌절하지 않고 반응을 조절할 수 있다. 우리는 때때로 상대방의 행동을 침소봉대하는 경향이 있다.

좌절 단추를 누르고 싶은 수백 개의 작은 불쾌감들이 있지만 결혼생활은 그보다 훨씬 다채로운 일들로 이루어진다. 배우자가 당신과 다른 방식으로 일을 처리하고, 자기 편한 대로 말하도록 허락하라. 좀 느릴 수도 있고, 과묵할 수도 있다. 이를 용납하고 허용하면 어느 정도 부담감이 줄어든다. 그러면 좌절감도 줄었음을 확인할 수 있다. 왜 그런가? 그런 부분들이 당신의 통제 아래로 들어왔기 때문이다.

통제가 안 되는 상황을 만나면 우리는 자주 그렇게 좌절감을 느낀다. 그럴 때마다 거칠게 행동하려는 유혹을 받는 것이다. 배우자가 당신을 화나게 만든 게 아니다. 화를 일으키는 그 사람을 향해 당신이 내적으로 반응한 것이다. 그러한 감정과 반응에 대해서는 일정 부분 당신에게 책임이 있다.

잘못된 메시지를 지우고, 당신이 새로 써라

재니스는 나와 면담하기 이틀 전에 어떤 일이 있었는지 말해주었다. 그녀는 천장부터 바닥까지 6시간 동안 집 구석구석을 청소했다. 방도 반짝반짝 윤이 나게 닦았다. 남편이 자신의 수고를 알아주고 고마워할 것으로 기대했다.

하지만 피곤에 절어 집에 돌아온 남편은 불행히도 월요일 밤에 하는 축구 경기에만 빠져 있었다. 고맙다는 말 하나 없었고 아내의 수고는 전혀 눈치채지 못했다. 오히려 30분도 채 지나지 않아 남편은 가구 위에 함부로 물건을 올려놓고 아내가 힘들여 청소한 거실을 너저분하게 만들었다.

그녀는 이런 남편의 태도에 대해 가볍게 이야기하기 시작했다. 밤 9시부터 시작된 대화는 11시 30분까지 이어지면서 별의별 이야기가 다 쏟아져 나왔다. 그녀가 내린 결론은 다음과 같았다.

- "내가 들인 수고를 알아줬어야죠!"
- "그렇게 무감각하고 무관심하면 안 되죠."
- "엉망이에요! 품격이나 배려가 없어요."
- "내가 수고한 것까지 다 엉망으로 만들어놓았어요."

이런 말을 사용하자 상처, 좌절, 거절, 분노의 감정이 고스란히 밀려들었다. 그녀의 하소연을 다 들은 나는 이미 일어난 일에 대해 어떻게 반응해야 할지를 다루기 시작했다. 함께 묘안을 내면서 재니스는 자기가 취할 수 있는 반응에 대해 목록을 만들어보았다.

- "남편이 내 수고를 알아줬으면 좋겠어요."
- "남편에게 내가 한 일을 인정받는 것이 그렇게 중요한 걸까? 내가 남편 보라고 청소를 했나, 그것이 아니라면…?"
- "남편에게 내가 수고한 일들을 기분 좋게 소개하는 방법이 있을 거야. 이렇게 깨끗하게 변한 집과 이 일을 해낸 주인공을 카메라로 좀 찍어달라고 부탁해야지!"

그런 다음 우리는 모든 것을 그녀의 시각에서 볼 수 있게 해주는 메시지를 만들어냈다. "오늘 내가 집 안 구석구석을 여섯 시간에 걸쳐 청소한 것을 남편이 알아주었으면 해요. 하지만 모르더라도 괜찮아요. 내 행복과 만족감은 남편의 반응에 달려 있지 않으니까요. 집이 깨끗할 필요가 있으니까 한 거예요. 무엇보다 수고한 결과를 보면 기분이 좋아져요. 남편의 인정을 받는 일은 부차적인 유익일 뿐이죠."

어쩌면 최근에 당신도 비슷한 일을 겪었는지도 모르겠다. 스스로에게 무슨 말을 했는가? 당신의 좌절감을 덜어줄 만한 새로운 메시지를 작성하라. 실제로 도움이 된다. 스스로에게 잘못된 메시지를 계속 주입하면 결혼생활에 갈등이 생기고 분노와 다른 감정들이 자라난다. 이 부분과 관련해서 내가 쓴 책《새로운 사고방식》(A New Way of Thinking)을 읽어보라.

분노의 중심 이슈

분노의 중심 이슈는 비난이다. 상대의 잘못을 발견하면 배우자를 비난하기 시작한다. 고소하고, 손가락질하며, 잘못을 찾고, 비판하고, 꾸짖고, 헐뜯고, 투덜대고, 무거운 짐을 지운다.

그렇게 비난하면 당신이 원하는 바를 이룰 수 있는가? 배우자와 더 가까워지는가? 결혼생활에서 예수 그리스도의 임재를 더 나타낼 수 있는가? 비난에는 상대방이 무슨 일을 했는지 알게 하고, 그 대가를 치르게 하려는 의도가 담겨 있다. 하지만 그렇게 비난을 당하더라도 당사자는 같은 행동을 멈추지 않으며 오히려 더 심하게 할지도 모른다. 그렇게 분노의 열기가 더해지면서 해서는 안 될 말을 상대에게 쏟아붓는다. 배우자가 예민한 사람이라면 그렇게 감정 섞인 당신의 말을 액면 그대로 믿을 수도 있다.

우리는 상대방의 행동을 바로잡으려는 마음으로 비난한다. 하지만 이것이 얼마나 슬프고 무모하고 자기 파괴적인 일인지! 사람은 비난을 당하면 자동적으로 방어 시스템을 작동시키고, 더 큰 분노를 일으켜 상대와 싸울 만반의 태세를 갖춘다. 그런 상황에서 자신을 잠잠하게 할 만한 나름의 이유를 찾을 수 없다면 그때부터는 분노를 최선의 대안으로 삼기 시작한다. 비난은 그러한 분노를 없애지 못할 뿐만 아니라 좌절로부터 벗어나게 할 수도 없다. 그러므로 비난은 무익하다.

우리는 상대방의 행동을 바로잡으려는 마음으로 비난한다.
이것이 얼마나 슬프고 무모하고 자기 파괴적인 일인지!
사람은 비난을 당하면 자동적으로 방어 시스템을 작동시키고,
더 큰 분노를 일으켜 당신과 싸울 만반의 태세를 갖춘다.

성경은 분노에 대해 어떻게 말하는가?

성경은 이 분노의 감정에 대해 몇 가지 지침과 교훈을 준다.

너희는 모든 악독과 노함과 분냄과 떠드는 것과 비방하는 것을 모든 악의와 함께 버리고(엡 4:31).

바울은 우리 안에서 일어나는 난폭한 감정이 바로 분노라고 말한다. 그리스도인은 자기 안에 있는 습관적인 분노를 버려야 한다.

이제는 너희가 이 모든 것을 벗어버리라. 곧 분함과 노여움과 악의와 비방과 너희 입의 부끄러운 말이라(골 3:8).

성경은 우리에게 "노하기를 더디 하라", 즉 분노를 통제하라고 가르치고, 끊임없이 화를 내거나 적대적으로 구는 사람과는 사귀지 말라고 권한다.

분을 쉽게 내는 자는 다툼을 일으켜도 노하기를 더디 하는 자는 시비를 그치게 하느니라(잠 15:18).

노하기를 더디 하는 자는 용사보다 낫고 자기의 마음을 다스리는 자는 성을 빼앗는 자보다 나으니라(잠 16:32).

노를 품는 자와 사귀지 말며 울분한 자와 동행하지 말지니 그의 행위를 본받아 네 영혼을 올무에 빠뜨릴까 두려움이니라(잠 22:24-25).

성경은 또한 정당한 분노에 대해서도 말씀한다. 예수님의 삶에서 그런 모습을 볼 수 있다.

> 그들의 마음이 완악함을 탄식하사 노하심으로 그들을 둘러보시고 그 사람에게 이르시되 네 손을 내밀라 하시니 내밀매 그 손이 회복되었더라(막 3:5).

에베소서 4장 26절에서 바울은 우리에게는 두 종류의 분이 있으며, 그것들을 어떻게 다루어야 하는지를 권면한다.

> 분을 내어도 죄를 짓지 말며 해가 지도록 분을 품지 말고.

바울은 우리가 죄에 대항하면서도 안정된 태도를 유지할 수 있음을 묘사하고 있다. 당신은 화가 나지만 그 분노를 절제해야 한다. 그것이 온전히 당신의 절제 아래에 있다면 하나님이 인정하시는 정당한 분노가 된다. "죄를 짓지 말라"라는 구절은 우리가 너무 멀리 가지 않도록 점검해준다.

우리가 부정적인 의미에서 분을 냈더라도 해가 지기 전에 빨리 그것을 해결해야 한다. 잠자리에 들기까지 그러한 악의나 노여움을 품고 있다면 평강이나 건강은 말할 것도 없고 제대로 잠도 잘 수 없을 것이다.

1. 당신은 분노를 어떻게 표현하는가? 당신이 흔히 경험하는 분노는 어떤 종류인가?
2. 당신의 배우자는 어떤 종류의 분노를 경험하고 있으며, 그것을 어떤 식으로 표현하는가?
3. 어떻게 하면 분을 내면서도 죄를 짓지 않을 수 있는지 설명해보라. "노하기를 더디" 하려면 어떻게 해야 하는가?

잠언의 몇몇 구절을 카드에 적어서 눈에 띄는 곳에 두라. 한 달 동안 그것을 큰 소리로 읽으면서 암송하라. 그렇게 하면 필요할 때마다 성령님께서 그 말씀들을 기억나게 해주셔서 우리의 감정과 분노가 하나님의 말씀에서 벗어나지 않도록 도움을 주실 것이다.

분노가 치밀어 오르기 시작할 때 스스로에게 질문을 던지라. '내가 무엇 때문에 좌절하는 거지? 채워지지 않은 바람이나 기대가 있는 걸까? 아내(남편)는 그것을 알고 있을까? 그것들이 나에게 꼭 필요한가? 지금 화를 내는 것이 합당한가?' 이런 질문들에 시간을 들여 답을 해본다면 당신의 삶도 달라질 것이다.

갈등의 한복판을 통과하는 지혜

이혼한 여자들을 대상으로 그들의 삶이 성장하거나 정체하는 원

분노가 치밀어 오르기 시작할 때 스스로에게 질문을 던지라.
'내가 무엇 때문에 좌절하는 거지?
채워지지 않은 바람이나 기대가 있는 걸까?
아내(남편)는 그것을 알고 있을까?
그것들이 나에게 꼭 필요한가? 지금 화를 내는 것이 합당한가?'

인을 조사한 흥미로운 연구가 있었다. 253명의 여자들을 두 번 인터뷰했는데 한 번은 이혼으로 인해 마음이 무너졌던 직후에 했고, 그 후 네 달 뒤에 또 한 번 진행했다. 이혼 당시에 분노를 표현했는지 아니면 참았는지, 그래서 빨리 회복됐는지 아니면 오래 걸렸는지, 이에 대한 그들의 태도와 반응을 확인하기 위해 여러 질문을 던졌다.

연구 결과, 분노를 표현했던 여자들이 참았던 여자들보다 더 나은 상태는 아니었다. 분노를 표현한다고 해서 자동적으로 감정이 좋아지는 것은 아니었고, 자존감이 개선되지도 않았다. 정신 건강이 좋아졌던 이들을 살펴보면 오히려 이혼 후에 적극 사회 활동을 하고 이혼을 자꾸 되새김질하지 않은 경우가 많았다. 성장하지 못하고 삶이 정체되었던 여자들 역시 사회 활동은 했지만 이혼에 대해 과도하게 이야기하는 경향이 있었다.[2]

자신이 경험한 분노의 감정을 말해서는 안 된다는 의미가 아니다. 적당한 표현을 찾아 사용함으로써 분노가 사라지도록 해야 한다. 그럴 때 분노가 삶과 결혼생활에 드리우는 폭정으로부터 우리는 자유를 얻는다. 우리는 정죄함 없이 자기감정을 전달할 필요가 있다. 또한 점차 분노를 줄이면서 배우자에게는 더 가까워지는 방식으로 감정을 표현할 필요가 있다. 어떻게 하면 될까?

당신의 배우자가 화가 난 상태이거나 속이 상해 있을 때 어떻게 해야 할지를 생각해보자. 당신도 똑같이 화를 낼 필요는 없다. 여기서 몇 가지를 제안한다.

"괜찮아. 화가 날 수도 있지"

앞에서도 언급했지만 분노를 적극 표현한다고 해서 분노가 사라지는 것은 아니다. 많은 부부 싸움은 비슷하게 전개된다. 문제가 생기면 화가 폭발해 고함치고 울면서 말싸움이 일어나 결국에는 기진맥진한다. 그러다가 무뚝뚝하게 사과를 주고받고 나면 며칠간 서먹서먹해진다. 이렇게 하는 것이 도움이 되는가? 갈등을 해결해주는가? 사람들이 분노를 표현하는 방식을 보면 아예 문제를 해결할 수 없게 만드는 경우가 많다. 시간이 흘러도 쉽게 잊기 힘든 말을 배우자에게 내뱉기 때문이다. 상대방의 잘못을 끄집어내거나 그를 벌주는 일에 매달리기 때문이다.

배우자가 당신에게 화를 낼 수도 있음을 마음으로 받아들이라. 그러면 문제가 의외로 술술 풀린다. 화를 내도 괜찮다. 그렇다고 세상이 끝난 것이 아니다. 거기에 똑같이 반응하지 않고도 이 문제를 다룰 수 있다. 자기 자신에게 이렇게 말하라. "화가 날 수도 있지. 큰 문제가 아냐. 이 문제를 잘 해결할 수 있어."

배우자가 화를 낼 때 성질을 돋우거나, 같이 맞장구를 치지도 말라. 상대가 소리치고 발을 구르며 화를 내고 있는데, 당신도 거기서 폭발하거나 똑같이 응수한다면 어떻게 되겠는가? 배우자가 화를 내더라도 신중하고 논리적인 자세로 응답해야 한다. 상대가 화나고 속상한 상황임을 당신도 충분히 이해하고 있음을 알게 하라.

성경 진리로 돌아가서 말씀을 묵상하기에 좋은 시간일 수도 있다. 분노가 부부 사이의 관계를 방해한다면 그 패턴을 바꿀 방법이 있다.

자신의 반응 깨닫기

무엇이 분노를 일으켰는가? 당신을 화나게 하고, 그러한 상태가 계속된 이유는 무엇인가? (배우자를 비난하지 말고 자신에게만 초점을 맞추라.)

행동 일기를 기록하는 것도 하나의 방법이 된다. 분노를 느낄 때마다 각자 다음 내용을 기록하라.

- 분노를 둘러싼 주변 환경, 즉 그곳에 누가 있었는지, 어디에서 일어났는지, 무엇이 분노의 방아쇠를 당겼는지 등등
- 당신의 특정한 행동 방식과 진술
- 당신의 언행에 대한 상대의 반응
- 결국 갈등은 어떤 식으로 해결되었는지

갈등 패턴 중단하기

갈등 패턴을 중단하기 위한 행동 계획을 세우라. 이 안에는 갈등으로부터 자유로워지기 위해 무엇을 어떻게 할 것인지가 포함되어 있어야 한다. 또한 그 후에라도 문제를 직시하고 적절히 다룰 수 있는 방법이어야 한다. 느헤미야도 갈등 해결 과정에서 그런 방법을 적용했다. "내가 백성의 부르짖음과 이런 말을 듣고 크게 노하였으나 깊이 생각하고 귀족들과 민장들을 꾸짖어 그들에게 이르기를 너희가 각기 형제에게 높은 이자를 취하는도다 하고 대회를 열고 그들을 쳐서"(느 5:6-7).

'지체'는 갈등을 해소하고 화목을 가져오는 데 도움이 되는 중요한 원리다. 감정의 문이 열리고 화가 나기 시작하면 잠시 반응을 미루라. 화가 날 때 어떻게 대응할 것인지 종이에 써봐도 좋다. 그것이 도움이 된다.

두 사람이 서로 화를 냈다면, 각자가 책임을 져야 한다. 우리는 자신의 분노를 상대에게 투영하고 책임을 배우자에게만 지우려 한다. 하지만 당신이 스스로 책임을 진다면 문제를 해결할 기회가 생긴다.

분노가 솟아오르기 시작할 때 이를 중단할 수 있는 구체적인 방법이 있다. 앞에서 두려움, 상처 그리고 좌절이 분노의 세 가지 주요 원인이라고 했다. 분노는 여기에서 파생해 나온 부차적인 반응일 뿐이다. 카드에 '멈춤'이라는 단어를 쓰고 뒷면에는 다음과 같이 질문 세 가지를 적어본다.

- 지금 상처를 받았는가?
- 뭐가 두려운가?
- 어떤 것에 좌절했는가?

화가 났을 때, 카드를 꺼내서 '멈춤'이라는 단어를 읽고, 뒤로 돌려서 세 가지 질문에 답해보라. 이렇게 하면 분노를 늦추고 원인을 찾아 문제를 푸는 데 도움이 된다. 대부분의 부부들은 화를 낸 뒤에 충분히 시간을 갖고 분노의 문제를 다루지 못하기 때문이다.

이 문제를 긍정적으로 해결하는 방법이 또 있다. 중립적인 표현을 사용하는 것이다. "화가 나려고 해요", "감정을 조절하기가 어렵네요." 이런 말들을 듣고 나면 상대방의 반응도 온유해진다. "말해줘서 고마워요. 지금 어떻게 하면 좋죠?"

둘 다 그런 상황을 만나면 목소리를 높이거나 행동으로 옮기지 않겠다고 다짐해야 한다. 일단 화를 멈추고 갈등이 줄어들면 다시 그 문제로 돌아가기로 동의하라.

⁓⁓⁓

감정의 문이 열리고 화가 나기 시작하면
잠시 반응을 미루라.
화가 날 때 어떻게 대응할 것인지 종이에 써봐도 좋다.
그것이 도움이 된다.

분노를 표출할 시간을 따로 정해 효과를 본 부부들도 있다. 왜 이렇게까지 하는 것일까? 실제로 그런 시간을 정해놓으면 감정을 통제하는 데 도움이 되기 때문이다. 꼭 화를 표현해야겠다면 이런 식으로 시도해보는 것은 어떤가?

아론 벡은 자신의 책 《사랑만으로는 살 수 없다》(학지사, 2001)에서 이런 시간을 효과적으로 사용하기 위한 몇 가지 지침을 제안한다.

- 부부가 함께 이야기할 수 있는 특정한 시간과 장소를 정하라.
- 15분에서 20분 정도로 시간을 제한하라.
- 한 사람이 2분 이상 이야기하지 말고, 시간이 지나면 상대에게 발언권을 넘긴다. 도중에 끼어들거나 시간을 임의로 조절하지 않는다.
- 마감 시간을 인지할 수 있도록 장치를 마련하라.
- 서로 피해야 할 말들이 있다. 가령 상대방 비난하기, 모욕하기, 약점 언급하기, 현재 문제와 직접적인 연관이 없는 과거 문제 끌어오기, 배우자 때문에 화가 난다고 말하기 등등이다. ("당신 때문에 화나요"보다 "내가 화나요"라고 말하는 편이 훨씬 낫다.)[3]

이런 시간을 갖는 목적은 분노를 조절하고, 줄이고, 문제를 해결하려는 데 있다. 이런 방식으로 본을 보인다면 배우자도 자신의 반응이 부적절했음을 깨닫게 될 것이다.

감정 상태 알려주기

어떤 이는 사람의 스트레스 수준에 반응하는 카드를 사용한다. 10초간 카드 위에 엄지손가락을 올려놓으면 자신의 스트레스 수준에 따라 검은색, 빨간색, 노란색, 초록색, 파란색으로 바뀐다. 초록색이나 파란색은 스트레스가 거의 없거나 적은 상태를 나타낸다.[4]

안정 상태(초록색이나 파란색)는 당신이 객관적이고 논리적으로 반응할 수 있다는 뜻이고, 검은색과 빨간색은 비이성적으로 변하기 쉬운 상태임을 나타낸다. 그 중간은 노란색 구간이다. 상대방에게 분노를 느끼지만 자신의 생각과 행동을 통제할 수 있는 상황이다.

노란색 구간에서 빨간색 구간으로 이동하면 공격성이 높아지고, 비이성적이 되며, 비난하는 마음이 늘어난다. 반면 파란색 구간에서는 안정된 대화와 경청이 가능해진다.[5]

이 방식을 이용하면 당신이 어느 구간에 있다는 것을 인식하고 배우자에게 알려주는 것이 가능해진다. 어떤 남편은 이렇게 말했다. "나는 지금 노란색과 빨간색 사이를 왔다 갔다 하는데, 둘 다 힘들어요. 파란색 구간으로 가고 싶으니까 내 말 좀 들어봐요."

어떤 부부는 조그만 깃발을 만들어서 자신의 감정 상태를 나타내는 위치에 꽂아놓는다. 어떤 가족은 모두에게 깃발을 나누어준 다음, 의논을 하거나 논쟁을 할 때 자신의 상태를 다른 식구가 알

수 있도록 표시한다. 그렇게 깃발을 사용한 후에는 어느 정도 감
정을 다스릴 수 있게 되었다.

~~~

오늘날 결혼생활은 폭력보다는 침묵으로 인해 더 죽어간다는 말이 있다.
솔직하게 표현된 분노가 위장된 분노보다 낫다.
분노를 솔직하게 표현한다는 것이 화를 잘 낸다는 의미는 아니다.
건강하고 모욕적이지 않은 방법으로 화를 나타내야 한다.

솔직한 분노가 위장된 진실보다 낫다

평소에 건강한 관계였을지라도 분노의 문제를 조심해야 한다. 관
계가 더 친밀할수록 분노로 인해 큰 상처를 받을 가능성이 커진다.
　하지만 솔직하게 표현된 분노가 위장된 분노보다 낫다. 분노를
솔직하게 표현한다는 것이 화를 잘 낸다는 의미는 아니다. 건강하
고 모욕적이지 않은 방법으로 화를 나타낸다면 상대방도 수용할
것이다.
　분노의 감정이 너무 불편해서 웃음으로 그것을 감추면서 되도
록 상대와 마주치지 않으려는 사람도 있다. 그들은 감춰진 분노의
감정을 불편해하면서도 자기감정을 있는 그대로 표현하지는 않
는다. 그렇게 가리지 않고 표현했다가 갈등에 휘말릴까 봐 두려운
것이다.

오늘날 결혼생활은 폭력보다는 침묵으로 인해 더 죽어간다는 말이 있다. 분노를 느낀다면 그것을 드러낼 필요가 있다. 절제하면서도 적당하게 분노를 표현할 때 갈등이 줄어든다.

결혼 후 오랜 시간 분노가 쌓여왔다면 비우기가 더욱 어려워진다. 배우자에게 편지를 쓰면서 감정을 나누는 것도 방법이 된다. 편지에는 분노의 감정과 함께 그렇게 된 근원적인 원인이 무엇인지 솔직하게 밝혀야 한다. 그런 다음 부부가 친밀함을 회복하려면 어떻게 해야 할지 나름의 대안을 제시한다.

데이비드 비스콧은 많은 부부들이 성공적으로 사용했던 열 가지 실용적인 단계를 제안한다. 배우자의 행동에 따라 당신의 행동이 달라져서는 안 된다. 그렇게 하면 자신을 배우자의 통제 아래에 두게 된다.

1. 감정을 쌓아두지 말라. 상처나 두려움 혹은 좌절을 느꼈을 때에는 즉시 표현하라.
2. 배우자의 소통 방식으로 이야기하라. 배우자가 압축해서 이야기하는 스타일이라면 당신도 간단하게 말한다. 배우자가 길게 설명하는 스타일이라면 당신도 자세하고 충분하게 설명한다.
3. 감정을 늦게 표현할수록 문제 해결은 더 복잡해진다. 사안을 길게 끌고 갈지, 아니면 짧게 끝내고 싶은지를 선택하라. 당신의 선택에 달려 있다.
4. 배우자에게 숨은 동기가 있다거나 믿지 못하겠다는 듯한 뉘앙

스로 말하지 말라.

5. 배우자에게 죄책감을 갖게 하려는 시도는 결국 당신에게 고스란히 되돌아온다. 문제 해결에 목적이 있음을 잊지 말라.

6. 이렇게 문제를 해결하려고 애쓰다 보면 결국에는 긍정적인 결과를 얻게 된다.

7. 배우자가 공격적인 말을 하면 거기에 반응하느라 시간과 에너지를 허비하지 말라. 그냥 흘려 넘기고 목표에 집중하라.

8. 사실을 일반화시키거나 거짓을 조금 보태 각색을 했다면, 즉각 멈춰야 한다. 즉시 실수를 인정하고 고치면 된다. "미안해요. 내가 정말 말하려고 했던 것은 사실…" 하면서 진실을 말하라. "내가 잘못 말했어요", "내가 한 말 중에 바로잡을 부분이 있어요", "당신에게 상처 준 것을 인정해요. 미안해요", "다른 것에 화가 났는데 당신에게 풀었네요." 이런 식으로 구체적이고 솔직하게 말하라.

9. 최후통첩은 하지 말라. 여기에는 힘을 겨루거나 통제하려는 의도가 깔려 있기 때문이다. 최후통첩은 별로 도움이 되지 않는다.

10. 긍정적이고 도움이 될 만한 세 가지 다른 제안을 적어보라. 이 열 가지 지침이 도움이 되었다면 3주 동안 매일 읽으면서 적용해보라. 큰 변화를 경험하게 될 것이다.[6]

지혜의 왕 솔로몬은 분노를 절제하는 것에 대해 이렇게 말씀한다. "노하기를 더디 하는 것이 사람의 슬기요 허물을 용서하는 것이 자기의 영광이니라"(잠 19:11).

하나님은 우리를 감정을 지닌 존재로 창조하셨기 때문에 분노라는 감정은 언제라도 우리를 찾아올 것이다. 분노는 다른 감정에 대한 반응이라는 사실을 알아야 한다. 그리고 당신이 그 분노를 통제할 수 있다는 사실도 기억하라. 당신은 달라질 수 있다.

우리 부부가 달라졌어요

1. 내 안에 있는 분노를 다루는 데 있어 특별히 필요한 변화는 무엇인가?

2. 그러한 변화를 경험하기 위해 이번 주에 어떤 계획을 실행할 것인가?

3. 이번 장에서 내게 가장 도움이 되었던 부분이 있다면?

4. 분노라는 주제와 관련하여 배우자가 당신을 위해 어떻게 기도하면 좋겠는가?
   함께 이야기해보라.

제13장

창조적인 갈등 해결법

갈등은 대화의 문을 닫기도 하지만 또한 열어줄 수도 있다.
갈등은 결혼생활에서 흔히 만나는 현실이기에 우리는 이를 선한 목적을 위해,
성장하는 과정에서 꼭 만나게 되는 과제로 여기고 창조적으로 다룰 수 있어야 한다.
갈등의 긍정적인 가능성을 과소평가하면 안 된다.

너희 중에 싸움이 어디로부터 다툼이 어디로부터 나느냐 너희 지
체 중에서 싸우는 정욕으로부터 나는 것이 아니냐 너희는 욕심을
내어도 얻지 못하여 살인하며 시기하여도 능히 취하지 못하므로
다투고 싸우는도다. 너희가 얻지 못함은 구하지 아니하기 때문이
요 구하여도 받지 못함은 정욕으로 쓰려고 잘못 구하기 때문이라
(약 4:1-3).

많은 결혼생활이 평화와 조화로 유지되기보다는 말다툼과 갈등으
로 점철되어 있다. 두 사람의 생각과 행동 및 태도가 같다고 해서
화목한 부부라고 말하긴 어렵다. 용납과 이해와 보완의 과정을 통
해서 서로의 차이를 현명한 방식으로 받아들이게 된 부부만이 그
렇게 불릴 자격이 있다. 그들은 상대방의 소통 방식을 익히고 서
로에게 적응하는 법을 배운 사람들이다.

두 사람이 결혼해 살다 보면 각자의 개성도 독특하고, 인생의
여러 경험이 부딪히면서 조화를 이루는 과정을 겪게 마련이기에
갈등은 언제든 일어난다. 결혼생활에는 수많은 갈등이 있는데, 그
것이 꼭 나쁜 것만은 아니다. 진짜 문제는 당신이 그 갈등에 어떻
게 반응하는가에 있다.

갈등이란 간단히 말해, 서로 다투는 것이다. 첫째는 싸움, 충돌, 다툼을 뜻하고, 둘째는 관심사, 아이디어 등이 서로 불일치하여 날카롭게 대립하는 것을 의미한다. 양립하기 힘든 힘과 의지가 상호 훼방을 놓는 상태가 바로 갈등이다.[1]

~~~~~~

결혼생활에는 수많은 갈등이 있는데, 그것이 나쁜 것만은 아니다.
진짜 문제는 당신이 그 갈등에 어떻게 반응하는가에 있다.

부부는 갈등이 생기면 억누르는 법부터 배운다. 일단 양탄자 밑으로 '갈등'을 죄다 쓸어 모은 다음, 그냥 덮어두고 무시하는 식이다. 갈등을 해결하는 과거의 방법들이 보통은 이랬다. 소위 '착하다'고 여겨지는 이런 방식이 마치 그리스도인의 모범적인 해결책인 양 인식되어왔다. 하지만 갈등을 묻어버리면 에너지만 빼앗기고 일상의 인식을 왜곡하는 쓴 뿌리만 키울 뿐이다. 차이점이 무시되면 언젠가는 감정이 다시 살아나서 우리를 괴롭힌다.

질문으로 마음을 잇다

1. 당신의 결혼생활에서 주된 갈등 요소는 무엇인가?
2. 과거에는 그러한 갈등을 어떻게 해결했는가?
3. 당신의 성격과 배우자의 성격 차이는 갈등에 어느 정도 영향을 끼쳤는가?

많은 부부들은 끊임없는 다툼 때문에 갈등을 해결하기 어렵다고 호소한다. 성경의 가르침을 따라 될 수 있으면 갈등은 피하고 본다는 부부도 있다. 하지만 성경은 갈등에 대해 무조건 피하라고 하지 않는다.

갈등은 필연적이다. 우리 모두는 주위의 사람과 환경을 다르게 인식하기 때문이다. 서로 다른 인식 체계는 갈등을 유발할 수 있는 다양한 견해와 선택으로 이어질 수밖에 없다. 서로를 돌보고 더 깊은 관계로 나아가기를 원하는 성숙한 사람들이라 할지라도 갈등은 피할 수 없는 일이다. 드와이트 스몰은 이렇게 말한다.

남편과 아내가 경험하는 대부분의 갈등은 대화에서 일어난다. 언어 갈등 자체가 해로운 것은 아니다. 다만 갈등하는 두 사람의 성숙도에 따라 피해 정도가 다르다. 어떤 것은 유익이 되기도 한다. 갈등은 대화의 문을 닫기도 하지만 또한 열어줄 수도 있다. 갈등은 결혼생활에서 흔히 만나는 현실이기에 우리는 이를 선한 목적을 위해, 성장하는 과정에서 꼭 만나게 되는 과제로 여기고 창조적으로 다룰 수 있어야 한다. 갈등의 긍정적인 가능성을 과소평가하면 안 된다. 하나님은 그리스도인의 결혼생활에서 겸손을 가르쳐주시기 위하여 고백과 용서와 화해와 함께, 갈등을 사용하신다.[2]

갈등은 개인적인 가치나 필요가 결핍되어 있음을 보여준다. 사람들에게는 모두 기본적인 필요가 있다. 윌리엄 글래서는 사랑하고 사랑을 받으며 가치 있는 존재가 되고 싶다는 마음, 이것이 사람의 가장 기본적인 필요라고 했다. 에이브러햄 매슬로는 욕구 5단계설을 말했다. 우리는 가장 먼저 육체적인 필요를 채우려고 하고, 그다음에 안전에 대한 필요, 그다음으로는 사랑과 소속감 그리고 자존감과 자아실현의 필요를 충족시키려고 애쓴다. 배우자와 갈등을 겪을 때 이 가운데 어떤 필요가 충족되지 못해서 그러한지를 자문해보라.

사람들이 갈등에 빠지는 것은 보통은 채워지지 못한 필요가 존재하기 때문이다. 갈등이 해소되더라도 문제는 해결되지 않을 수 있다. 그러므로 증상만 해결되면 그만이라고 생각하지 말고, 수면 아래에 어떠한 필요가 숨어 있는지 살펴보아야 한다.

효과적인 갈등 해결법을 배우지 못했기에 대부분의 사람들은 갈등을 공개적으로 다루지 않는다. 평온을 깨뜨리고 싶지는 않기에 많은 부부들은 작은 갈등에 대해서는 그냥 무시한다. 큰 갈등이 생겼을 때에도 작은 갈등을 다루는 법을 배우지 못했기에 그냥 피할 궁리만 한다. 작은 문제들을 해결하면서 적절한 관계의 기술을 배우게 되는데, 그렇게 하지 못한 것이다.

조경공사업자 프레드의 이야기가 기억난다. 거대한 참나무 그루터기를 뽑아내는 일이 그의 첫 번째 직업이었다. 하지만 그는 이전에 다이너마이트를 사용해본 적이 없었다. 더군다나 한 나이 든 농부가 프레드를 유심히 지켜보고 있었기 때문에 그는 더 긴장했다. 프레드는 최대한의 효과를 얻고 싶었다. 폭약을 너무 적게 사용했다가 두세 번 작업해야 할 상황을 맞고 싶지도 않았고, 너무 많이 사용해서 문제가 커지는 것도 원치 않았다.

폭발 준비를 마쳤을 때 프레드와 농부는 기폭 장치가 있는 용달차 뒤로 갔다. 그는 농부를 보고는 기도를 드린 후 기폭 장치를 눌렀다. 결과는 '너무나' 좋았다. 큰 그루터기가 땅에서 뽑혀 한 바퀴 돌며 공중으로 날아가더니 용달차의 운전대 위로 수직 낙하했다. 프레드의 심장도 쿵 하고 내려앉았다. 운전대가 망가졌으니 큰일 났다는 생각뿐이었다. 하지만 농부는 달랐다. 그는 놀라고 감탄했다. 프레드의 어깨를 두드리면서 "나쁘지 않았소. 조금만 더 연습하면 매번 침대 위로 떨어질 거요!" 하고 말했다.

⚜

사람들이 갈등에 빠지는 것은
보통은 채워지지 못한 필요가 존재하기 때문이다.
갈등이 해소되더라도 문제는 해결되지 않을 수 있다.
그러므로 증상만 해결되면 그만이라고 생각하지 말고,
수면 아래에 어떠한 필요가 숨어 있는지 살펴보아야 한다.

갈등은 다이너마이트와 같다. 올바르게 사용하면 도움이 되겠지만 애매한 때에 잘못된 방식으로 사용하면 파괴적으로 작용한다. 갈등에 직면해보면 내 힘과 자원을 가늠해볼 수 있다. 갈등 상황에 있는 각 사람이 한두 가지의 대안을 가져와 그것을 함께 탐구하면서 서로에게서 배울 수 있다. 그러면 갈등을 해소하는 과정에서 부부는 함께 성장한다.

스몰 박사는 이렇게 말한다. "의견에서 불일치가 생기면 부부는 이런저런 방식으로 해결해야 한다. … 의견이 다른 것과 각자 다른 식으로 행동하는 것은 상당히 다른 문제다."[3]

제때 해소되지 못한 갈등은 언젠가는 관계의 성장과 만족을 방해한다. 우리는 상처받지 않기 위해 방어적으로 바뀌는데, 이러한 반응은 관계에 긴장을 가져온다.[4]

예수님도 갈등을 겪으셨다. 유대인의 종교지도자들과 끊임없이 갈등하셨다. 요한복음 8장 2-11절은 예수님과 종교지도자들 사이에 일어났던 한 가지 갈등을 기록하고 있다.

아침에 다시 성전으로 들어오시니 백성이 다 나아오는지라. 앉으사 그들을 가르치시더니 서기관들과 바리새인들이 음행 중에 잡힌 여자를 끌고 와서 가운데 세우고 예수께 말하되 선생이여 이 여자가 간음하다가 현장에서 잡혔나이다. 모세는 율법에 이러한 여자를 돌로 치라 명하였거니와 선생은 어떻게 말하겠나이까 그들이 이렇게 말함은 고발할 조건을 얻고자 하여 예수를 시험함이러라. 예수께서 몸을 굽히사 손가락으로 땅에 쓰시니 그들이 묻기를 마지아니하는지라. 이에 일어나 이르시되 너희 중에 죄 없는 자가 먼저 돌로 치라 하시고 다시 몸을 굽혀 손가락으로 땅에 쓰시니 그들이 이 말씀을 듣고 양심에 가책을 느껴 어른으로 시작하여 젊은이까지 하나씩 하나씩 나가고 오직 예수와 그 가운데 섰는 여자만 남았더라. 예수께서 일어나사 여자 외에 아무도 없는 것을 보시고 이르시되 여자여 너를 고발하던 그들이 어디 있느냐 너를 정죄한 자가 없느냐 대답하되 주여 없나이다. 예수께서 이르시되 나도 너를 정죄하지 아니하노니 가서 다시는 죄를 범하지 말라 하시니라.

예수님은 이러한 갈등을 대면하실 때에 회피하거나 도망가지 않으셨다. 서기들관과 바리새인들의 요구에 항복하거나 타협하지도 않으셨다. 예수님은 그들에게 한 가지 대안―여자에 대한 긍휼―을 가지고 도전하셨다.

갈등을 다루는 다섯 가지 스타일

우리 모두는 결혼생활을 하면서 갈등을 다루는 법을 배운다. 배우자도 나와 비슷한 방식으로 갈등을 해결한다고 생각하지만, 사실 여기에는 몇 가지 스타일이 있다.

도표 1

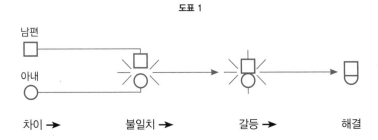

데이비드와 베라 메이스는 갈등 과정을 그림으로 제안한다.

먼저 우리는 남편과 아내 사이에 어떤 의견 차이가 있음을 본다. 그 차이는 각기 다른 네모와 동그라미 모양으로 묘사된다. 부부는 상호 참여를 바라는 마음에서 틈을 메우려고 하지만, 서로에게 양보를 요구하면서 불일치로 간다.

불일치 상태가 지속되면 좌절이 생기고 감정적으로 뜨거워진다. 그것이 갈등이다. 이는 의지의 충돌, 다툼, 싸움으로 발전한다.

그다음이 중요하다. 갈등을 참을 수 없으면 그들은 다툼을 중지하더라도 처음으로 돌아가 차이가 해소되지 않은 상태로 남는다. 불일치를 인식했지만 해결은 되지 않았고 좌절감은 내면으로 숨어들었다.[5]

1. 후퇴

갈등 조정 과정에서 당신이 별로 할 일이 없고, 희망도 전혀 보이지 않는다면 노력도 하지 않게 된다. 그러면 아예 마주치는 일을 피하려고 각방을 쓰거나, 말도 하지 않고 상대의 어떠한 말이나 제안도 한 귀로 듣고 흘릴 수도 있다. 많은 사람들이 이러한 '후퇴' 방식을 선택하여 자신을 보호한다.

2. 승리

자아 이미지에 위협이 되거나 이대로 두었다가는 큰 손해가 예상

된다면 당신은 기어코 상대방을 이기려 들 것이다. 자기 자리가 위협받는다면 역습을 시도한다. 어떤 값을 치르더라도 승리를 목표로 삼는다.

사람들은 이기기 위해 여러 가지 전략을 사용한다. 부부는 배우자의 약점과 상처를 잘 알기 때문에 종종 약점을 이용하여 상대방에게 압력을 가한다. 심지어 자존감을 공격하기도 한다. 그들은 평소에 불평거리들을 마음에 쌓아놓고 있다가 갈등을 만나면 그것들을 사용한다. 또한 이전의 감정과 상처를 쏟아내기도 한다. 이렇게 쌓아두는 것은 다른 형태의 복수에 불과하며 그리스도인의 용서를 드러내주지 못한다.

당신이 이런 스타일이라면 다음 질문에 대답해보라.

1. 당신의 자존감을 유지하기 위해 혹은 자신을 강하게 어필할 필요가 있어서 그런 전략을 취하는 것인가? 물론 결혼생활에서 만족을 얻으려면 자존감이 있어야 한다. 하지만 그러한 자존감을 어떠한 기초 위에 세우는지에 대해서는 주의해야 한다. 마음이 안정되지 못하거나 스스로를 믿지 못하는 경우, 그는 종종 가짜 이미지를 만들어서 사람들을 속인다. 그 과정에서 혼란이 온다. 상대의 의견을 억지로 수용해야 하거나 논쟁에서 밀리게 되면 감정적으로 견딜 수가 없기 때문에 그런 일이 일어나지 않도록 싸우게 된다. 이렇듯 권위주의적인 사람은 자기 생각처럼 그렇게 안정적이지가 않다. 그들은 타인의 의견을 따르는 것을

자기 위치가 약해지는 증거로 받아들인다.

2. 당신은 필요한 것(needs)과 원하는 것(wants)을 혼동하고 있지는 않은가? 어떤 것이 '필요한' 사람은 그것을 '원하는' 사람보다 더 까다롭게 군다. 당신은 이 둘 사이의 차이를 구별하는가? 당신은 그것을 꼭 필요하다고 보는 반면, 배우자는 원하는 것으로 볼지도 모른다.

꙳꙳꙳

> 결혼생활에서 만족을 얻으려면 자존감이 필요하다.
> 하지만 그러한 자존감을
> 어떠한 기초 위에 세우는지에 대해서는 주의해야 한다.

3. 양보

우리는 고속도로에서 '양보' 표지판을 자주 본다. 이 표지판은 우리를 보호하기 위한 것이다. 갈등을 겪게 되었을 때 서로 양보하면 둘 다 보호를 받는다. 배우자와 서로 등을 지고 싶지는 않기 때문에 그냥 배우자에게 맞추어주는 식이다.

우리는 때때로 이 스타일을 사용한다. 하지만 일상적으로 이렇게 하면 문제가 생긴다. 지속적으로 양보를 하다 보면 자기가 곧 희생양이 된 것 같아 결국에는 배우자를 괴롭히기 때문이다. 갈등이 일어나면 누가 수그리고 들어가야 하는지 정해놓기도 하는데 양보는 이런 때에 체면을 지키는 방법이기도 하다. 양보함으로써 그리스도인답게 행동하는 것처럼 보이기 때문이다.

4. 절충

서로 조금씩 주고받는 식으로 절충하면서 갈등을 다루는 방법도 있다. 당신은 항상 이기기만을 바라지는 않는다. 상대에 대해서도 마찬가지이다. 이를 위해서는 어느 정도는 당신의 요구사항을 포기해야 한다. 절충형 방식은 양쪽의 합의가 있어야 하고 협상력도 필요하다.

5. 해결

상황과 태도 및 행동을 바꾸기 위해 직접 소통하면서 갈등을 다루는 방식이다. 원래의 계획을 변경하는 한이 있더라도 충분한 시간을 들여 해결책을 마련한다.

다음에 나오는 〈도표 2〉에서는 갈등을 다루는 다섯 가지 스타일을 그림으로 표현했다. 〈도표 3〉에서는 여기에 몇 가지 설명이 추가되어 있다. 갈등을 다루는 일상적인 방법으로 '후퇴'를 사용할 때 관계에는 고통이 오고, 필요는 충족되지 않는다. 후퇴는 가장

어떤 사람들은 사람이 변하는 것을 불가능한 일이라고 하지만 하나님은 이렇게 말씀하신다.
"내게 능력 주시는 자 안에서 내가 모든 것을 할 수 있느니라"(빌 4:13).

도움이 되지 않는 방식이다. 후퇴를 선택하면 관계의 성장과 발전을 기대할 수 없다.

당신이 줄곧 후퇴를 선택해왔다면 왜 그랬는지 생각해보라. 그것은 성경에서 말하는 복종이나 온유함이 아니다. 능력이 부족하거나 심지어 성공을 두려워하는 마음에서 그런 선택이 나온다.

'승리' 스타일은 개인적인 목표를 달성할 수는 있지만 관계를 희생시킨다. 작은 전투는 이길지라도 큰 전투에서는 패한다. 결혼생활에서는 인격적인 관계가 목표 달성보다 훨씬 더 중요하기 때문에 이것은 속 빈 강정이 될 수 있다.

도표 2

다섯 가지 갈등 스타일

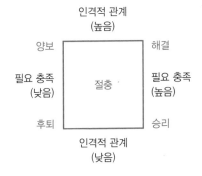

도표 3

'양보'는 관계를 세우지만 개인적인 목표나 필요를 희생해야 하기 때문에 원망이 생길 수도 있다. 사실상 양보는 사람들이 생각하는 것만큼 관계를 세우지는 못한다. 중요한 관계라면 기꺼이 대화를 나누고 직면하면서 본심을 확인할 수 있어야 한다.

관계를 개선하기 위해 '절충'하는 과정에서 약간의 필요가 채워질 수는 있지만 이 과정에서 어떤 가치가 타협될 확률이 높다. 결과가 만족스럽지는 않더라도 최악은 아니라고 스스로를 위안하겠지만 실제로는 관계가 위협받는다. 어느 정도 안정이 되면 불편한 감정이 솟아오르기 때문이다.

'해결'은 부부가 함께 추구해야 하는 이상적인 방향이다. 갈등이 해결되고 쌍방의 필요가 충족될 때 관계가 강화된다. 해결 과정에는 오랜 시간이 필요하고 경청과 용납이 뒤따라야 하지만 다른 방식보다 관계를 더욱 세워준다.

갈등 중단 장치를 마련하라

갈등은 부부의 시간이나 주의력을 상당히 갉아먹는다. 갈등에 사로잡혀 그것을 곱씹고 생각하느라 대부분의 에너지를 소비한다. 하지만 부부는 갈등이 일어났을 때 어떤 부분이 달라지는지 면밀히 살펴서, 어떻게 갈등을 중단할 수 있을지에 관심을 기울여야 한다. 갈등이 생긴 후 둘이 지내는 시간이 어떻게 달라지는지를 살펴보면 그런 갈등의 시간을 다르게 보낼 수 있다. 그 차이를 곰곰이 따져보라. 앞으로의 문제를 해결하는 실마리가 될지도 모른다.

어디에서 갈등이 일어나는지를 살피라
결혼생활의 갈등 사이클을 막으려면 몇 가지 단계가 더 필요하다.

첫째, 대부분의 갈등이 어디서 일어나는지를 살펴보라. 특정한 장소인가? 저녁 식사 자리에서? 자동차에서? 침대에서? 어디서 갈등이 일어나는지 알았다면 장소를 바꾸어보라. 다른 곳에서 이야기를 시작하면 분위기가 달라질 수 있다.

어떤 부부는 갈등에 휩싸이기 시작할 때 화장실로 가서 이야기를 계속하기로 했다. 그러면 보통은 웃으면서 그 문제를 해결할 실마리를 얻을 수 있었다.

언제 갈등이 일어나는지 살피라

다음 단계로, 주로 언제 갈등이 일어나는지를 살펴보고, 되도록 그 시간을 피하도록 하라. 많은 부부들이 시간을 조정하면 잠재적인 갈등 요소를 다루는 데에 도움이 된다는 사실을 발견했다. 어떤 부부는 말할 때 한 사람이 30초를 넘기지 않기, 말할 때 배우자의 이야기를 한번 짚어주기, 손잡고 말하기 등의 규칙을 정한 후 실천했을 때 효과를 보았다.

어떻게 갈등이 줄어드는지 확인하라

어떤 부부는 플라스틱 재질로 만든 그루초 막스 스타일의 안경 코를 두 개 구입했다. 갈등이 시작된다고 느낄 때마다 그들은 둘 다 이 가면을 쓴다. 이렇게 하면 갈등은 자연스럽게 줄어들었다.

하루가 끝나면 그날 무슨 일이 있었는지 함께 이야기하고, 다음 날의 계획을 잠깐 나누는 부부도 있다. 이러한 '예보' 덕분에 다음

날에 대한 기대감은 더 커진다.[6]

어떻게 갈등이 끝나는지에 집중하라

갈등을 겪는 한 부부와 이야기할 기회가 있었다. 그들은 무엇 때문에 갈등이 시작되었는지에 초점을 맞추고 있었다. 하지만 나는 그 갈등이 어떻게 끝날지를 아는 게 더 중요하다고 생각했다. 무엇 때문에 갈등이 시작되었는지는 어떻게 끝나는가에 비하면 그다지 중요하지 않을지도 모른다. 이러한 '갈등 중단 장치'를 발견한다면 앞으로도 이것을 의식적으로 사용할 수 있다. 갈등의 시작보다 마침에 더 주목한다면 갈등이 왜, 어떻게 시작되었는지도 쉽게 발견하게 될 것이다.

갈등 해결의 지혜

당신은 갈등을 '해결'하고 싶지만 어디서부터 손을 대야 할지 난감한 처지일지도 모르겠다. 몇 가지를 제안하고 싶다. 시간을 투자하고 노력과 인내를 더한다면 틀림없이 도움이 될 것이다. 갈등은 언제나 소통 과정과 연관되어 있고, 이 둘을 따로 구분하는 일은 불가능하기에 이 제안은 대부분 대화의 기본 원리에 관한 것이다. 순서는 크게 중요하지 않다.

개인적으로, 직접 상대방과 이야기하라. 당신이 생각하고 느끼는 것을 상대방도 알고 있다고 추측하지 말라. 오히려 배우자는 이 문제를 전혀 모르고 당신도 처음으로 다룬다고 생각하라. "사람을 경책하는 자는 혀로 아첨하는 자보다 나중에 더욱 사랑을 받느니라"(잠 28:23).

묻고 말할 때 정직해야 한다. 에베소서 4장 15, 23절 말씀을 염두에 두라. 배우자가 질문 속에 다른 뜻을 품고 있거나 숨은 동기를 감추고 있다고 느꼈다면 그 질문에만 답하라. 그의 마음을 읽거나 속뜻을 해석하려고 하지 말라.

당신의 느낌을 솔직하게 말하라. 갈등 가운데 있는 사람은 평범한 질문에 대해서도 종종 심문 당한다는 생각이 들 수 있다.

잘못이나 실수보다는 긍정적인 변화나 기대에 초점을 맞추라. 심리학적으로 말하자면 옛날 행동을 버리는 것보다 새로운 행동을 시작하는 것이 더 쉽다. 믿기 어렵겠지만 사실이다.

당신이 배우자에게 사랑받지 못한다고 느낀다면 오히려 상대방을 먼저 사랑해보도록 노력하라. 그렇게 하면 배우자도 당신을 달리 생각하게 될 것이다. 상대가 변하지 않더라도 괜찮다. 당신의 사랑의 행동으로 개인적인 필요를 채우면서도 사랑의 본을 보일 수 있기 때문이다.

'너 메시지'보다는 '나 메시지'를 사용하고, 과거의 생각이나 감정이 아닌 현재의 느낌을 나누라.

적절한 시간을 골라야 한다. "사람은 그 입의 대답으로 말미암아 기쁨을 얻나니 때에 맞는 말이 얼마나 아름다운고"(잠 15:23).

문제를 정확하게 보아야 한다. 당신은 그 문제를 어떻게 보고 있으며, 배우자는 어떠한가? 갈등을 해결하기 위하여 부부는 각자 어떤 노력을 하고 있는지를 적어보라.

갈등 영역에서 동의하는 부분과 동의하지 않는 부분을 구분하라. 동의하는 바를 먼저 이야기하고 그다음에 동의하지 못하는 부분을 말하라. 번거롭더라도 이 둘을 종이에 써보는 것이 상황 파악에 도움이 된다.

다음으로는 쉽지 않은 부분일 텐데, **그 문제에 대해 당신에게는 어떤 책임이 있는지 밝혀야 한다.** 갈등은 일방적으로 일어나기보다는 쌍방에 잘못이 있는 경우가 대부분이기 때문이다. 당신이 일정 부분 책임을 받아들일 때 상대방도 기꺼이 협조할 마음이 생겨 대화의 장은 훨씬 더 넓게 열린다.

다음으로, **당신이 앞으로 어떻게 해야 상대에게 도움이 되겠는지를 직접 물어보라.** 배우자가 느끼고 관찰하고 제안한 바에 마음을 열어보라.

~~~

갈등은 일방적으로 일어나기보다는
쌍방에 잘못이 있는 경우가 대부분이다.
당신이 일정 부분 책임을 받아들일 때
상대방도 기꺼이 협조할 마음이 생겨
대화의 장을 훨씬 더 넓게 열린다.

갈등과 문제를 다루는 방법에는 여러 가지가 있다. 내 친구, 게리 올리버는 《당신에게 화났어요》(*Mad About You*)라는 책에서 이런 제안을 했다. 이 지침이 갈등을 다루는 데 도움을 줄 것이다.

- 단계 1: 문제를 명확히 하고, 기도하고 경청하고 이해하려고 노력하라. 처음 단계에서는 문제가 있다는 사실을 인식하고, 충분한 시간을 들여 그 문제를 어떻게 생각하고 있는지 서로 이야기하면서 해결책을 찾고자 애써야 한다.
- 단계 2: 이 문제가 얼마나 중요한가? 큰 문제인가 아니면 사소한 문제인가? 문제를 정의한 후에는 그것이 어느 정도로 중요한지를 확인해야 한다. 결혼생활에서 일어나는 많은 갈등은 개인적인 특성과 일시적인 짜증으로 인한 것들이 많다.
- 단계 3: "이 문제에서 내가 책임질 부분은 어디인가?"라고 자문해보라. 갈등이 있을 때마다 우리는 배우자에게서 문제점을 찾고 자신에게는 지나치게 관대한 경우가 많다.
- 단계 4: 내가 사과하거나 용서를 구할 일은 없는가? 자문하고 기도하면서, 사과하거나 용서를 구해야 할 부분이 떠오를 수도 있다.
- 단계 5: 당신이 먼저 철저한 책임을 지라. 배우자가 다르게 행하기를 기다리지 말고 당신이 다른 모습을 보여주라.
- 단계 6: 부부가 둘 다 실천할 일이 있는지 확인하라. 이 시점에서는 서로가 만족하는 해결책을 찾아야 한다.

- 단계 7: 그것을 위해 기도하고 행하고 재검토하라.[7]

    관계를 획기적으로 바꿀 수 있는 마법의 문장들이 있다. 처음에는 이런 말을 먼저 꺼내는 것이 어렵겠지만 자주 사용하다 보면 치유와 성장을 위한 놀라운 도구가 될 것이다.

- 내 잘못이에요.
- 당신이 옳아요.
- 미안해요.
- 당신을 용서해요.
- 나를 용서해주세요.
- 사랑해요.
- 고마워요.

    갈등 해결 과정에서 당신은 변화되고 또한 기쁨을 누린다. 예수 그리스도께서 당신의 삶에 함께하시기 때문에 두려움과 불안감을 떨쳐낼 수 있다. 우리는 이 과정에서 주위 사람들을 사랑으로 대하고 인생의 문제를 직시하면서 새로운 담대함과 용기를 얻는다. 어떤 사람들은 사람이 변하는 것은 불가능한 일이라고 하지만 하나님은 이렇게 말씀하신다. "내게 능력 주시는 자 안에서 내가 모든 것을 할 수 있느니라"(빌 4:13).

1. 갈등을 다루는 다섯 가지 방법 중에 당신이 주로 사용해온 것은 무엇인가?

2. 앞으로는 어떤 식으로(지금까지와는 달리) 갈등을 해결할 것인가?

3. 배우자에게는 다음 주에 어떻게 기도해달라고 할 참인가?

"나와 결혼하니 어때요?"

그랜드 테톤 국립공원을 여행할 때의 일이었다. 여덟 명은 강에서
래프팅을 하기로 했다. 이전에 그곳에서 여러 번 래프팅을 한 경
험이 있었기 때문에 우리는 큰 부담 없이 준비했다. 시작하는 곳
으로 가서, 보트에 바람을 넣고 부부 한 쌍을 타게 해서 부력을 테
스트해보았다. 그런데 남편의 몸무게가 140킬로그램이나 되었기
에 두 사람이 탔을 때 보트는 마치 큰 입이 다물어지듯이 접혀버렸
다. 이 사건은 남은 일정을 미리 보여주는 불길한 징조였다.

우리는 보트에 바람을 더 넣고 각각의 보트에는 네 명씩 태웠
다. 천천히 래프팅을 하며 몇 킬로미터를 간 후에 좀 더 쉽게 이야
기를 나눌 수 있도록 두 개의 보트를 밧줄로 함께 묶었다. 이제 보
트는 방향타 없이 순전히 노를 젓는 것으로만 방향을 바꿀 수 있
었고, 우리는 물살을 따라 떠내려가는 상황이 되었다. 하지만 별
문제는 없어 보였다. 보트가 급류에 접어들기 전까지는 말이다.

그때 비가 왔고 우리는 점점 지쳐갔다. 묶인 보트가 두 강이 합

쳐지는 지점에 도달했을 때 우리는 급속히 빨려 들어갔다. 어느새 급류의 중심에 있었고, 보트의 방향을 통제할 수가 없었다. 얼마 동안 떠내려가는데 통나무가 보였다. 한 보트는 통나무 왼편으로 가려고 했고 다른 보트는 반대편으로 가고 싶어 했다. 협상 끝에 통나무 한가운데를 뚫고 지나가기로 했다. 보트는 거기에 걸렸고 나는 칼을 꺼내서 두 보트를 묶고 있던 밧줄을 잘라서 다른 보트를 풀어주었다. 다른 보트는 100미터 정도를 떠내려가다가 1미터 깊이의 바닥에서 가라앉았고 거기 탄 사람들은 강 밖으로 걸어 나갈 수 있었다. 그러나 우리는 다른 사람들이 와서 건져주기까지는 정말 꼼짝할 수가 없었다.

참 인상적인 여행이었다. 우리는 숙소에서 저녁을 들면서 두 시간 동안 그 사건을 이야기했다. 우리를 안내해주는 방향타가 없었고, 여행 중 일어날 수 있는 상황이나 장애물을 충분히 고려하지 못한 것이 문제였다. 내가 보아온 수많은 부부들도 이와 비슷했다. 아무 계획이나 목적 없이 이러저리 표류하는 사람들이 많았다.

모두들 같은 결론에 도달했다. 결혼생활이 계속 이어지려면 지속적이고 의식적인 노력이 필요하고, 우리는 마음을 지켜야 한다. "오늘 나는 모든 결정에서 우리의 관계를 생각하면서 '네'라고 말하겠습니다."

아침 경건의 시간에 날마다 이렇게 자문해보라. 할 수 있겠는가? 기꺼이 그렇게 하겠는가?

우리는 배우자가 삶에서 얼마나 소중한 존재인지를 알게 하는 기회를 매일 새롭게 부여받는다. 하나님을 섬기고 그 영광을 드러내라는 부르심은 그 내밀한 관계를 얼마나 보호하고 있는가에 달려 있음을 명심하라. 하나님께서 원하시는 사람이 되도록 당신은 배우자를 돕고 있고, 배우자 역시 당신을 돕고 있다.

결혼생활에서 부부간에 나누는 대화는 그 자체로 하나의 부르심이다. 우리는 하나님의 영광을 위해 날것 그대로를 요리하라는 도전을 받은 셈이다. 이는 창조의 소명이기도 하다. 무엇을 어떻게 창조한다는 말인가? 하나님께서 우리를 지으신 대로 살아가도록 서로 돕는 것이다. 배우자에게서 최선의 것, 보배로운 것을 끌어냄으로써 하나님을 영화롭게 할 수 있다. 남편과 아내에게는 아직 계발되지 못하고 묻혀 있는 가능성이 있는데, 그것을 드러내고 자라게 하는 일에서 조력자의 역할을 감당하는 것이다.

이렇게 살아가려면 의식적으로 결혼생활을 최우선으로 삼아야 한다. 이러한 개념은 많은 사람들에게 생소하다. 꽃밭에 자라나는 잡초를 어느 정도 당연하게 생각하듯이, 결혼을 그저 인생의 한 부분 정도로 생각하는 사람이 많기 때문이다. 그러므로 몇 년이 지나면 어떤 결혼은 표류하기 시작한다.

"내게 있어 결혼은 무엇과 같은가?" 시간을 내어 이 질문에 답을 해보라. 하루, 이틀, 혹은 일주일 동안 메모지를 가지고 다니면서 생각이 날 때마다 적어보라. "이건 잘하고 있어"라고 할 만한 부분도 있겠지만, "좀 노력해야지"라고 인정할 수밖에 없는 영역도 보일 것이다.

이제는 더 어려운 질문이다. 배우자에게 이 질문을 해보라.

"나와 결혼하니 어때요?"

이런 질문은 어떤가? "어떤 부분이 달라졌으면 좋겠어요?" 이 질문에 대해 배우자가 무슨 제안을 하든지 간에 "말해줘서 고마워요"라고 하라. 부부가 함께 이 질문에 대해 정직하게 생각해보고 답을 한다면, 결혼 상담을 받을 필요가 없을지도 모른다.

결혼생활 만족도 조사

설명서

다음 열한 가지 질문에 답한 후에 만족도 조사 설문에 답을 하라.
이 두 가지를 끝냈다면 시간을 내어 각자의 의견을 나누어보라.
두세 차례 시간이 필요할 수도 있다. 당신이 원하는 것과 앞으로
할 수 있는 것에 초점을 맞추도록 하라.

1. 당신은 부부가 함께하는 시간을 얼마나 자주 내고 있는가?
   그 시간은 주로 언제인가?
2. 배우자가 당신을 위해서 하는 일이나 행동 가운데 특별히 고
   맙게 생각하는 다섯 가지를 이야기해보라.
3. 당신이 고마워하는 배우자의 성품이나 자질 다섯 가지를 적
   어보라.
4. 2번과 3번에서 찾아낸 행동과 성품에 대해 얼마나 자주 배우
   자를 칭찬하고 격려하는가?

5. 당신이 배우자에게 평소에 자주 부탁하는 것 네 가지를 적어 보라. 얼마나 자주 부탁하는가? 배우자의 반응은 어떠한가?

6. 배우자가 당신에게 평소에 자주 부탁하는 것 네 가지를 적어 보라. 얼마나 자주 요청하는가? 당신의 반응은 어떠한가?

7. 배우자와의 의사소통에서 가장 고마운 점은 무엇인가?

8. 당신은 배우자에 대한 사랑을 어떻게 표현하는가?

9. 배우자는 당신의 사랑을 어떻게 알게 되는가?

10. 당신의 결혼생활에서 가장 충만했던 경험을 한두 가지 소개한다면?

11. 개인적으로, 혹은 결혼생활에서 꼭 달라지고 싶은 당신의 습관이나 행동이 있다면 무엇인가?

결혼생활 만족도 조사

다음에 제시하는 각각의 관계 요소에서 당신의 만족도를 나타내는 곳에 X표를 하라.

배우자의 만족도를 나타낸다고 생각하는 곳에는 ○표를 하라.

(0=불만족, 5=보통, 10=최고, 최상)

1. 부부가 매일 함께하기

| 0 | 1 | 2 | 3 | 4 | 5 | 6 | 7 | 8 | 9 | 10 |

2. 부부의 애정과 로맨틱한 교류

| 0 | 1 | 2 | 3 | 4 | 5 | 6 | 7 | 8 | 9 | 10 |

3. 부부의 성관계

| 0 | 1 | 2 | 3 | 4 | 5 | 6 | 7 | 8 | 9 | 10 |

4. 신체 접촉 빈도

| 0 | 1 | 2 | 3 | 4 | 5 | 6 | 7 | 8 | 9 | 10 |

5. 배우자에 대한 나의 신뢰

| 0 | 1 | 2 | 3 | 4 | 5 | 6 | 7 | 8 | 9 | 10 |

6. 나에 대한 배우자의 신뢰

| 0 | 1 | 2 | 3 | 4 | 5 | 6 | 7 | 8 | 9 | 10 |

7. 부부가 나누는 대화의 깊이

| 0 | 1 | 2 | 3 | 4 | 5 | 6 | 7 | 8 | 9 | 10 |

8. 상대방의 의사소통 방식으로 이야기하기

| 0 | 1 | 2 | 3 | 4 | 5 | 6 | 7 | 8 | 9 | 10 |

9. 부부가 집안일을 나누는 방식

0   1   2   3   4   5   6   7   8   9   10

10. 부부가 결정을 내리는 방식

0   1   2   3   4   5   6   7   8   9   10

11. 부부가 갈등을 다루는 방식

0   1   2   3   4   5   6   7   8   9   10

12. 서로의 차이에 적응하기

0   1   2   3   4   5   6   7   8   9   10

13. 함께하는 자유 시간의 양

0   1   2   3   4   5   6   7   8   9   10

14. 함께하는 자유 시간의 질

0   1   2   3   4   5   6   7   8   9   10

15. 떨어져 있는 자유 시간의 양

0   1   2   3   4   5   6   7   8   9   10

16. 부부가 친구들과 맺고 있는 관계

0	1	2	3	4	5	6	7	8	9	10

17. 어려운 시기에 서로를 지지해주는 방식

0	1	2	3	4	5	6	7	8	9	10

18. 부부의 영적인 교류

0	1	2	3	4	5	6	7	8	9	10

19. 교회 활동 참여 정도

0	1	2	3	4	5	6	7	8	9	10

20. 부부의 경제적 안정도

0	1	2	3	4	5	6	7	8	9	10

21. 부부의 돈 관리 방식

0	1	2	3	4	5	6	7	8	9	10

22. 내 친척들과 배우자와의 관계

0	1	2	3	4	5	6	7	8	9	10

23. 배우자의 친척들과 나의 관계

0	1	2	3	4	5	6	7	8	9	10

점수가 3이나 그 아래에 해당되는 영역 세 개를 고르라. 그 영역의 만족도를 높이기 위해 어떻게 해야 할지를 배우자와 함께 생각해보라.

주

제1장. 결혼, 하나님의 관점으로 보다

1. David Augsburger, *Cherishable: Love and Marriage* (Scottdale, PA: Herald Press, 1971), p. 16.
2. Rebecca Cutter, *When Opposites Attract* (New York: Dutton, 1994), p. 189.
3. Barbara Ascher, "Above All, Love," *Redbook,* February 1992.
4. Dwight Harvey Small, *After You've Said "I Do"* (Grand Rapids, MI: Fleming H. Revell, 1968), pp. 11, 16.

제2장. 내가 받은 가장 큰 선물은… 바로 당신!

1. Dwight Harvey Small, *Marriage as Equal Partnership* (Grand Rapids, MI: Baker Book House, n.d.), pp. 41-43, 48-49.
2. Judson Swihart, *How Do You Say, "I Love You"?* (Downers Grove, IL: Inter-Varsity Christian Fellowship of the U.S.A., 1977).
3. Dr. Helen Singer Kaplan, cited in Patricia McCormick, "Feel Less Sexy Lately? Problem 'Prevalent' in America Says Psychiatrist," *Spokane Daily Chronicle,* Spokane, Washington, Tuesday December 25, 1979.
4. David L. Luecke, *The Relationship Manual* (Columbia, MD: The Relationship Institute, 1981), p. 25.
5. Lewis B. Smedes, *How Can It Be All Right When Everything Is All Wrong?* (San Francisco: Harper & Row, 1982), p. 61. 《삶의 모든 잘못된 순간에도 어떻게 행복할 수 있을까》(사랑플러스, 2009).
6. H. Norman Wright, *Reflections of a Grieving Spouse: The Unexpected Journey from Loss to Renewed Hope* (Eugene, OR: Harvest House, 2009).

제3장. 건강한 결혼생활, 이것이 다르다

1. Zig Ziglar, *Sermons Illustrated*, April 1993.

2. Maxine Rock, *The Marriage Rock* (Atlanta, GA: Peachtree Publishers, 1986), pp. 78-79.

3. Mike Mason, *The Mystery of Marriage* (Portland, OR: Multnomah Press, 1985), pp. 55-56.《결혼의 신비》(두란노, 2013).

4. Adapted from John Gottman with Nan Silver, *Why Marriages Succeed or Fail* (New York: Simon & Schuster, 1994), pp. 58-61.

5. Jim Smoke, *Facing 50* (Nashville, TN: Thomas Nelson Publishers, 1994), pp. 40-41.

6. Paul Pearsall, *The Ten Laws of Lasting Love* (New York: Simon & Schuster, 1993), pp. 298-299.

7. Gary Chapman, *The Five Love Languages* (Chicago: Northfield Publishers, 1992) pp. 37, 55, 75, 91, 109.《5가지 사랑의 언어》(생명의말씀사, 2010).

제4장. 서로를 세워주는 커플 대화법

1. Sven Wahlroos, *Family Communication* (New York: Harper & Row, 1974), p. 3.

2. Adapted from Clifford Notarius and Howard Markman, *We Can Work It Out* (New York: G. P. Putnam's Sons, 1993), p. 28.

3. Ibid., pp. 123-124.

4. Mark Keenan, cited in "Facebook Fueling Divorce, Research Claims," *The Telegraph* (U.K.), December 21, 2009. http://www.telegraph.co.uk/technology/facebook/6857918/
Facebook-fuelling-divorce-research-claims.html (단축 주소 goo.gl/mzGt)

5. K. Jason Krafsky and Kelli Krafsky, *Facebook and Your Marriage* (Maple Valley, WA: Turn and Tide Resource Group), p. 12.

6. Ibid., p. 230.

7. Ibid.

8. Adapted from Julie Baumgardner, "First Things First," 2010.

제6장. 부부 싸움, 절반으로 줄이려면

1. Patrick Morley, *Two-Part Harmony* (Nashville, TN: Thomas Nelson, 1994), pp. 60-61.

2. Les and Leslie Parrott, *Love Talk* (Grand Rapids, MI: Zondervan, 2004), p. 40.

제7장. 배우자를 사랑하는 최고의 기술, 경청

1. George E. Koehler and Nikki Koehler, *My Family: How Shall I Live with It?* (Chicago: Rand McNally & Company, 1968), p. 57.

2. Ibid., p. 62.

3. Mark Lee, *Make More of Your Marriage,* ed. Gary Collins (Waco, TX: Word Books, 1976), p. 75.

4. David Augsburger, *Caring Enough to Hear* (Ventura, CA: Regal Books, 1982), p. 46.

5. Aaron T. Beck, *Love Is Never Enough* (New York: Harper & Row, 1988), pp. 74-81.

6. Augsburger, *Caring Enough to Hear,* pp. 41-42.

7. Ibid., pp. 55-58.

제8장. '표현'하는 여자, '해결'하는 남자

1. Michael McGill, *The McGill Report on Male Intimacy* (San Francisco: Harper and Row, 1985), p. 74.

2. Michael Gurian, *The Wonder of Boys* (New York: G. P. Putnam, 1996), pp. 11-15. 《남자아이 심리백과》(살림, 2009).

3. Ibid., pp. 16-17.

4. Joe Tanenbaum, *Male and Female Realities* (San Marcos, CA: Robert Erdmann Publishing, 1990), pp. 96-97.

5. Joan Shapiro, M.D., *Men, A Translation for Women* (New York: Avon Books, 1992), pp. 71-84.

6. Tanenbaum, *Male and Female Realities,* pp. 40, 82, adapted; Jacquelyn Wonder

and Pricilla Donovan, *Whole Brain Thinking* (New York: William Morrow and Company, 1984), pp. 18-34.

7. Tanenbaum, *Male and Female Realities,* p. 90.

8. Gurian, *The Wonder of Boys,* p. 23.

9. John Gray, *What Your Mother Couldn't Tell You and Your Father Didn't Know* (New York: HarperCollins, 1994), p. 90; Tanenbaum, *Male and Female Realities,* chaps. 4-6. See also John Gray, *Mars and Venus Together Forever,* and his even more popular *Men Are from Mars and Women Are from Venus,* both from HarperCollins.《화성에서 온 남자 금성에서 온 여자》(동녘라이프, 2006).

10. Gray, *Your Mother,* pp. 90-91.

11. Deborah Tannen, *You Just Don't Understand* (New York: Morrow Publishing, 1990), pp. 42, 77.《그래도 당신을 이해하고 싶다》(한언출판사, 2012).

12. Judith C. Tingley, *Genderflex* (New York: Amacom, 1993), p. 16.

13. *Transcultural Leadership, Empowering the Diverse Work Force* (Houston, TX: Gulf Publishing, 1993), n.p.

14. Tingley, *Genderflex,* p. 16.

15. Ibid., p. 19.

16. Ibid., p. 29.

17. Tannen, *You Just Don't Understand,* p. 77.

18. Michael Gurian, *What Could He Be Thinking?* (New York: St. Martin's Press, 2003), pp. 67-68.《남자는 도대체 무슨 생각을 하는 걸까?》(좋은책만들기, 2012).

19. Gray, *Your Mother,* p. 250.

20. Sharyn Wolf, *How to Stay Lovers for Life* (New York: Dutton Publishing, 1997), pp. 38-39.

제9장. 달라도 너무 다른 사람들

1. Sandra Hirsh and Jean Kummerow, *Life Types* (New York: Warner Books, 1989), p. 16. Otto Kroeger and Janet M. Thuesen, *Type Talk* (New York: Bantam Books, 1988), pp. 15-16. David Luecke, *Prescription for Marriage*

(Columbia, MD : The Relationship Institute, 1989), pp. 54-55.

제10장. 예술가 남편과 변호사 아내, 행복을 배우다

1. Otto Kroeger and Janet M. Thuesen, *Type Talk* (New York : Bantam Books, 1988), pp. 17-18.

2. Dr. David Stoop and Jan Stoop, *The Intimacy Factor* (Nashville, TN : Thomas Nelson Publishers, 1993), pp. 72-73.

3. Sandra Hirsh and Jean Kummerow, *Life Types* (New York : Warner Books, 1989), pp. 30-31.

4. Kroeger and Thuesen, *Type Talk*, p. 127.

5. David L. Luecke, *Prescription for Marriage* (Columbia, MD : The Relationship Institute, 1989), pp. 58-60.

6. Stoop and Stoop, *The Intimacy Factor*, pp. 80-81.

제11장. 머리로 결정하는가, 가슴으로 결정하는가

1. Dr. David Stoop and Jan Stoop, *The Intimacy Factor* (Nashville, TN : Thomas Nelson Publishers, 1993), pp. 88-89.

2. Ibid., pp. 90-91.

3. Otto Kroeger and Janet M. Thuesen, *Type Talk* (New York : Bantam Books, 1988), pp. 18-19.

4. David L. Luecke, *Prescription for Marriage* (Columbia, MD : The Relationship Institute, 1989), pp. 44-45.

5. Mark A. Pearson, *Why Can't I Be Me?* (Grand Rapids, MI : Chosen Books, 1992), p. 42. 《나는 왜 이럴까?》(조이선교회, 2004).

6. Luecke, *Prescription for Marriage*, pp. 64-65.

7. Ibid., pp. 64-69.

8. Kroeger and Thuesen, *Type Talk*, pp. 21-22.

9. Ibid., pp. 21-22 ; Otto Kroeger, *16 Ways to Love Your Lover* (New York : Delacorte Press, 1994), pp. 86-87.

10. Stoop and Stoop, *The Intimacy Factor*, pp. 112-115.

11. Luecke, *Prescription for Marriage*, pp. 71-72.

12. Kroeger, *16 Ways to Love Your Lover*, p. 97.

제12장. 분노 뒤의 진짜 감정을 보라

1. Richard P. Walters, *Anger: Yours and Mine and What to Do About It* (Grand Rapids, MI: Zondervan Publishing House, 1981), p. 139.

2. Carol Travis, *Anger—The Misunderstood Emotion* (New York: Simon and Schuster, 1982), pp. 220-221.

3. Aaron T. Beck, *Love Is Never Enough* (New York: Harper & Row, 1988), pp. 272-274. 《사랑만으로는 살 수 없다》(학지사, 2001).

4. Ibid., pp. 270-274.

5. Ibid., pp. 274-276.

6. David Viscott, *I Love You, Let's Work It Out* (New York: Simon and Schuster, 1987), pp. 177-178.

제13장. 창조적인 갈등 해결법

1. James G. T. Fairfield, *When You Don't Agree* (Scottdale, PA: Herald Press, 1977), p. 18.

2. Dwight Harvey Small, *After You've Said "I Do"* (Grand Rapids, MI: Fleming H. Revell, 1968), p. 130.

3. Ibid., p. 139.

4. Gladys Hunt, *Honey for a Child's Heart* (Elgin, IL: David C. Cook Publishing Co., 1977).

5. David and Vera Mace, *We Can Have Better Marriages If We Really Want Them* (Nashville, TN: Abingdon Press, 1974), pp. 88-90.

6. Michele Werner-Davis, *Divorce Busting* (New York: Summit Books, 1992), pp. 1-36, 149-150, 159-160. 《부부의 심리학》(학지사, 2007).

7. Gary and Carrie Oliver, *Mad About Us* (Grand Rapids, MI: Bethany House, 2007), pp. 156-165.

사랑을 더하면 온전해집니다.

이 모든 것 위에 사랑을 더하라 이는 온전하게 매는 띠니라(골 3:14)

도서출판 사랑플러스는 이 땅의 모든 교회와 성도들을 섬기기 위해 국제제자훈련원이 설립한 출판 사역 기관입니다.

사랑의 열쇠

초판 1쇄 인쇄 2016년 4월 18일
초판 1쇄 발행 2016년 4월 22일

지은이 노먼 라이트
옮긴이 오정현 · 윤난영

펴낸이 박주성
펴낸곳 사랑플러스
등록번호 제2002-000032호(2002년 2월 15일)
주소 서울시 서초구 효령로68길 98(서초동)
전화 02)3489-4300   **팩스** 02)3489-4329
이메일 dmipress@sarang.org

ISBN 978-89-90285-98-0   03230